Gesundheit und Lebenserfüllung durch Pendeln

W0047993

ECON Ratgeber

Zum Buch:

Pendeln ist weit mehr als eine esoterische Praktik: Mit dem Pendel können körperliche und seelische Störungen und die individuelle Lebenssituation ermittelt werden. Mit Hilfe dieses Buches kann der Leser diese so gewonnenen Erkenntnisse interpretieren und das Wissen positiv für sich einsetzen.

Der Autor:

Der Psychologe Dr. Anton Stangl ist seit Jahrzehnten als Seminarleiter und Buchautor bekannt und erfolgreich.

Im ECON Taschenbuch Verlag sind bereits folgende Bücher von Anton und Marie-Luise Stangl erschienen:
Jede Minute sinnvoll leben (TB 23034)
Die Welt der Chakren (TB 27982)
Lebenskraft (TB 20468)
Hoffnung auf Heilung (TB 23105)
Heilen aus geistiger Kraft (TB 20029)
Pendeln (TB 20331)
Die vergessene Welt der Gefühle (TB 27986)
Die geheime Kraft in uns (TB 23085)
Engel – Das Licht in uns (TB 26183)
Buddhismus (TB 26014)
Die Sprache des Körpers (TB 26020)
Der Energiesensor (TB 20409)
Das Buch der Verhandlungskunst (TB 21008)
Führen muß man können (TB 21292)
Verkaufen muß man können (TB 21293)

Anton Stangl

Gesundheit und Lebenserfüllung durch **Pendeln**

mit 35 Pendeltafeln

ECON Taschenbuch Verlag

Originalausgabe

© 1995 by ECON Taschenbuch Verlag GmbH, Düsseldorf
Umschlaggestaltung: Molesch/Niedertubbesing, Bielefeld
Die Ratschläge in diesem Buch sind von Autor und Verlag sorgfältig
erwogen und geprüft; dennoch kann eine Garantie nicht übernommen
werden. Eine Haftung des Autors bzw. des Verlags und seiner Beauf-
tragten für Personen-, Sach- und Vermögensschäden ist ausgeschlos-
sen.
Lektorat: Heike Mommertz
Gesetzt aus der Stone Serif
Satz: Formsatz GmbH, Diepholz
Druck und Bindearbeiten: Ebner, Ulm
Printed in Germany
ISBN 3-612-20511-0

Inhalt

Einführung 9

Die Voraussetzungen des richtigen Pendelns 17
Das Geheimnis um den Pendel 17
Die energetische Grundlage 17
Folgerungen für das Pendelphänomen 24
Wie die Pendelschwingungen zustande kommen . . . 29
Die Arbeit mit dem Pendel 33
Individuelle Pendelfähigkeit und Pendelarbeit 33
Wesentliche praktische Ergänzungen 39
Mißbrauch des Pendelns 44
Die praktisch-technische Seite des Pendelns 49
Die praktische Handhabung des Pendels 50
Einige Experimente zur Einführung 54
Die Arbeit mit den alten
und neuen Pendeltafeln ②③⑩ 58

Gesunderhaltung: Erfassen ihrer Vorbedingungen 65
Erhaltung der Gesundheit ㊿㊾ 67
Die körperlichen Voraussetzungen ㊾ 73
Bewegung 73
Atmung 74
Ernährung ㊾㊿㊿ 76
Schlaf ㊿ 85
Die seelisch-geistigen Voraussetzungen ㊾ 90

Lebenseinstellung.............................91
Innere Ausgewogenheit.........................94
Energiefluß und Achtsamkeit (BL) ⑰..............98
Entspannung und Lebensumgebung 102
Permanente Gefährdungen ㉒ 105
Die geopathische Belastung (GPB) 106
*Giftstoffe (Toxine) und Elektrosmog*⑱...........110
*Außergewöhnliche Lebensbelastungen*⑲ 113
Erbliche und karmische Belastungen.............115
Spezielle Organerkrankungen ⑳ 119
Vorwiegend körperliche Störungen..............123
Im besonderen: Seelisch-geistige Störungen 125
Im besonderen: Selbstgefühlsstörungen ㉑㉒ 129
Der Alterungsprozeß ㉓㉔ 137
Wesentliche Schlußgedanken...................143

**Lebenserfüllung: Erfassen ihrer
vielfältigen Voraussetzungen** 147
Lebenserfüllung: Begriff und
Voraussetzungen (LE)㉕ 148
Lebensgrundlage ㉖............................156
*Lebenskraft, Gesundheit, Selbstgefühl,
materielle Lebensbasis*
Lebensbewältigung㉗ 159
Sozialverhalten, Produktivität, Beruf, Partnerschaft
Lebenssinn ㉘ 163
*»Bildung«, Antriebskräfte (Interessen),
Selbstverwirklichung, Weltanschauung
Nachtrag: Eheliche und partnerschaftliche
Übereinstimmung (EÜ/PÜ)* ㉙ 176
Der ganzheitliche Mensch:
Das umfassende Persönlichkeitsbild.................181
*Betrachtung nach der Persön-
lichkeitsschichtung (Plk)*㉚.....................183

Betrachtung nach den Kerneigenschaften (KE) ⑦ . . 188
Die Chakren als Zentren der Lebenskraft. 194
Unser dynamischer Energieleib 194
Erfassen und Entwicklung der Chakren (Ch) ⑦ 197

Bewährte Hilfen zur Selbsthilfe 204
Eine Vielzahl einfacher Hilfen 204
Übersicht: Einfache Hilfen zur Selbsthilfe ⑦ 210
Grundsätzliches ⑦ 210
Wasseranwendung ⑦ 214
Einnahmen – Wickel – Umschläge –
Einreibungen ⑦ 214
Heilkräuter ⑦ 216
Bestrahlung ⑦ 218
Kreislaufstärkung ⑦. 220
Entschlackung, Blutreinigung ⑧. 220
Äußere Hilfen ⑧ 221
Seelisch-geistige Hilfen ⑧ 223
Aktivierung der Immunkraft ⑧ 224
Sieben Heilungssteine (Lithotherapie) ⑧ 226
Die kalifornischen Blütenessenzen ⑧ 228
Der große praktische Wert des Energiesensors 229

Die praktische Arbeit mit den Pendeltafeln 237
Das Vorgehen bei einfachen Fragen. 238
Das Vorgehen bei gründlichen Untersuchungen. 240
Überprüfung von körperlichen Störungen
oder Erkrankungen. 248
Überprüfung von seelisch-geistigen
Störungen oder Erkrankungen 249
Psychologische Menschenbetrachtung
und Wesenserkennung 250
Lebensstatus: Ganzheitliches Erfassen
der individuellen Lebenssituation 253

Schlußwort 257
Anmerkungen 261
Literaturhinweise 267
Übersicht: Alle Pendeltafeln (aus beiden Büchern) . . . 269
Pendeltafeln ②, ③, ⑩, (51)–(85)

Einführung

In den ersten sieben Jahren seit Erscheinen meines ersten Pendelbuches[1] hat dieses nun schon die 10. Auflage erfahren. Immer wieder bekomme ich geradezu begeisterte Zuschriften über seinen reichen Inhalt und die vielen Anregungen in allen seinen Arbeitsbereichen. Oft wird von ganz unerwarteten Hilfen berichtet, die es sowohl Neulingen als auch alten und erfahrenen Pendlern bei vielen Lebensproblemen gegeben hat. Und in den Pendelkursen, die ich in dieser Zeit abhalten konnte, erlebte ich die oft tiefe innere Bewegung der TeilnehmerInnen über die Erkenntnisse, die sich ihnen durch den verantwortungsvollen Gebrauch dieses so einfachen Werkzeuges auftaten.

Und was steht hinter allem? Letztlich die Öffnung für die Erkenntnis, *daß in unserer Welt alles und jedes schwingende, fließende Energie ist.* Die moderne Kernphysik, die Biochemie und alle Wissenschaften, die sich mit den atomaren und subatomaren Vorgängen beschäftigen, beweisen das unwiderleglich. Asiatische und westliche Philosophen haben das schon vor einigen tausend Jahren geistig-intuitiv erfahren.

Der Mensch ist ein perfektes, unerhört empfindsames Meßinstrument. Das stellte schon Goethe fest. Nehmen Sie nur unser Auge bzw. das Sehzentrum: Alle menschlichen Gesichter sind gleich »konstruiert«, und doch gleicht nicht eines exakt dem anderen, und unter vielen hundert Gesichtern können wir in Augenblickslänge das eine erkennen, das wir suchen. Das ist uns so selbstverständlich, daß wir über das Wunder gar nicht nachdenken, das darin liegt, diese allerfeinsten Unterschiede in den Gesichtszügen mit unbestechlicher Präzision auf der Stelle wahrnehmen und geistig auswerten zu können. Das bewußte Denken spielt hierbei nur eine geringe Rolle.

Da liegt schon die Problematik des Pendelns vor uns: *Der Mensch selber ist das Aufnahmegerät der unendlich vielfältigen allerfeinsten Schwingungen,* in die unser Leben eingebettet ist. Genauso wie wir umhüllt sind von den unendlichen Variationen der Funk-, Radio- und Fernsehwellen, die wir mit unseren beschränkten Sinnen nicht spüren, die wir heute aber mit technischen Mitteln sicht- und hörbar machen. So zeigt auch der Pendel im Sinn des Carpenter-Effekts ja nur an, wie unser Nervensystem auf die allgegenwärtigen ganz spezifischen ultrafeinen Schwingungen bis hinein in die des geheimnisvollen Zellgeschehens reagiert. Unser bewußtes Denken nimmt davon nichts wahr. Um das zu erreichen, braucht sich unser Geist nur ganz einzustellen auf eine besondere Frage, und das

1. im Zustand der inneren Harmonie,
2. in tiefer innerer Sammlung sowie
3. ohne egoistisch-materielle Absicht.

Nur wenige Menschen sind sich ihrer fast unglaublichen Sensibilität bewußt. Zumeist entdecken sie sie nur durch Zufall. Aber nahezu jeder hat diese Fähigkeit und damit auch die Gabe des Pendelns in sich. Das ist keine Sache von »besonders begabten« oder gar »begnadeten« Personen. Im folgenden einleitenden und grundsätzlichen Teil dieses Buches werde ich darauf genauer eingehen.

In diesem zweiten Pendelbuch kann ich das aber nur in recht konzentrierter Form tun. Sonst würde ich praktisch die gesamten Ausführungen des ersten Buches »Pendeln« hier wiederholen. *Dieses zweite Buch baut auf dem ersten in nahezu vollem Umfang auf.* Es ist eine Fortsetzung, seine Erweiterung, sozusagen der zweite Teil dessen, was ich dem ernsthaft um Fortschritt bemühten Leser vermitteln möchte. Ich bitte also, die Kenntnis meines ersten Pendelbuches als Vorbedingung für das Verständnis dieses zweiten zu akzeptieren. Wer sich an diese Bitte hält, wird gewiß nicht enttäuscht werden. Im übrigen werde ich am Ende des ersten Buchteils, wenn es um die ganz praktische Seite geht, nochmals diese Problematik aufgreifen.

Was ist dann der besondere Sinn dieses Buches? In den letzten Jahren und vor allem in vielen Seminaren und Diskussionen habe ich immer wieder erfahren, wie viele tiefer empfindende Menschen sich von dem veräußerlichten Getriebe unserer »modernen« Welt abgestoßen fühlen und sich – um mit Dag Hammarskjöld zu sprechen – auf »der längsten Reise nach Innen« befinden. Sie fragen nach dem Sinn des Lebens: nach dem inneren Wert, den dieses Leben haben mag, der ihm doch erst seinen eigentlichen Sinn geben kann. Mit anderen Worten: Sie bemühen sich um Reifung und Vervollkommnung ihrer Persönlichkeit, um das wahre menschliche »Glück«. Denn sie haben erkannt, daß das nicht in einem noch so aufwendigen äußeren Leben begründet sein kann, sondern nur in unserem Innern. Diesen Menschen sei mein zweites Pendelbuch gewidmet.

Dieses »Glück« hat seine unabdingbaren Voraussetzungen. Sie lassen sich im wesentlichen in zwei Stichworten zusammenfassen: Gesundheit und Lebenserfüllung. Natürlich kann hier *die Gesundheit* nur im weitesten Sinn gemeint sein, die Körper, Seele-Geist und soweit möglich den Schutz vor allen bösen Gefährdungen einschließt, also alles, was mit unserem echten inneren Wohlbefinden zusammenhängt, wie Partnerschaft, Beruf, Freundschaften. Nehmen wir das Wort Gesundheit also nicht in erster Linie körperlich, sondern vielmehr seelisch-geistig. Auch der körperlich kranke Mensch, der eine schwere Erkrankung oder Verletzung überwunden hat, kann aufgrund der hierdurch bewirkten Festigung seiner Persönlichkeit seelisch kerngesund sein. Daß dabei die *Gesunderhaltung* eine entscheidende Rolle spielt, versteht sich von selbst. In der kommenden Zeit wird sie in diesem tiefen Sinn noch wichtiger sein für alle, die nicht ein Opfer der sich noch immer steigernden Schnellebigkeit, der Eindrucksüberfütterung, der Überforderung des Menschlichen und der damit einhergehenden Verflachung werden wollen.

Und *der Begriff der Lebenserfüllung* umfaßt alles, was unserem Leben direkt Sinn und Wert gibt, was uns in einem höheren Sinn echte Befriedigung gibt. Wenn wir tiefer in die Persönlichkeit hineinblicken, dann tritt der enge Zusammenhang von Gesunderhaltung und Lebenserfüllung klar zutage. Ich bin mir bewußt, daß es sich bei beiden um durchaus anspruchsvolle Begriffe handelt. Ich werde versuchen, sie hier so »aufzu-reißen«, wie mir das im Laufe von jahrzehntelanger Bemühung um sie zugewachsen ist.

Gleich hier noch ein Wort zum Thema Gesundheit, Ärzte und Pendeln. Viel mehr Ärzte, als man annehmen möchte, – von Heilpraktikern ganz zu schweigen –, be-schäftigen sich schon heute intensiv mit dem Pendeln. Ich brauche da nur an die Teilnehmer meiner Pendel-kurse aus bald 20 Jahren zu denken. Die es im richti-gen Sinn tun, haben damit oft unwahrscheinliche Er-folge; besonders bei solchen gesundheitlichen Proble-men von Patienten, bei denen auch die heutige Medizin mit ihren Errungenschaften hilflos ist. Den-ken sie nur an das Beispiel der Allergien, die aus gutem Grund in unserer Zeit eine fast explosionsartige Aus-breitung erfahren. Natürlich sind sich gerade diese Me-diziner darüber klar, daß *das Pendeln absolut keine un-fehlbare Methode ist.* Dazu hängen seine Ergebnisse zu sehr von der Einstellung des Pendlers ab. Das ändert aber nichts daran, daß es bei Beachtung seiner Gesetz-lichkeit oft überraschend treffsichere Ergebnisse bringt. Bei all dem hat der medizinische Laie allen Grund, seine persönlichen Pendelaussagen gerade in Gesundheits-fragen nicht einseitig überzubewerten und sich schon gar nicht von ihnen abhängig zu machen.

Deshalb hat verantwortungsvolles Pendeln aber auch gar nichts mit Okkultismus zu tun. Ganz im Gegenteil ist es die durch und durch realistische Auseinandersetzung und Auswertung der – wie schon gesagt – heute unbe-zweifelbaren Tatsache, daß alles Existierende – ob le-bende Wesen oder vermeintlich tote Materie, ob Ge-fühle oder Gedanken – schwingende, fließende Energie ist. Die unbegrenzten Auswirkungen dieser Tatsache haben offensichtlich jetzt erst wenige Menschen wirklich begriffen, weil eben das an der Materie klebende Weltbild der engen Naturwissenschaft von gestern heute noch weitgehend vorherrscht.

Natürlich läßt sich auch das Pendeln mißbrauchen, wie das bei allen materiellen und geistigen Werkzeugen zu allen Zeiten der Fall war und immer der Fall sein wird. Es deshalb in Bausch und Bogen zu verdammen oder es gar als Teufelswerk zu bezeichnen, spricht gewiß nicht für den Weitblick derer, die das tun. Das trifft auch für sogenannte Autoritäten zu, die den Mut haben im Namen Gottes zu sprechen. Da ist gewiß nicht der Teufel am Werk, sondern ein Naturgesetz, wenn Ihnen der Pendel zum Beispiel an jeder Frucht und an jedem Gegenstand die negative und die positive Polung der beiden Seiten, beziehungsweise Enden, untrüglich anzeigt! Den gleichen Fehler nur im umgekehrten Sinn machen bekanntlich diejenigen, die das Pendeln so einseitig unkritisch und maßlos überschätzen, daß sie im Notfall jegliche ärztliche Hilfe verweigern und dafür nicht selten mit lebenslangen ernsten Beschwernissen bezahlen. Tatsächlich habe ich auch von solchen Fällen nicht nur einmal gehört.

Durch die Radiästhesie und vor allem durch das Pendeln eröffnet sich uns eine neue Welt. Ich habe in den vergangenen Jahrzehnten genug kritische Menschen kennengelernt, die das frei aussprechen. Sie haben gelernt, hinter manche äußere Fassade dieser Welt zu blicken, ja gar manches Geheimnis des Lebens zu durchschauen. Dadurch sind sie in tiefer Weise innerlich bereichert worden. Je mehr man in die Hintergründe des

Pendelns eindringt, um so häufiger kann einen das Staunen über das ratselhafte Wesen Mensch und die Schöpfung geradezu überwältigen. Ich verspreche gewiß keine leichten Ergebnisse. Ich weiß, daß ich dem ernsthaft Strebenden nur Arbeit an sich selbst verspreche, die nicht immer leicht ist. Aber ich weiß, daß eben dieser über die Zeit hinweg ein ungleich erfüllteres Leben leben wird. Kann es etwas Beglückenderes in dieser Welt geben?

Anton Stangl

Die Voraussetzungen des richtigen Pendelns

»Es gibt keine unnatürlichen oder übernatürlichen Phänomene, sondern nur große Lücken in unserem Wissen über die Natur.«
Der Astronaut Edgar D. Mitchell

Wie ich in der Einführung schon betonte, kann ich in diesem Buch nur in sehr konzentrierter Form das wiederholen, was für das Verständnis des Pendelvorganges unerläßlich ist. Andererseits erscheint es mir doch notwendig, das zu tun. Sonst würden viele Leser, die das erste Buch noch nicht kennen, in den weiteren Ausführungen gleichsam in der Luft hängen. Wenn ich auch hier dazu etwas weiter ausholen muß, so liegt das in der Natur der Sache. Sie werden es bald verstehen. Wem die recht geraffte Darstellung zu knapp erscheint, den bitte ich, das alles mehr im Detail nachzulesen im ersten Buch oder auch speziell die Energieproblematik in einer meiner anderen Veröffentlichungen[2].

Das Geheimnis um den Pendel

»Materie an sich gibt es nicht, es gibt nur den belebenden, unsichtbaren, unsterblichen Geist als Urgrund der Materie …, den ich mich nicht scheue, Gott zu nennen.«
Max Planck (1858–1947)

Die energetische Grundlage

Alles ist schwingende, fließende Energie: Gleich zu Beginn dieses Buches habe ich diese unbestreitbare und fundamentale Tatsache betont. Sie ist der Ausgangspunkt zu unseren Überlegungen. Als erstes muß man in seiner ganzen, so gut wie grenzenlosen Bedeutung verstehen, daß tatsächlich alle möglichen Lebensprozesse energetischer Natur, also die Auswirkung von unermüdlich fließender Energie sind. Denn allem liegt das unaufhörliche Schwingen der atomaren Prozesse zugrunde. Je nach dem Aggregatzustand der einzelnen Stoffe stehen die Atome in verschiedenartigen dynamischen Wechselbeziehungen zueinander. Alles schwingt und fließt. Wir Menschen können es nur nicht wahrnehmen. Nicht die Materie ist das Beständige und der Mensch das Vergängliche – wie die nur materialistisch orientierte »enge« Naturwissenschaft von gestern heute noch viele Menschen glauben läßt –, sondern Materie *und* Mensch sind gleicherweise nur Erscheinungsformen der allgegenwärtigen Urenergie. Sie bietet sich uns in vielerlei Gestalt dar und ist in ihrem Ursprung noch immer rätselhaft. Wie Max Planck sagt: Im letzten Grund gibt es keine Materie. Sie erscheint uns Menschen nur als solche, da wir in der streng begrenzten Welt unserer fünf Sinne leben und kein Organ haben, ihre wahre Natur direkt zu erkennen. In Wahrheit gibt es nur energetische Schwingungszustände von verschiedensten Frequenzen und unterschiedlichster Dichte. Aus ihnen »machen« unsere Sinne für unser Bewußtsein die Welt, so wie wir sie kennen.

Überall, wo Leben ist, fließen lebendige Kräfte in Gestalt energetischer Abläufe[3]. Ohne sie gibt es in der Tat kein Leben! Es ist weit mehr als die bloße Summe von chemischen Abläufen: Es ist allerfeinstes Geschehen unaufhörlicher elektronischer Vorgänge in und zwischen den verschiedenartigsten Zellverbänden. Alle Prozesse des Lebens spielen sich in einer Mikrowelt von Schwingungen ab und in vielfältigen Frequenzen. Ob wir nun von bioelektrischen oder von bioplasmatischen Strahlungen sprechen, von den Mikrokraftwerken der einzelnen Zellen, von den Biophotonen (den Trägern des Informationsflusses von Zelle zu Zelle), von den sogenannten Nervenimpulsen oder von den Ionen (den Transporteuren der spezifischen elektrischen Ladungen), immer begegnen uns die Körperzellen als Träger der offensichtlich universellen Lebensenergie, die Schwingungs- oder Strahlungsimpulse ebenso abgeben wie empfangen.

Diese Phänomene gehören zu den elementarsten Voraussetzungen aller biologischen Systeme. Ohne sie gibt es keine Übermittlung von Nervenimpulsen, keine Ernährung, kein Wachstum, keine Bewegung. Was würden dem Körper auch alle seine Aufbaustoffe nützen, wenn er nicht die Energie hätte, sie im Sinn seiner organischen Bedürfnisse nutzbringend zu verarbeiten und zu verwerten? Demnach liegen allen Lebensvorgängen energetische Organisationsmuster zugrunde, die ihre natürliche Schwingung und Ausstrahlung haben. Die strukturierende Lebenskraft ist also das letztlich Wesentliche und nicht die materielle Verkörperung mit ihren Zellen als den bloßen Bausteinen der lebenden Natur.

Diese alles schaffende und alles steuernde Lebenskraft hatte zu allen Zeiten und in allen Völkern einen eigenen Namen: *die »Seele«.* Auch ihre ständig pulsierende Wechselwirkung mit dem Körper, die für den Gegenstand dieses Buches so wichtig ist, erklärt sich so von ganz allein: daß zum Beispiel psychische Vorgänge wie etwa Liebe oder Haß elektrophysikalische Phänomene bewirken und hochgradig beeinflussen und steuern. Das EKG (Elektrokardiogramm: Aufzeichnung der Aktionsströme des Herzens), das EEG (Elektroenzephalogramm: Aufzeichnung der Gehirnströme), die Kirlian-Fotografie (Sichtbarmachung des äußeren Schwingungsfeldes des feinstofflichen Leibes oder der Aura des Körpers) beweisen es neben anderen Möglichkeiten absolut zweifelsfrei.

Der wesentliche Kern des Menschen kann also nicht sein materieller Körper sein, sondern nur das, was diesem in seiner Materie vergänglichen Körper das Leben verleiht: *die Lebensenergie,* die den Körper mit vielfältigen Energieströmen durchpulst, eben *seine »Seele«.* Schon nach dem unumstößlichen Gesetz von der Erhaltung der Energie kann sich diese seine Lebensenergie nicht in nichts auflösen. Wo kommt sie vor der Geburt her, wo geht sie nach dem Tod hin? Das Wesentliche an uns, also unser menschliches »Wesen«, muß schon vor der Geburt dagewesen sein und muß nach dem körperlichen Tod in einer energetisch-greifbaren Form weiterbestehen. Ist das, wenn man es in aller Ruhe bedenkt, nicht eine geradezu zwingende Überlegung?

Der große Arzt Rudolf Virchow (1821–1902), dem die moderne naturwissenschaftliche Medizin Außerordentliches verdankt, wies gerne darauf hin, er habe schon Tausende von menschlichen Körpern seziert, aber nirgendwo ein Organ namens »Seele« angetroffen. Also gäbe es keine Seele! Ist das nicht ein geradezu schlagender Beweis für die krasse Begrenztheit der noch gestern modernen, in Wahrheit geistig engen Naturwissenschaft, die von dem unerhört lebendigen Spiel der lebensspendenden Energie im bioelektrischen, subatomaren Bereich einer jeden Zelle unseres Körpers noch nichts wissen konnte? Und wie viele von den Medizinern, die sich noch immer auf diese eng begrenzte Naturwissenschaft berufen (»Ich als Naturwissenschaftler ...«) weigern sich noch heute, die auf der Hand liegenden Schlußfolgerungen aus den umwälzenden Forschungsergebnissen der Zellforschung und ihrer Bioenergie zu ziehen! Wie sagt Goethe im Faust: »Er spottet seiner selbst und weiß nicht wie«!

Wenn nun der Mensch sein Leben – wie besprochen – seiner »Seele« verdankt, *was ist dann der »Geist«?* Viele verwechseln ihn heute mit dem bloßen »Verstand«, also der Fähigkeit des logischen, kritischen, sich um Objektivität bemühenden Denkens. Der Geist, nicht bloß der Verstand, ist für sie der Gegenstand der Gehirnforschung. Die Enge dieses Denkens kann uns sogleich klar werden, wenn wir uns an den Geistbegriff der alten Griechen (logos) erinnern. Für sie umfaßte er sowohl das Verstandesdenken in seinem engeren Sinn als auch den Geist in seinem allerweitesten Sinn, des Ur- und Schöpfungsgeistes. Ohne ihn ist nichts gemacht, was da in der unendlichen Schöpfung, im Universum mit seinen Millionen Galaxien existiert, bis hin zu dem winzigen Planeten, auf dem wir leben. Und diesen empfinden wir kleine Geschöpfchen als so groß, und ein jeder von uns sieht sich selbst im Gefängnis seiner fünf Sinne als den Mittelpunkt von allem an[4].

Nicht umsonst ist das griechische Wort für das Ordnungsprinzip des Geistes, »Kosmos«, zum Begriff des gewaltigen Universums geworden. Albert Einstein – ebenso wie viele andere große Naturwissenschaftler – bekannte freimütig seine demütige Bewunderung dieser Ordnungsgesetzlichkeit des Weltalls, deren Ursprung unserem begrenzten Denken verborgen bleiben muß. Ohne sie gäbe es nur das totale Chaos. So gesehen ist unser Verstand doch bloß das an Körper und Gehirn des Menschen gebundene Werkzeug des Geistes, das uns die Bewältigung unseres Lebens ermöglicht. Vergessen wir nicht: Wie das EEG beweist, ist auch das Denken nur eine Erscheinungsform der schwingenden, fließenden Energie. So wie jedes Gefühl, dessen geringste Veränderung sich sofort in den Gehirnschwingungen zeigt.

Was ist das nun für eine gigantische, uns Menschen absolut rätselhafte Kraft, die diesen für uns unermeßlichen Kosmos geschaffen hat und noch weiter schafft, ihn steuert und lenkt? Wir können dieser uns unfaßbaren Allgewalt und Schöpfungskraft, angesichts derer unser Denken und unser Herz nur mit äußerster Ehrfurcht und Demut erfüllt sein kann, viele Namen geben. Wir können sie bezeichnen:

- naturwissenschaftlich ausgedrückt als kosmische, als Schöpfungsenergie oder als die »Urenergie«,
- vom religiösen Standpunkt aus als die höchste Schöpferkraft, als göttliche Kraft oder schlicht als »Gott«,
- intellektuell gesehen als die gewaltige geistige Ordnungskraft, die hinter und über dieser Schöpfung stehen muß, oder ganz einfach als »Geist«,
- psychologisch empfunden als »das höchste Bewußtsein«, das alles Existierende umschließt.
- Ich füge an: Für einige indianische Stämme ist »Gott« der große Geist, der in allem lebt und wirkt. Für mein Gefühl ist das in ihrer Schlichtheit und Klarheit eine geradezu großartige Bezeichnung.

Welche Begriffe wir auch wählen: *Es sind doch immer nur andere Worte für das einzig Wesentliche,* nämlich die uns in ihrem letzten Grund rätselhaft bleibende allgewaltige Schöpfungskraft. Sie ist immer ein und dieselbe, wie wir sie auch nennen. Sie ist wie die Unendlichkeit des Kosmos so unendlich erhaben über alle formalen Religionen unserer kleinen Welt. Und das, obwohl diese alle letztlich meinen, sie in besonderer Weise speziell für sich beanspruchen zu können. – Wird jetzt das eingangs dieses Kapitels von mir zitierte Wort des großen Naturwissenschaftlers Max Planck nicht absolut verständlich? An anderer Stelle, in einem 1929 in Berlin gehaltenen Vortrag, formulierte er: »Nicht die sichtbare und vergängliche Materie ist das Reale, Wirkliche, Wahre – denn die Materie bestünde ohne diesen Geist überhaupt nicht –, sondern der unsichtbare, unsterbliche Geist ist das Wahre.«[5]

Jetzt liegt auch die Antwort auf die Frage vor uns, *woher denn unsere »Seele« oder unsere Lebensenergie ihre Kraft beziehen mag.* Wenn alles Existierende, die in ihrer atomaren Kraft schwingende vermeintlich tote Materie ebenso wie die gleicherweise nach dem atomaren Prinzip »konstruierten« Lebewesen, im Kern nur eine Mannigfaltigkeit von Erscheinungsformen der allgegenwärtig schwingenden, fließenden Energie ist, dann kann das, was uns das Leben gibt, nur Ausfluß sein eben dieser »Urenergie« oder »Gottes« oder des »Geistes«. Um es an diesem treffenden Vergleich deutlich zu machen: So ist die individuelle Seele des einzelnen Menschen nur der Tropfen Wasser aus dem unendlichen Ozean des Geistes.

Jetzt haben wir ein klares Bild vom Menschen und seinen

Grundgegebenheiten: dem vergänglichen Körper, der unvergänglichen Seele und dem großen Geist, von dem unsere Seele gleichsam nur Leihgabe ist. Und jetzt verstehen wir auch den tiefen Sinn des Begriffs *Seele-Geist,* die beide ja nicht voneinander getrennt sein können, weil sie im letzten Grund wesenseins sind. Und die Naturwissenschaft? Ihre »großen« Vertreter sind mit der geistigen Beherrschung des Atoms schon zurückgekehrt zum Weltbild der alten Griechen, als sich die Wissenschaft noch nicht aufgespalten hatte in Natur- und Geisteswissenschaft. Sie wissen wiederum von der Einheit des Kosmos und alles Seienden in ihrem letzten Ursprung. Und ihre vielen »kleinen« Vertreter werden ihnen in dieser Erkenntnis in den kommenden Jahrzehnten wie immer bei grundlegend »neuen« Erkenntnissen ganz einfach nachfolgen. Wie Max Planck einmal so treffend formulierte: »Irrlehren der Wissenschaft brauchen 50 Jahre, bis sie durch neue Erkenntnisse abgelöst werden, weil nicht nur die alten Professoren, sondern auch deren Schüler aussterben müssen.«

Folgerungen für das Pendelphänomen

Wer den bisherigen Ausführungen aufmerksam folgte, hat die Grundlage für das eigenartige Pendelphänomen erkannt. Das sogenannte Geheimnis darum wird vollends durchschaubar, wenn wir uns die folgenden Tatsachen klarmachen, die nichts anderes als unmittelbare Auswirkungen dieser Grundlagen sind.

Wie schon gesagt, *ist auch jeder Gedanke und jedes Gefühl in uns schwingende Energie.* Der erfahrene EEG-Fachmann kann aus den besonderen mikroelektrischen Ge-

hirnschwingungen treffend ablesen, welche Erlebnis-
zustände in dem beobachteten Mensch gerade vor-
herrschen. Das in der gesamten Naturwissenschaft un-
bestrittene *Gesetz von der Erhaltung der Energie* besagt
eindeutig, daß Energie nicht vergehen, sich nicht in
nichts auflösen kann, daß sie zwar ihre Erscheinungsform wechselt, dabei aber unvergänglich ist. Das bedeutet zum einen, daß unsere Lebensenergie, unsere
»Seele«, mit der Auflösung des Körpers nicht auch spur-
los verschwinden kann. Und zum anderen – und das
ist für das Pendeln von größter Bedeutung –, daß unsere spezifischen Gedanken- und Gefühlsenergien
auch unvergänglich sein müssen. Das wiederum bedeutet, daß *diese allerfeinsten Schwingungen, die unsere
Gefühle und Gedanken ausmachen, fort und fort schwingen.* Zwei höchst bedeutungsvolle Konsequenzen sind
die Folge:

1. *Sie schwingen bis in unbegrenzte Fernen.* Das erklärt

- Phänomene wie Gedankenübertragung (Telepathie)
  und »Fernheilung«. Bei ihr wird heilende Energie zu
  kranken Menschen oder Tieren manchmal über
  weite Entfernungen geschickt, um ihnen zu helfen[6];

- das mehrfach bewiesene echte Hellsehen von gleichzeitig anderswo sich vollziehenden, stark gefühlsintensiven Ereignissen, meist von Katastrophencha-
  rakter;

- das ebenfalls mehrfach bewiesene Erkennen von
  zukünftigen, ebenfalls stark gefühlsintensiven Ereignissen (Präkognition), wenn sie in ihren Ursachen
  schon auf uns zukommen;

- die so rasch wie sonst einsetzenden Bewegungen des
  Pendels auch bei noch so weit in die Ferne greifen-
  den Pendelfragen.

2. *Sie bleiben über die Zeiten hinweg erhalten.* Das erklärt

- die alte asiatische Überzeugung von der »Akasha Chronik«, wörtlich die Chronik der »ursprünglichen Substanz«, d.h. des Geistes im oben dargelegten Sinn oder auch: der dem Geist innewohnenden Energie. Die westlich-christliche Bibel spricht mehrfach vom »Buch des Lebens«, vom »Buch Gottes«, in dem alles und jedes verzeichnet ist, was ein Mensch denkt und tut (»Gott sieht, Gott hört, Gott weiß alles«). Das ist nichts anderes als die asiatische Akasha-Chronik.

- auch hier die so rasch wie sonst einsetzenden Bewegungen des Pendels bei noch so weit in die Vergangenheit zurückgreifenden Pendelfragen. Die Energiewellen schwingen fort und fort mindestens im Rahmen dessen, was für uns kurzlebige Menschen lange Zeitläufe sind.

(Daß wir hier dicht an der geistigen Grundlage der Lehre von Karma und Wiedergeburt sind, liegt auf der Hand. Sich mit ihr auseinanderzusetzen, ist für gewisse Pendelaussagen recht wertvoll, wenn nicht notwendig. An dieser Stelle kann ich das als hier zu weitgehend unterlassen. Die intensive Beschäftigung damit lohnt sich für jeden kritischen und weiterschauenden Menschen. In zwei anderen Veröffentlichungen habe ich diese Lehre und ihre Geschichte genauer dargestellt.)[7]

»Unser Unbewußtes weiß alles«, sagte die weltweit bekannte Sterbeforscherin Dr. Elisabeth Kübler-Ross gerne. Unsere Seele, die seit Urzeiten die Akasha-Chronik in sich trägt, ist in der Tat so etwas ähnliches wie allwissend. Je entwickelter sie geistig ist, um so mehr. Wir können fast von einem im Unbewußten verankerten Supersinn sprechen: Er weiß unendlich viel mehr als unser bewußt denkender Verstand. Er existiert

sozusagen jenseits von Raum und Zeit und ist doch allgegenwärtig. Die vielzitierte Intuition ist sein Ausfluß.
Auch die Archetypen von C.G. Jung gehören hierher.

Dem Pendler bleibt nichts verborgen, wenn er sich nur ungeteilt in Herz und Kopf auf eine bestimmte Frage einstellen kann: Wenn er sich also auf die gefragte Schwingung, auf die besondere Frequenz ihrer Vibration fein-
fühlig einzustimmen weiß, indem er sein Bewußtsein
unverwandt sammelt auf den gefragten Gegenstand
und dabei leer, d.h. völlig wertneutral bleibt. Sehr deutlich zeigt sich das zum Beispiel beim psychologischen
Pendeln: Hier werden die ganz spezifischen Schwingungen einer Seele in kürzester Frist offenkundig, wo
sonst oft endloses Suchen und Forschen keine wirkliche Klarheit bringt. Wie eben schon erwähnt, spielen
Entfernungen oder vergangene Zeiträume dabei so gut
wie keine Rolle.

Wie oft habe ich das in meinen Seminaren erlebt: Ein
noch so erfahrener und kritischer Arzt, Psychothera-
peut, Professor oder Lehrer stellt einen für ihn besonders schwer durchschaubaren Fall aus seiner Praxis zum
Auspendeln zur Debatte. Das richtige »Spielen« mit den
Tabellen, d.h. ihr volles Ausschöpfen, bringt die Wurzel der Störung, den Kern des Problems bald ans Ta-
geslicht, so daß nur noch Staunen und Verblüffung die
einleuchtende Lösung des oft lange vergeblich bear-
beiteten Problems kennzeichnen. Um dieses volle Ausschöpfen leichter lernen zu können, brachte ich mehrere praktische Beispiele dazu in meinem ersten Pendelbuch.

So wie unser Fernsehapparat aus einer Unzahl von Wellen,

die durch die Luft schwirren und von denen wir Menschen nur nichts merken, exakt die von uns eingestellte Wellenfrequenz aussondert und daraus in Augenblickslänge Bild und Ton eines bestimmten Senders aufbaut, so wirkt die gezielte menschliche Geisteskraft. Alles und jedes ist schwingende Energie! Jedes Wesen und jedes Ding bis hin zu jedem Stein strahlt die ihm eigene Energiefrequenz aus, auf die wir dann in der richtigen Weise eingestellt sind. Da wir in einem Meer von Energie und Energieschwingungen gleichsam schwimmen – ohne es zu spüren und zu wissen kann uns beim richtig verstandenen Pendeln in der Tat die ganze Welt offenstehen.

An dieser Stelle möchte ich nun doch nach langem Zögern über *ein als ausgesprochen intim empfundenes Erlebnis* berichten, das mich tief bewegte und es noch immer tut. Es war die Zeit, da ich mich im Zusammenhang mit dem Problem des Geistigen Heilens intensiv mit dem geheimnisvollen Phänomen der Schwingung beschäftigte, ohne noch hinreichende Klarheit zu haben. Ich lag nachts in gesundem Schlaf im Bett und drehte mich kurzfristig halbwach von einer Seite auf die andere. Da hörte ich plötzlich eine laute, helle, ganz klare Stimme in gestochenem Hochdeutsch den Satz sprechen: »Allerfeinste Schwingungen, die von der Grundsubstanz ausgehen, bewirken die Steuerung der groben Elemente, Materie und Massen«. Augenblicklich war ich hellwach, griff im Dunkel nach dem stets bereitliegenden Schreibblock mit Bleistift und stenografierte den Satz auf. Bis ich den ersten Teil im Dunkel niedergeschrieben hatte, hatte ich den zweiten Teil nicht mehr gegenwärtig und erschrak darüber. Da hörte ich diesen Satz ein zweites Mal in genau der gleichen ruhigen und klaren Weise, so daß ich meine Notiz vollenden konnte.

Ich war überwältigt von diesem Erlebnis und dieser Stimme, mein Schlaf war dahin. Ich spürte sofort: *Das ist ein Grundgesetz der Natur.* Das ist der Schlüssel zur Enträtselung gar mancher Geheimnisse unserer Welt und unseres Lebens. Und von Anfang an wußte ich: Das ist das homöopathische Prinzip! Und: Das Problem liegt vor allem in dem Nebensatz »die von der Grundsubstanz ausgehen«. Was ist die Grundsubstanz des Menschen? Der vergängliche Körper mitsamt all seinen Organen kann es kaum sein. Die Grundsubstanz kann nur das Unvergängliche in uns, nämlich Seele-Geist sein. Wenn Seele-Geist in totaler innerer Sammlung auf etwas ganz Bestimmtes ausgerichtet ist (darüber später), dann gehen jene allerfeinsten Schwingungen davon aus, die die Steuerung der groben Elemente, Materie und Massen bewirken. – Übrigens: Noch jeder einschlägig versierte Fachmann und Wissenschaftler, dem ich diesen Satz in vertrautem Gespräch sagte, bestätigte mir seither seine unbedingte Richtigkeit.

Wie die Pendelschwingungen zustande kommen

Weil die wenigsten Menschen sich über die weittragende Bedeutung dieser Tatsache klar sind, habe ich schon in der Einführung zu diesem Buch am Beispiel des Auges und des Erkennens menschlicher Gesichter auf die unerhörte Sensibilität unserer Sinne hingewiesen. Wie dort bereits gesagt, ist in der Tat *der Mensch selber das Aufnahmegerät der unendlich vielfältigen allerfeinsten Schwingungen,* von denen inzwischen schon so viel die Rede war. Das ist uns im allgemeinen nur nicht bewußt. Das Instrument des Pendels zeigt über die Leib-Seele-Einheit des lebenden Organismus nur an, was die höchst empfindsame, uns nicht bewußte Seele, an Eindrücken aufgenommen hat. Genauso wie der Tachometer in Ihrem Auto die Geschwindigkeit nur anzeigt, die nicht er, sondern der Motor erzeugt hat. Nicht der Pendel ist also das »Zauberinstrument«, wie nicht wenige glauben, sondern der Mensch selber. Übrigens hat – wie bereits erwähnt – schon der feinsinnige Geist Goethes darauf hingewiesen, daß das höchstentwickelte physikalische Gerät der Mensch sei!

Wie ist diese Übertragung der allerfeinsten Empfindungen unserer unbewußten Seele in die Bewegungen des Pendels hinein möglich? Und wie ist zu erklären, daß diese mikroelektrischen Schwingungsvorgänge in ganz bestimmte Pendelbewegungen einfließen und sich so kundtun? Die eben erwähnte Leib-Seele-Einheit gibt uns den Schlüssel dazu, wenn auch manches Detail dieses psycho-physischen Zusammenhangs »wissenschaftlich« nicht voll geklärt erscheint. Die noch so feinen mikroelektrischen Schwingungen nimmt unser Organismus als die absolute Einheit von Seele-Geist und Körper auf. Das EEG beweist das ja eindeutig, wo sich jede noch so leichte »seelische« Gefühlsänderung sofort in der veränderten »körperlichen« Schwingung in den Gehirnzellen kundtut. Tatsächlich ist es ein und derselbe Vorgang. Von Natur aus ist uns die Einheit von Gehirnstrom-Nervenimpulsen-Muskeln zu eigen, und so sind die Seele und ihre Impulse zugleich im Körper. Das Leben hat ja letztlich seine leibliche Grundlage in jeder der Abermilliarden von Körperzellen.

Der englische Physiologe W.B. Carpenter hat erstmals

1873 klar aufgewiesen, daß jede Bewegungswahrnehmung und -vorstellung den Antrieb in sich trägt, diese Bewegung tatsächlich motorisch zu vollziehen, und zwar ohne jede Beteiligung des bewußten Willens. Es treten nämlich sogleich feine Aktionsströme in der betreffenden Muskulatur auf. Seither spricht man *vom Carpenter-Effekt und von der Ideomotorik.* Sicherlich auch darauf aufbauend, hat der Begründer der Ausdruckspsychologie, Ludwig Klages, um die Jahrhundertwende seine Ausdrucksgesetze geprägt. Eine seiner Formulierungen lautet schlicht: Jede seelische Bewegung ist aufs engste verbunden mit einer körperlichen Bewegung. Und eine andere: Jede körperliche Bewegung ist in ihrem Antrieb auf das Ziel des seelischen Erlebnisses gerichtet. Was uns die mit jeder Gefühlsregung eines lebhaften Gesprächsführers oder Redners einhergehende Mimik und Gestik überzeugend vorführt, ist nichts anderes als das, worum es hier geht[8]. Selbstverständlich ist auch die menschliche Hand als die zauberhafteste Bewegungsapparatur, die die Natur in der gesamten Schöpfung geschaffen hat, von diesen feinsten Schwingungen, diesen feinsten Nervenimpulsen ergriffen. Sie sind nur so fein, daß wir sie mit den vergleichsweise schwerfälligen leiblichen Sinnen nicht mehr wahrnehmen können, etwa im Gegensatz zum Zittern der Hand einer erregten Person. Diese ganz feinen Nervenerregungen und Bewegungsimpulse von Hand und Fingern bewirken dann je nach der Richtung des von innen kommenden Impulses das beginnende und stärker werdende Aufschwingen der Pendelbewegung. Es erfolgt in der jeweils gleichen ganz bestimmten Weise (senkrechtes oder waagerechtes Schwingen, Rechts- oder Linksdrehung). Diese präzise Pendelantwort wird dann bestimmt von dem »Ziel des seelischen

Erlebnisses« (das eben zitierte Ausdrucksgesetz), das der gefragten Antwort innewohnt. Das ist die nahezu zwingende Erklärung des besprochenen radiästhetischen Problems, das beim Energiesensor (Schwingpendel) und der Rute im Prinzip nicht anders ist.

Alles Existierende sendet aufgrund seiner atomaren Grundkonstruktion und deren feinsten mikroelektrischen Vorgänge *seine ganz spezifische Strahlung aus,* die von Mensch zu Mensch, von Ort zu Ort, von Gegenstand zu Gegenstand verschieden ist. Wie wir gesehen haben, wirken sich so ja auch die Strahlungen oder Schwingungen aus ferner Zeit und aus fernen Räumen noch heute und hier aus. Ein einfaches Beispiel: Halten Sie Ihren Pendel mit äußerst ruhiger Hand über einen Magneten oder einen noch so kleinen Kompaß und beobachten Sie, wie er alsbald eine ganz bestimmte eigenartige Abfolge von verschiedenen Bewegungen in ständiger Wiederholung vorführt. Das wird jeden Zweifel in Ihnen über das Wirken dieser bewegenden Kräfte schwinden lassen. Offensichtlich sind in diesen vermeintlich geheimnisvollen Bewegungen physikalische, also Naturgesetze wirksam, die wir ach so klugen Menschen von heute nur noch nicht kennen. Kann doch bis zum heutigen Tag auch der größte Gelehrte zum Beispiel das Wesen des elektrischen Stroms noch nicht erklären, und das nach rund 200 Jahren praktischer Erfahrungen damit! Genausowenig wie das Wesen, den Kern, das Geheimnis des Lebens! Erinnern Sie sich an das Wort des amerikanischen Astronauten Mitchell, es gäbe keine übernatürlichen Phänomene, sondern nur große Lücken in unserem Wissen über die Natur? Ich erlaube mir die Frage: Weshalb dann die Überheblichkeit so mancher »Wissenschaftler«, die gleich alles ablehnen, ja als Unsinn erklären, nur weil sie es nicht verstehen und erklären können?

Die Arbeit mit dem Pendel

»Wissenschaftliche Beweisbarkeit ist eine solch komplexe Frage, langweilen Sie mich nicht damit!«
Albert Einstein

Wenn wir den Pendel zu Hilfe nehmen und befragen wollen, dann geht es in der Regel darum, *aus der Unzahl von Schwingungen,* die unseren Organismus treffen, die ihn sozusagen einhüllen und in ihm ihre Wirkung tun – ohne daß wir etwas davon merken würden –, *eine einzige davon herauszufiltern,* weil eben nur sie die Grundlage für die gesuchte Antwort in sich trägt. Alle die ungezählten anderen Strahlungen und Energieschwingungen gilt es jetzt auszuschalten. Es ist ganz ähnlich, nur noch viel, viel feiner, wie die Einstellung des Radiogerätes auf die ganz besondere Wellenlänge der gesuchten Sendung. Hier wie dort geht es nur darum, die ganz exakte Schwingungsfrequenz ohne Störungen durch Nachbarfrequenzen zu erfassen und voll aufzunehmen. Ganz zu schweigen von dem groben Fehler, irrtümlich in einer anderen Frequenz zu landen und sie auch noch für die richtige zu halten. Jetzt sind wir mit unseren Betrachtungen schon mitten in der ganz persönlichen praktischen Pendelarbeit.

Individuelle Pendelfähigkeit und Pendelarbeit

Natürlich fragt sich jeder am Pendel Interessierte von allem Anfang an: Wie steht es um meine eigene Pendelfähigkeit? Nach der bisherigen aufmerksamen Lektüre wird Sie die folgende Feststellung nicht überraschen. Sie führt uns sofort in den Kern dieses Problems.

Die persönliche Pendelfähigkeit steht in enger Beziehung zur individuellen seelisch-geistigen Entwicklungsstufe. Sie wird immer höher, die Pendelkraft wird immer stärker, je mehr sich einer geöffnet hat für die höher angesiedelten geistigen und spirituellen Werte und Energien, für die feineren Schwingungsbereiche, die sich von den grob materiellen Dingen abgehoben haben. Wer sich diesen höheren Schwingungen nicht öffnet, der bleibt in seinem Denken und Tun immer abhängig von seinen im Materiellen gebundenen Sinnen. Ja er bleibt geradezu ihr Sklave. Wer sich ihnen aber öffnet, der spürt – je mehr, um so stärker –, wie sein Inneres: Seele-Geist und sein Äußeres: der Körper und das Werkzeug des Pendels gleichsam eins werden. Sie schwingen in mehr oder minder voller Harmonie. Seelisch-geistig wirklich hochentwickelte Menschen kennen kaum Grenzen ihrer Pendelkraft. Ihre Seele, ihr Unbewußtes weiß alles, und sie brauchen es mit Hilfe des richtigen Pendelns nur abzurufen.

So hängt die Pendelfähigkeit von der Seinsebene ab, auf der man lebt, in die hinein der einzelne sich entwickelt hat. Unser verborgener Lebenskern wird nun einmal getragen von der ewigen Quelle allen Seins und allen Lebens. Je mehr wir uns dessen bewußt sind und in innerer Verbindung mit dieser Lebensquelle stehen, um so höher müssen sich Bewußtseins- und Seinsebene erheben. Um so mehr stellt sich auch das tiefinnere Gleichgewicht ein, das am Ende kaum noch etwas erschüttern kann. Denn man weiß sich zutiefst geborgen. Jeder Mensch kann diese Lebensquelle für sich erschließen. Er benötigt keinen Vermittler dazu, wie immer der sich auch nennen mag. Es liegt nur an dem einzelnen selber. Wem freilich seine persönliche Bequemlichkeit und sein eigenes Ich über alles geht, wird sich schwerlich aus dessen Niederungen herausarbeiten können.

Das bedeutet innere Reifung im echt geistigen Sinn. Sie ist immer verbunden mit tief begründeter Ehrfurcht vor der unendlichen über uns stehenden Kraft, die wir die göttliche Kraft oder »Gott« als den Inbegriff des uns Unfaßbaren zu nennen pflegen. Mit einer religiösen Konfession hat das überhaupt nichts zu tun. Die natürliche Begleiterin dieser Ehrfurcht ist die Demut, die im Erkennen der eigenen Kleinheit angesichts dieser uns unbegreiflichen schöpferischen Allgewalt liegt. Sie ist die echte Religiosität. Da gibt es auch keinerlei überhebliches Vergleichen mit weniger pendelkräftigen, mit weniger weit entwickelten Menschen. Denn ein jeder trägt den göttlichen Funken in sich, der Christ ebenso wie der Buddhist. Und jeder hat das Recht, da zu sein, wo er ist. Es ist nicht meine Sache, darüber zu urteilen.

Von dieser höheren Warte aus gesehen, möchte ich *die Grundvoraussetzungen für wirklich erfolgreiches Pendeln* übersichtlich in drei Stichworten zusammenfassen:

1. *Der vorwaltende innere Zustand von Harmonie, Ausgeglichenheit, Gleichmut:* Das ergibt sich zwingend aus den soeben dargelegten Gedanken. Wer in diesem Sinn nicht wenigstens vorwiegend »bei sich«, also mit sich selbst im reinen ist, getragen von tiefinnerem Gleich-

gewicht, kann schwerlich gute Pendelergebnisse erwarten. Gar zu oft »außer sich« zu sein, die innere Ruhe, ein festes Fundament unter seinen Füßen verloren zu haben, bedeutet zwangsläufig innere Unruhe, Nervosität, Abhängigkeit von den stetig wechselnden äußeren Eindrücken, bedeutet klaren Persönlichkeitsverlust. Auch der vorwiegend in sich Ruhende gerät gelegentlich in eine solche Stimmung – dann weiß er, daß er jetzt keinen Pendel anfaßt, daß er damit besser wartet, bis er sich wieder in voller innerer Ruhe und Harmonie gefunden hat.

2. *Die totale Sammlung des Bewußtseins, des Geistes einzig und allein auf die eine gestellte Frage,* auf die bezogene Person oder die entsprechenden Umstände: Bewußt spreche ich von »Sammlung« und nicht von »Konzentration«. Denn die letztere betont entschieden mehr die bloß verstandes- und willensmäßig bewirkte Zusammenraffung der inneren Kräfte. Diese willensmäßige Verspanntheit baut Barrieren im Energiefluß auf, die die freien Energieschwingungen blockieren. Die Energie muß frei fließen können! Im Gegensatz dazu »sammelt« sich der ganze Mensch in Kopf *und* Gefühl fast spielerisch, innerlich gelöst und geöffnet, was natürlich den eben besprochenen Punkt 1: »Wahrhafte innere Ruhe und Harmonie« voraussetzt. Ohne jede innere Verspannung auf nur *eine* Sache eingestellt, zielgerichtet voll darauf »gesammelt« zu sein, ist von größter Wichtigkeit. Ein hoher Prozentsatz der Fehlschläge liegt hier verursacht. Zum Pendeln braucht man absolute innere Ruhe und Zeit: Jeder Zeitdruck, jede Ungeduld stört das Ergebnis. – Betrachten Sie ein ganz in sein Spiel versunkenes – wie wir gerne sagen: »unschuldiges« – Kleinkind, und Sie haben die vollendete innere Sammlung lebendig vor Augen!

Hinter dieser Forderung steht die ständige Selbsterziehung zur Achtsamkeit: Im Alltag von morgens bis abends jeden Gedanken achtsam erleben, jeden Handgriff achtsam, also ganz bewußt tun. Das führt uns im Laufe der Zeit zur inneren Geschlossenheit der echten Persönlichkeit. Nicht umsonst habe ich in meinem ersten Pendelbuch mehrfach darauf hingewiesen. Und nicht umsonst ist das ein Kernstück der buddhistischen Lehre[9].

Diese absolute innere Sammlung wird zur möglichst totalen »Leere«, wenn wir auf die Antwort des Pendels warten. Da dürfen wir keinerlei Störgedanken Raum geben. Sonst ist die Sammlung dahin und falscher Selbstbeeinflussung und falschen, einströmenden Schwingungen wird Tür und Tor geöffnet. Wiederum muß ich sagen: die Wurzel eines hohen Prozentsatzes der Fehlschläge. Wegen ihrer großen Bedeutung werde ich die Hilfen dagegen später bei der Behandlung der ganz praktischen Seite des Pendelns gesondert aufführen.

3. *Das hochgradige Freisein von Egoismus, Überwindung des Ego* mit seinem Drang nach materiellem Gewinn, Anerkennung, Geltung und Macht in allen ihren offenkundigen und subtilen Formen. Wie könnte man sich ohne diese Voraussetzung wirklich ungeteilt einstellen auf ein sachliches Problem (bei dem letztlich fast immer eine persönliche Seite mitschwingt) oder gar sich anderen Menschen oder Wesen vorurteilsfrei zuwenden? Der gute Pendler darf nichts anderes wollen und anstreben als

– aus seinem echten Erkenntnistrieb heraus die Wahrheit zu finden, nur um der Wahrheit willen;

– aus seiner echt liebevollen Zuwendung zum anderen Menschen oder Wesen, um diesem selbstlos zu helfen, um der Liebe zum Nächsten willen.

Es geht immer um das reine Motiv, nicht um das egoistische. Der aufrichtig Helfende hilft um der Schwierigkeiten und Nöte des Nächsten willen und nicht, um sein Ich zu pflegen. Die Eigensucht ist eine so sehr von niedrigen Schwingungen getragene Triebfeder, daß sich die hinter dem Pendel stehenden positiven Kräfte dem Fragenden hier offensichtlich verweigern. Sie geben dann nicht selten falsche Antworten, ja sie können den aus seinem ICH geleiteten Pendler geradezu konsequent an der Nase herumführen – sicherlich, um ihm eine Lehre zu erteilen. Erfahrene Pendler aus allen Ländern berichten von solchen Fällen, und auch ich habe das schon beobachtet.

Gern würde ich an dieser Stelle auf die christliche *Grundforderung nach der Liebe* aus der Bergpredigt Jesu eingehen, die in den vier buddhistischen Grundtugenden ihre Vorgänger hat. Ebenso wie auf das Problem unserer Weiterbildung zum reifen Menschentum (und somit zu erhöhter Pendelkraft). Aus verständlichen Gründen muß ich es hier unterlassen. Lesen Sie es in meinem ersten Pendelbuch in Ruhe nach (S. 42, 44–48) oder an anderer Stelle, wo ich dieses für den weiterschauenden Menschen so entscheidende Problem von der Wurzel her anzugehen bemüht war[10].

Diese drei wesentlichen Voraussetzungen eines dauerhaft guten Pendelergebnisses tragen die hohe Pendelkraft hauptsächlich in sich. Es gilt, sich das Pendeln nur in völliger innerer Ruhe und Ausgewogenheit, mit totaler Sammlung seines Geistes auf die *eine* Frage bei Außerachtlassung jeglicher selbstsüchtiger Gefühle und Gedanken sozusagen zur zweiten Natur werden zu lassen. Dann kann der in dieser Weise stets achtsame Pendler mit Hilfe seines einfachen Instruments überall hingehen, wo er mit der richtigen Einstellung nur hingehen will.

Wesentliche praktische Ergänzungen

Die bisher behandelten Zusammenhänge von grundsätzlicher Bedeutung habe ich in diesem zweiten Pendelbuch zwar knapp, aber insoweit bewußt doch relativ ausführlich (und vielleicht etwas übersichtlicher als im ersten Buch) dargestellt. Denn sie sind für meine Begriffe das Fundament des verantwortungsbewußten erfolgreichen Pendelns. Wenn ich von nun an zu den vielen Fragen des ganz praktischen, zum Teil sozusagen technischen Arbeitens mit dem Pendel übergehe, so ist das in dieser Form nicht mehr möglich. Ich müßte endlose Wiederholungen all dessen bringen, was ich seinerzeit schon gründlich behandelt habe. Da ich dem heute kaum etwas hinzuzufügen hätte, wäre das natürlich sinnlos. Und wegen des Buchumfangs notwendige Kürzungen würden nur Irrtümer und Pendelfehler bewirken. Das wäre nicht zu verantworten.

In der Einführung sagte ich schon, *daß dieses Buch auf dem ersten aufbaut, daß es seine Fortsetzung ist.* Deshalb muß ich alle Leser, die das erste Buch noch nicht in der Hand haben, um Verständnis bitten, *wenn ich sie von jetzt an häufig mit genaueren Seitenangaben darauf verweise.* Erst ihre Beachtung wird es ihnen möglich machen, sich in das faszinierende geistige Pendeln ernsthaft einzuarbeiten bzw. darin weitere Fortschritte zu machen.

Knapp zusammengefaßt, möchte ich Sie im besonderen auf *die folgenden Problemkreise* aufmerksam machen, die alle in der Praxis entweder ständig oder gelegentlich auftauchen. Ihre Beachtung wird Sie gar manchen Fehlschlag vermeiden lassen und Ihnen gleichbleibend gute Pendelergebnisse sichern helfen.

1. *Die Kunst des richtigen Fragens* ist von größter Bedeutung, wenn man die praktisch kaum begrenzten Pendelmöglichkeiten voll ausschöpfen will. Nur eine absolut klare Frage kann zu einer wirklich klaren Antwort führen. Daher:

- Nur eine ganz exakte und unmißverständliche Formulierung wählen.
- Die Antwort muß ausnahmslos in jedem Fall ein klares Ja oder ein klares Nein sein können. Ausnahmen: die klare Entweder-Oder-Frage (mehr dazu später).
- Keine Frage, die auch nur möglicherweise verschieden ausgelegt werden kann.
- Bei einer notwendigen Folge von Fragen diese immer in der logischen Folge vom Allgemeinen zum Besonderen hin aufbauen.
- Beachten Sie dazu die fünf praktischen und recht ausführlichen Beispiele im ersten Pendelbuch (S. 110ff., S. 166ff.), die ich aus gutem Grund seinerzeit eingefügt habe.
- Keine Zukunftsfragen stellen (darüber später).
- Übung und Erfahrung wird jedem ernsthaft Bemühten helfen, diesen Schlüssel zum Erfolg in den Griff zu bekommen.

2. *Hüten Sie sich vor Selbsttäuschung,* besonders wenn Sie für andere pendeln! Jeder Wortbegriff und jede durch ihn ausgedrückte Eigenschaft baut auf ganz bestimm-

ten Gefühlen und inneren Einstellungen auf. Diese sind von Mensch zu Mensch verschieden, je nach ihrer gesamten und immer verschiedenen Lebensgeschichte. Jedermann sieht die Welt und hört die Worte mit ihrem besonderen Inhalt, wie *er* sie in sich trägt und erlebt. Außerdem spielt immer das bewußte oder unbewußte Motiv mit, das hinter den Worten und Ansichten steckt. Nur selten kennt man es. Hier liegt die Ursache für viele, viele Mißverständnisse im Gespräch:

- Jeder Mensch macht sich selber eine eigene Welt.
- Sich im Zweifelsfall immer fragen: Welchen besonderen subjektiven Wortgehalt habe ich vor mir?
- Den anderen offen zur Klärung ermuntern: »Was verstehen Sie unter …?«, »Wie haben Sie das gemeint?«.

3. Zur inneren Sammlung: Wie mit Störgedanken fertig werden, wie »leer« werden? »Leersein« heißt: Mit keinerlei anderem Gedankeninhalt als allenfalls der Frage, also absolut wertneutral nur auf die Antwort warten. – Diesen Punkt, von allergrößter Bedeutung für den Pendelerfolg, habe ich im ersten Buch aus gutem Grund volle drei Seiten gewidmet (S. 61–63). Lesen Sie dort bitte nach! Die wichtigsten Schlagworte:

- Nur in ausgeglichenem, harmonischem Gemütszustand pendeln.
- Keinerlei Voreingenommenheit oder Wunschvorstellung über das Ergebnis. Völlige innere »Leere«.
- Totale Sammlung auf die Frage und die kommende Antwort.
- Aufkommende Störgedanken auf der Stelle fallenlassen und sofort zurückkehren zur inneren Sammlung.
- Im Zweifelsfall eine absolut wertneutrale geistige Krücke zur völlig harmlosen »Beschäftigung« des Denkens benützen, z.B.: Vorstellung des einfachen

Balkenkreuzes mit seinem Mittelpunkt unter der Pendelspitze. Oder: Die Pendelfrage immer wieder wohlformuliert vor sich hinflüstern. Oder: Ganz achtsam, ganz bewußt, angemessen langsam und rhythmisch ein- und ausatmen durch die Nase.

- Hindernisse für das Leersein: tiefergehende Störungen neurotischer Art, Abhängigkeit von Alkohol, Drogen oder starken Beruhigungsmitteln, möglicherweise auch schwere Erkrankung.

4. Pendelergebnisse gelten nur für hier und jetzt, vor allem natürlich bei gesundheitlichen Fragen. Nichts ist beständig. Unser Leben verwandelt sich von einer Sekunde zur anderen (»anicca«: die erste der drei buddhistischen Kennzeichen des Seins[11]). Was heute, ja was in diesem Augenblick richtig ist, kann schon morgen, ja schon nach wenigen Minuten falsch sein. Das gilt besonders für die Einnahme von Medikamenten oder ähnlichem. Daher ganz konsequent:

5. Grundsätzlich den Zeitpunkt von Pendelergebnissen festlegen. Vor allem bei längerfristigen Beobachtungen ist das sehr wichtig. Bei späterer Rückschau oder Kontrolle merkt man, wie sehr sich die kleine Mühe lohnt. Daher immer das genaue Datum, ggf. auch die Stunde aufschreiben, zu dem man die Frage gestellt und die Antwort erhalten hat.

6. Im Zweifelsfall mehrfache Befragungen zu verschiedener Zeit: Wenn Sie sich eines Ergebnisses nicht sicher sein können oder es einfach nicht glauben, nicht akzeptieren können, dann fragen Sie zu späterer Stunde oder nach einigen Tagen nochmals oder gar mehrfach. Achten Sie dann ganz besonders auf innere Ausgeglichenheit und Ruhe, auf völlige »Leere«. Nicht selten verspürt man in Erwartung eines solchen »kritischen« Pendelns unvermittelt Lust, es zu tun – dann pendeln Sie! Diese Lust zeigt, daß in Ihnen alles aufbereitet oder vorformiert ist für die richtige Bewältigung dieser Schwierigkeit.

7. Pendeln am Telefon über jede Entfernung hinweg: Kein Unterschied zum normalen Vorgehen, nur daß sich der Fragende an einem entfernten Ort befindet. Für die schwingende Energie gibt es – wie früher schon betont – keine Entfernung. Beweis: die Funkwellen aller Art und erfolgreiche Gedankenübertragung über Meere und Kontinente hinweg.

8. Pendeln über eine Mittelsperson, auch am Telefon: Diese muß einem gut bekannt sein, so daß man sie sich als Pendler ganz lebendig vorstellen, geistig vor sich sehen kann. Die Mittelsperson (z.B. ein Elternteil) stellt sich ihrerseits ganz gesammelt auf den Menschen (z.B. ein Kind) ein, über den (z.B. wegen einer plötzlichen Erkrankung) gependelt werden soll. Die Mittelsperson ist also die Brücke. Sie muß ihrerseits frei von Voreingenommenheit, also »leer« sein. Das ist die Schwierigkeit! Dieser ihrer Fähigkeit muß sich der Pendler sicher sein, sonst sollte er das Pendeln unterlassen. Da sind immer wache Kritik und Vorsicht angezeigt.

9. Die Pendelbewegung abwarten können: Zuweilen dauert es einige Zeit, bis sie einsetzt. Besonders wenn bei einem schwierigen Zusammenhang viele Aspekte bedeutsam sind. Nicht ungeduldig werden: Auch die geistigen Kräfte brauchen ihre Zeit. Sie selbst können auch weniger gut gesammelt sein, deshalb erst recht totale

Einstellung auf die Frage! Aber: Kein Ergebnis erzwingen wollen, es würde nur verfälscht. Es im Zweifelsfall ein anderes Mal erneut und dann wohl besser versuchen.

10. Wenn Sie Ermüdung spüren, hören Sie auf! Pendeln ist am Anfang und für manche Menschen lange Zeit anstrengend. Später wird das zumeist bald besser. Wiederum gilt: Nichts erzwingen wollen. Das blockiert den Energiefluß und bringt falsche Antworten.

11. Zum Schluß die deutliche Warnung: Muten Sie sich als Anfänger oder nur mäßig Fortgeschrittener nicht Aufgaben zu, die ganz einfach über Ihrem derzeitigen Niveau liegen. Bleiben Sie innerhalb der Grenzen dessen, was Sie beherrschen. Dann können Sie von niederen Einflüssen nicht mißbraucht werden. Nur zu leicht bricht unser Ego durch, das recht bald »etwas sehen« und sich daran ergötzen möchte. Das ist nur zu menschlich. Bei richtigem Arbeiten wächst die Pendelkraft langsam aber stetig. Ist es nicht schön, ja beglückend, eine lockend neue Welt vor sich zu wissen, in die man demütig-vertrauensvoll hineinwachsen darf, wenn man nur auf dem rechten Weg bleibt?

Mißbrauch des Pendelns

Wie alles auf der Welt, so läßt sich selbstverständlich auch der Pendel zu unerfreulichen, wenn nicht zu üblen Zwecken benützen. Alle diese mißbräuchlichen Anwendungen möchte ich der Klarheit halber in der folgenden Übersicht zusammenstellen.

1. Der Versuch, mit seiner Hilfe im eigenen Interesse das

große Los zu gewinnen, einen Lotto/Toto-Hauptgewinn, irgendein Glücksspiel wie z.B. im Spielcasino, eine Wette im Pferderennen oder irgendein Preisrätsel. Da stünde weder echter sachlicher Erkenntnistrieb dahinter noch echtes Verlangen, dem Nächsten in Bescheidenheit hilfreich zu sein. Wie ich über die Jahre des öfteren hörte, hat es noch nie den ersehnten Erfolg gebracht.

2. »Schwarze Magie«: Wer sich negativer, niedriger, auf Macht erpichter Geister zu bedienen bemüht ist, um vermeintliche Erfolge für den Augenblick zu erzielen oder gar anderen Menschen gesundheitlichen, seelischen oder wirtschaftlichen Schaden zuzufügen, setzt sich mit seiner weiteren Entwicklung schwerer Gefährdung aus. Auch bei sogenannten schwarzen Messen, im Satanskult und ähnlichen Gepflogenheiten soll der Pendel gelegentlich eine Rolle spielen. Alle, die derartiges tun, wird das Gesetz der ausgleichenden Gerechtigkeit (Karma) unausweichlich treffen. Leider habe ich im Laufe der Zeit von einer kleinen Reihe wirklich böser Beispiele hören müssen.

3. Das spiritistische Pendeln will jenseitige Kräfte für diesseitige und bei weitem nicht immer reine Zwecke einspannen. Davon abgesehen, daß sich hier üblem Humbug Tür und Tor öffnet, kann es sich bei den dabei »herbeigerufenen« Geistern – wenn überhaupt – nur um relativ niedrige Seelen handeln. Sie konnten sich von der Materie dieser Welt noch nicht lösen. Entsprechend ist ihre Geisteshaltung. Ich kann die Aussage anderer kritischer und erfahrener Beobachter und Pendler nur unterstreichen, daß sie noch keinen einzigen geistig hochstehenden Spiritisten hätten finden können. Als ob sich hochentwickelte Geister profanen oder gar niedrigen Zwecken öffnen würden und sich dazu mißbrauchen ließen!

4. *Die Befriedigung rein persönlicher Neugier,* die aus einer Mischung von Sensationsverlangen und ethisch unsauberer eigener Befriedigung bemüht ist, in mehr oder weniger höchstpersönlich-intime seelische Erlebnisse oder Prozesse anderer Menschen einzudringen. Ich bin mir so gut wie sicher, daß die Kräfte, die den Pendel bewegen, diesen Leuten ihre Dienste verweigern und sie gegebenenfalls an der Nase herumführen.

5. *Pendeln in die Zukunft:* Die Verlockung dazu ist sicherlich nicht gering. Fallen Sie ihr nicht zum Opfer! Die Zukunft ist uns Menschen gewiß aus höherer Einsicht heraus verschlossen. Wie grausam, wenn es nicht so wäre! Wem ganz ausnahmsweise ein Blick in Zukünftiges beschieden sein soll, dem wird es in einer ihn zutiefst ergreifenden Weise zuteil, über die er sich kaum je äußert. Dem Neugierigen bleibt die Zukunft verschlossen. Möglicherweise provoziert er ungute Geister, die ihren Schabernack mit ihm treiben, um ihm eine Lehre zu erteilen. Ich habe da bemerkenswerte Beispiele erlebt[12].

6. *Anderen etwas vorpendeln, zeigen, »was man kann«:* Das bringt gar nichts ein, nur Verunsicherung. Warum sollten Sie sich »testen« lassen? Wie viele aus bloßer Neugier und seichter Sensationslust, wenn nicht aus negativen Gedanken geborene Schwingungen sind da im Raum! Nachher haben Sie einen schlechten Geschmack auf der Zunge. (Einzige Ausnahme: ein wirklich ernsthaft Strebender möchte aus lauterer Gesin-

nung etwas über das Pendeln lernen, um innerlich weiterzukommen.) Und geben Sie Ihren Pendel keinem in die Hand, der »es nur mal so versuchen will«, besonders wenn er schon von Unsinn, Schwindel oder Unwissenschaftlichkeit gesprochen hatte. – Meiden Sie überhaupt jede Öffentlichkeit, arbeiten Sie ganz allein für sich in der Abgeschiedenheit der Stille. Bewahren Sie Pendelergebnisse, die Sie stark bewegen, für sich, um sie in ihrem Inneren ausreifen zu lassen. Warum überhaupt darüber sprechen, daß Sie pendeln? »In der Stille liegt alle Kraft« (Bernhard von Clairvaux).

7. *Zweifelhafte »Pendel-Experten«* verkünden zuweilen, sie könnten über alles pendeln und hätten in jedem Fall die garantiert richtige Antwort. Wie weit entfernt sind sie in ihrer Überheblichkeit in Wahrheit von dem, was sie glauben oder zu glauben vorgeben!

8. *Der Glaube an eigene unfehlbare Ergebnisse* steht ausnahmslos auf wackeligen Füßen. Gerade der erfahrene Könner weiß, wie störbar und verletzlich das Zusammenspiel der feinen und feinsten Schwingungen ist, die den Pendel ausschlagen lassen. Gelegentlich höre ich im Brustton der Überzeugung jemanden sagen: »Das habe ich gependelt, das stimmt«. Soweit ich das überprüfen konnte, hatte ich fast immer guten Grund zum Zweifeln, ob »das stimmt«.

9. *Über sich selbst pendeln* ist immer mehr oder minder heikel. Wer auf dieser Welt könnte schon von sich behaupten, er hätte zu sich selbst den nötigen weiten Abstand? Oder er sei so hinreichend frei von jeglichem auch unbewußtem eigenen Gefühl, von Voreingenommenheiten oder irgendwelchen an das eigene ICH

gebundenen Interessen, daß er wirklich ganz neutral, ganz »leer« sein könnte? Pendeln Sie also nur mit Zurückhaltung und schärfster Kritik über sich selbst!

10. *Über jede Lappalie im Lebensalltag pendeln*: Eine gewisse Versuchung dazu ist für den überzeugten Pendler sicher da, sich auch kleine Entscheidungen bequemerweise denkbar leicht zu machen. Wer sich das im Grunde aus Entscheidungsangst angewöhnt, der gibt doch seine eigene Verantwortlichkeit, ein Kernstück seiner Persönlichkeit, auf und begibt sich in eine Abhängigkeit, ja eine Art von Sklaverei gegenüber einem ansonsten so wertvollen Werkzeug. Der Pendel soll uns helfen und dienen und uns nicht beherrschen. Hieße es nicht geradezu, einen Teil unserer Menschenwürde einfach aufzugeben? Davon abgesehen, daß man sich – zu Recht – geradezu lächerlich macht, wenn man bei jeder Gelegenheit den Pendel aus seiner Tasche hervorholt.

Zum Abschluß dieses Kapitels kann ich mir eine Anmerkung nicht versagen. Einige der bedauernswerten, aber offensichtlich nicht vermeidbaren Mißbräuche des Pendels veranlassen gewisse einseitige Sittenwächter zu *einem Feldzug gegen das Pendeln als solches*. Das sind insbesondere die traurigen Fälle der schwarzen Magie und des spiritistischen Pendelns in dem von mir beschriebenen Sinn. Das Pendeln wird dann in einem Atemzug genannt *und* auf eine Stufe gestellt mit *Okkultismus*, mit allerlei schwarzmagischen Dingen wie schwarzen Messen, Satanskult in jeder Form, Kartenlegen, Zukunftsdeuterei. Es wird in Zusammenhang gebracht mit Jugendverführung, unmoralisch übler Geschäftemacherei und Menschenausbeutung und was noch alles sonst, bis hin zu seiner Verurteilung als »Teufelswerk«!

Da erlaube ich mir die Feststellung: Wie viele übelste Verbrechen sind schon mit Hilfe von Autos begangen worden, und wie viele menschliche Schädel sind schon durch Hammerschläge zertrümmert worden! Sind Autos und Hämmer deshalb »Teufelswerk«? Und ist das Fahren eines Autos, ist die Benützung eines Hammers deshalb unmoralisch, sittenwidrig oder »okkult« (d.h. in geistiger Dunkelheit begründet)? Die Einfältigkeit dieser Behauptung würde gewiß keiner bezweifeln. Ist alles, was die so Denkenden nicht verstehen können, deshalb »Teufelswerk«? Leben wir noch in der geistigen Ebene der Inquisition und der Scheiterhaufen?

Solange das Pendeln im richtigen Sinn und zum rechten Zweck gebraucht wird, ist es eine großartige Hilfe für den Menschen. Es dient der Wahrheit und dem Leidenden. Es kann uns dazu verhelfen, von unserem kleinen Menschsein her den geheimnisvollen und unendlichen Schöpfungskräften näherzukommen. Wenn das Pendeln aber nicht in diesem rechten, sondern in einem üblen Sinn gebraucht wird, dann ist nicht dieses Werkzeug schlecht, sondern einzig und allein der Mensch, der es mißbraucht. Ist es so schwer, diesen Unterschied zu erkennen?

Die praktisch-technische Seite des Pendelns

»Die Menschen verdrießt's, daß alles Große so einfach ist.«
Goethe

Nachdem wir uns nun die grundlegenden Zusammenhänge um das Pendeln klargemacht haben, wenden wir uns seiner ganz praktischen Seite zu. Auch hier wiederhole ich das Wesentliche aus meinem ersten Pendelbuch in recht knapper Form und füge nur da oder dort einen für die Praxis hilfreichen Gedanken ein.

Die praktische Handhabung des Pendels

Sie wissen, daß der Mensch selbst das Aufnahmeinstrument für die feinen Schwingungen ist und nicht das bloße Anzeigegerät Pendel. Daher tut *ein ganz einfacher Pendel,* vielleicht von Ihnen selbst gemacht, ebenso gute Dienste wie ein aufwendiger und entsprechend teurer aus möglicherweise kostbarem Material und komplizierter Form. Alle Gewichte von wenigen Gramm an, die Sie an einem Faden oder Kettchen aufhängen, lassen sich als Pendel benützen. Am einfachsten ist das 3–4 cm lange Ende eines Zimmermannsnagels oder ein entsprechendes Stück anderes Metall, das unten in annähernd spitzer Form ausläuft. Das ist wichtig, damit Sie die Pendelbewegung über Tabellen leicht und sicher ablesen können.

Die Länge des gut befestigten (umwickelten, mit Leim gesicherten) einfachen oder doppelten Zwirnfadens bzw. dünnen Kettchens beträgt im allgemeinen etwa zwischen 12 und 18 cm. Der Faden sollte oben eine deutlich fühlbare Verdickung aufweisen, z. B. eine ganz kleine gelochte Perle oder ein ganz kurzes Stückchen eines Streichholzes. Dann kann Ihnen der Pendel bei der notwendigen lockeren Haltung nicht mitten in der Arbeit nach unten herausfallen. Je schwerer der Pendel, desto länger die Halterung und desto langsamer das Anschwingen seiner Bewegung, und umgekehrt. Gut zu fühlende Knötchen in dem kräftigen Aufhängefaden erleichtern Ihnen rasch das Herausfinden der für Sie besten Länge. Was Ihnen bei Ihren Bemühungen am meisten zusagt, ist für Sie auch die beste Lösung. Das schließt gegebenenfalls eine spätere Änderung ja in keiner Weise aus.

Zur Handhabung: Sitzen Sie ganz bewußt mit aufrechtem Oberkörper und gerade aufgerichtetem Rükken auf Ihrem Stuhl und achten Sie auf guten Kontakt ihrer Fußsohlen zum Boden. Die Beine auf keinen Fall übereinanderschlagen oder kreuzen. Die Schultern sind locker, und die Ellbogen ruhen auf dem Tisch. So kann die Energie frei in Ihrem Nervensystem fließen. So können Sie auch leichter ganz gesammelt bei der Arbeit sein, als bei schlaffer, hängender Körperhaltung. Es darf keinerlei unnötige Verspannung in Ihnen sein: Sie behindert den freien Energiefluß und kann auch leicht zu feinem Zittern der Pendelhand führen. Viele Fehlschläge sind darauf zurückzuführen, daß es an der unerläßlichen inneren Lockerheit fehlt. Nur wer sich in seinem Organismus in der goldenen Mitte von Spannung und Lösung befindet, kann gleichzeitig hellwach und dabei locker-gelöst sein[13]. Den Pendelfaden selbst halten Sie an seinem verdickten oberen Ende zwischen Daumen und Zeigefinger locker, ohne jeden besonderen Fingerdruck, fest. Übrigens können einige wenige ruhige und tiefe Atemzüge helfen, einen Rest von Spannung im Schulter- und Nackenbereich rasch loszuwerden und die Gefahr eines noch irgendwie steifen Armes auszuschalten.

Die Pendelbewegungen können, wenn wir uns aus gutem Grund auf die klar abzulesenden beschränken, von oben gesehen nur die vier folgenden sein:

$\updownarrow$	$\leftrightarrow$	$\circlearrowleft$	$\circlearrowright$
Vom und zum Körper auf und ab oder senkrecht	Quer vor dem Körper hin und her oder waagerecht	Links-drehung (entgegen Uhrzeiger-sinn)	Rechts-drehung (im Uhr-zeiger-sinn)

Welche Pendelbewegungen bedeuten bei Ihnen was? Nehmen Sie Ihren Pendel wie beschrieben zur Hand und fragen Sie:

• Wenn mir der Pendel auf eine Frage mit Ja antworten will, welche Bewegung macht er dann?

• Desgleichen mit Nein.

• Wenn mir der Pendel auf meine Frage hin sagen will: »Kann ich nicht beantworten« (z.B. weil sie unklar ist oder dergleichen), welche Bewegung macht er dann?

Statt dieser Fragen können Sie mit dem Pendel auch von vornherein gleichsam eine persönliche Abmachung treffen: Sie bitten ihn dann, daß er Ihnen ein für allemal in einer ganz bestimmten Weise antwortet, z.B. bei Ja mit senkrechten, bei Nein mit waagerechten Schwingungen, bei »Kann ich nicht beantworten« mit Linksdrehung und bei »Will ich nicht beantworten« (weil es die höhere Einsicht meiner unbewußten Seele für besser hält, mich das nicht wissen zu lassen) mit Rechtsdrehung. Jetzt kennen Sie meine persönlichen Antwortfiguren. Das müssen durchaus nicht auch Ihre sein. Bei vielen bedeutet Rechtsdrehung Ja, Linksdrehung Nein. Die anderen Figuren klären Sie mit Ihrem Pendel, indem Sie ganz einfach fragen: »Bedeutet diese Figur ... das und das ...?«, was Sie durch spätere Kontrollfragen noch erhärten. Dann spielt sich dieser psycho-physische Mechanismus im Sinne des erworbenen Reflexes in Ihrem Gehirn und Nervensystem so ein, daß für immer Klarheit herrscht.

Bei Linkshändern kann es vorkommen, daß die Antworten des Pendels auf die soeben aufgeführten Fragen genau umgekehrt sind. Dann bedeutet also senkrechtes Schwingen bzw. Rechtsdrehung Nein und waagerechtes Schwingen bzw. Linksdrehung Ja. Offensichtlich sind solche Menschen also sozusagen umgepolt. Ich habe das die ganzen Jahre über nur ganz selten erlebt und habe den Eindruck, daß es sich hier gewissermaßen um extreme Fälle handelt. Die meisten, die sich als Linkshänder fühlten, hatten auch nur die »normalen« Pendelbewegungen. Es mag natürlich sein, daß sich dabei die früher und zum Teil auch heute noch eindeutige Bevorzugung der Rechtshändigkeit mit allen ihren erzieherischen Begleiterscheinungen entsprechend auswirkt. Natürlich kann bei all dem auch die soeben erwähnte persönliche Abmachung mit dem Pendel eine Rolle spielen, d.h. die Programmierung der unbewußten Steuervorgänge in unserem Nervensystem.

Die Weite der Ausschläge Ihres Pendels bedeutet die Stärke oder Intensität von Ja oder Nein. Eine schwache Antwort schwingt nur wenige Millimeter nach jeder Seite. Das muß aber ein ruhiges, gleichmäßiges, wirkliches Schwingen sein und nicht nur das momentane Ergebnis einer unruhigen Hand. Eine starke Antwort kann bei einer Pendelfadenlänge von etwa 14 cm bis zu 6 cm und etwas mehr nach jeder Seite schwingen.

Das Einsetzen der Pendelbewegungen kann etwas dauern.

Schließlich brauchen die geistigen Kräfte auch ihre Zeit zum materiellen Einschwingen des Pendels. Sie sind ja keine blitzschnell reagierenden Automaten. Bewahren Sie – wie besprochen – Ihre stete innere Sammlung – dann kommt die Antwort!

Elektrogeräte mit hoher Voltspannung wie Fernseher, Stereo-Radio-Anlage, Computer und dergleichen können die Schwingungen des Pendels verfälschen. Ihre starken Ausstrahlungen können anscheinend die ultrafeinen Vorgänge in unseren unbewußten Schichten durcheinanderbringen. Die Antworten können dann kaum noch korrekt sein. Deshalb sollte man nicht in ihrer unmittelbaren Nähe pendeln. Das gilt nicht nur für laufende Geräte, sondern auch für ausgeschaltete. In ihrem »Innenleben« tritt sozusagen nicht so rasch wieder totale Ruhe ein. Das mag nicht immer so sein. Es ist aber allemal besser, vorsichtig zu sein, als gegebenenfalls peinliche Überraschungen erleben zu müssen.

Umgang mit dem Pendel: Er ist etwas höchst Individuelles, und seine Eigenschwingung sollte ganz auf Ihre Person eingestimmt sein. Geben Sie ihn daher normalerweise nicht in fremde Hände. Und: Behandeln Sie ihn achtsam, sozusagen wie ein Stück von Ihnen selbst, und werfen Sie ihn niemals achtlos herum. Wahre innere Sammlung ist immer mit der aus dem Herzen kommenden Achtsamkeit verbunden. Und ohne sie gibt es kein wirklich erfolgreiches Pendeln.

Einige Experimente zur Einführung

1. Zur Gefahr der Beeinflussung des Pendels durch Sie selbst: Sorgen Sie für normale ungestörte Arbeitsbedingungen und halten Sie Ihren Pendel in seiner Arbeitsstellung. Stellen Sie sich ganz lebendig vor, daß er aus seiner Ruhelage heraus in eine rechtsdrehende Kreisbewegung übergeht. Sie können Ihre innere Sammlung darauf notfalls dadurch unterstützen, daß Sie dies leise (oder nur in Gedanken) vor sich hinflüstern. Sie können als Anfänger notfalls den Pendel bewußt in Unruhe, z.B. nur wenige Millimeter in senkrechte Schwingung versetzen. Damit erleichtern Sie das Ausschwingen aus der totalen Ruhelage. Ob Sie das tun oder nicht: Der Pendel wird nach kurzer Zeit in eine lebhafte nach rechts drehende Kreisbewegung eintreten. Dann stellen Sie sich vor, daß er zum Stillstand kommt. Nach wenigen Sekunden wird er immer langsamer schwingen, bis er tatsächlich stillsteht. Das gleiche wiederholen Sie nun mit einer linksdrehenden Kreisbewegung. Der Pendel befolgt auch diese Weisung sogleich. Selbstverständlich halten Sie die ganze Zeit über Ihre Pendelhand peinlich ruhig und bewegungslos.

Gegebenenfalls wiederholen Sie das Ganze noch einmal ohne die erwähnten Hilfen, indem Sie innerlich ganz darauf gesammelt nur an die einzelnen Bewegungen denken. Spätestens nach wenigen Versuchen wird Ihr Pendel diese Weisungen genau befolgen. Verordnen Sie ihm nun senkrechtes, dann waagerechtes Schwingen: Er wird es sofort tun. Jetzt wissen Sie:

a) daß Sie pendeln können und

b) wie wichtig die innere Leere ist, damit Sie sich nicht selbst an der Nase herumführen, indem Sie Ihren Pendel aus einer bewußten oder geheimen Wunschvorstellung heraus beeinflussen!

2. Zur Ermittlung der gesetzmäßigen Polarität: Legen Sie einen Apfel mit dem Stiel nach oben, eine Orange mit der Seite des früheren Stiels nach oben oder eine Birne oder Banane auf den Tisch und halten Sie Ihren Pendel über die Stelle, an der die Frucht früher am Baum oder der Staude hing. Hier war sie in mittelbarer Verbindung mit der negativ gepolten Erde. Ihr Pendel wird unweigerlich anfangen, sich nach links, also gegen den Uhrzeigersinn, zu drehen: Da haben Sie die negativ gepolte Seite der Frucht ermittelt. Legen Sie den Apfel oder die Orange nun umgekehrt mit der gegenüberliegenden Seite der noch vorhandenen oder früher dagewesenen Blüte nach oben und halten Sie Ihren Pendel jetzt darüber bzw. über das dem Stiel entgegengesetzte Ende. Jetzt wird Ihr Pendel sofort anfangen, sich langsam und dann schneller fortlaufend nach rechts hin, also im Uhrzeigersinn, zu drehen: Der positive Pol wird angezeigt.

Bitten Sie jetzt irgendeinen Menschen, er möge Ihnen seine *rechte Handfläche* entgegenstrecken, und halten Sie Ihren Pendel darüber. Er wird sich sogleich rechts herum drehen: Die rechte Hand ist positiv gepolt. Bei Wiederholung des Experimentes mit der *linken Hand* geht der Pendel in die Linksdrehung: Sie ist negativ gepolt. Überprüfen Sie einen Bleistift oder Kugelschreiber, eine Bürste oder Schere oder sonst irgendeinen Gegenstand, indem Sie Ihren Pendel jeweils über das eine und dann über das andere Ende halten: Immer werden Sie die Schwingungen der beiden einander entgegengesetzten Pole erleben, die doch erst gemeinsam das Ganze kennzeichnen (»Bipolarität«). So ist in jedem Atom das positive Proton und das negative Elektron. So hat auch die Erde den negativen Nordpol und den positiven Südpol.

3. Das Magnetismus-Experiment: Legen Sie einen beliebigen Möbelschnäpper (den kleinen Magneten zum

Festhalten der geschlossenen Möbeltür) oder einen noch so kleinen Kompaß mit seiner Magnetnadel auf den Tisch und halten Sie Ihren Pendel in äußerster Ruhestellung (mit aufgestützten Ellbogen und zusätzlicher Stütze der Pendelhand durch die andere) in beliebiger Höhe darüber. Der Magnetismus wird Ihren Pendel nach kurzer Zeit folgende Bewegungen machen lassen: zuerst senkrechte Schwingungen, dann Linksdrehung, dann Übergang zu Rechtsdrehung und wieder senkrechte Schwingungen, dann wieder Linksdrehung, Rechtsdrehung, senkrechte Schwingungen und immer so fort. Bei einem größeren Magneten, mit ausreichendem Abstand der beiden Pole voneinander, halten Sie den Pendel nur über den Nordpol – er dreht links, dann nur über den Südpol – er dreht rechts. Die eigenartige und so beeindruckende Abfolge der Pendelbewegung: auf und ab, linksdrehen, rechtsdrehen, auf und ab in ständiger Wiederholung ist einfach auf die Energie zurückzuführen. Und wegen der fortdauernden magnetischen Ausstrahlung geht das immer so fort. Weil das von dem heute weltbekannten Dr. med. Ernst Hartmann entdeckte Globale Gitternetz (auch Hartmann-Gitter genannt) magnetischer Natur ist, zeigen sich auch auf die Dauer gesundheitsgefährdende Strahlungslinien durch die gleiche eigenartige Abfolge der Pendelbewegungen. Übrigens ist sie beim Energiesensor, dem Schwingpendel, ebenfalls gleich.

Seien Sie sich als noch nicht ausreichend gefestigter Pendler immer bewußt: Wenn Skepsis, Bedenken, Angst vor Fehlschlägen, vorwiegend negativ gefärbte Kritik und die Kraft, die all dem innewohnt, stärker sind als die Kraft des Vertrauens, des vertrauensvollen Herangehens an die Aufgabe, dann kann die Energie in Ihren

Nervenbahnen und Ihrem gesamten Organismus nicht wirklich frei fließen. Dann kann auch eine ungehinderte Bewegung des Pendels kaum zustande kommen.

Die Arbeit mit den alten und neuen Pendeltafeln ②③⑩

Dieser Begriff faßt die verschiedenen Übersichten, Schemata, Tabellen oder Aufstellungen zusammen, ohne die ein systematisches Pendeln nicht möglich ist. Dabei geht es immer um Komplexe, d.h. vielschichtige und viele Einzelheiten in sich tragende Zusammenhänge. Ohne diese Tafeln als wesentliche Gedächtnisstütze müßte man oft ein wichtiges Moment außer acht lassen. Der Pendel wird ganz einfach auf den Mittelpunkt des Strich-Schemas gehalten. Auf die Frage »Was ist die beste Lösung?« oder eine sinngemäß ähnliche Formulierung schwingt er sich dann auf eine der vorgegebenen Möglichkeiten ein. Dem Routinierten mag die eine oder andere noch relativ einfache Übersicht im Lauf der Zeit überflüssig werden. Das ändert aber nichts an ihrer Notwendigkeit. Gehen Sie auch mit diesen Übersichten immer achtsam um. Je mehr wir mit ihnen arbeiten, um so mehr entwickeln auch sie eine Art geistiges Fluidum, das mit dem Pendler mehr oder minder eng verbunden ist.

Arbeiten mit Notizzetteln: Im Alltag ergeben sich immer wieder Fragen, für die man sich die verschiedenen Lösungsmöglichkeiten rasch in einem einfachen Strichschema auf einen Notizzettel schreiben kann. Der Geübte kann sich bald das Ausschreiben der einzelnen Striche schenken oder die vorher wohlüberlegten Antwortmöglichkeiten in Stichworten einfach untereinanderschreiben. Das natürlich nur, wenn die Liste nicht gar zu lang ist. Der Pendel wird dann mit ausreichendem Abstand danebengehalten. Übrigens ist es ratsam, einer solchen Aufstellung grundsätzlich das Wort »Sonstiges« anzufügen: Haben wir einen bedeutungsvollen Punkt vergessen, deutet der Pendel darauf. Er nötigt uns so zu vertieftem Nachdenken, damit wir doch die bestmögliche Antwort bekommen können, an die wir zunächst nur nicht gedacht hatten. Diese noch bessere Möglichkeit müssen wir aber schon selber finden. Der Pendel kann uns schließlich nur Ja oder Nein auf eine präzise Frage antworten bzw. auf die ihm vorgegebenen Antwortmöglichkeiten hindeuten.

Arbeiten ohne schriftliches Fixieren nur in Gedanken: Der Geübte braucht sich bei einfachen Zusammenhängen die Mühe des Aufschreibens gar nicht zu machen. Er sieht im Geist etwa die vier Antwortmöglichkeiten von ganz links bis nach ganz rechts vor sich und befragt den Pendel nach der richtigen Antwort. Dieser schwenkt dann in die Richtung ein, wo im gedanklichen Schema die Antwort steht. Und selbstverständlich kann man jede Ja- oder Nein-Frage ohne jegliche schriftliche Fixierung stellen: Der Pendel gibt uns unsere individuell gewohnte Antwortfigur, sei sie geradlinig oder kreisend.

Häufige Kontrollfragen sind für den gewissenhaft arbeitenden Pendler unumgänglich: »Ist dieses Ergebnis … richtig?«, »Ist das tatsächlich die beste Lösung für …?«, »Gibt es ein anderes, vielleicht noch besseres Verfahren für …?« oder ähnliche Formulierungen. Derartige Kontrollfragen sind natürlich nicht nach jedem einzelnen Schritt nötig, empfehlen sich aber bei wesentlichen Zwischenergebnissen oder zum Schluß zwecks Überprüfung des Ganzen. Gibt der Pendel jetzt eine negative Antwort, so gilt es selbstverständlich, dem gründlich nachzuforschen. Welchen Fehler habe ich gemacht? (Darüber später mehr!) Was habe ich allenfalls vergessen? Bei wichtigen Dingen ist es oft klug und auch recht beruhigend, nach einer gewissen Zeit, da man sich aus dem besonderen Fragenkomplex gelöst hat, solche Kontrollfragen zu wiederholen.

Sie finden in diesem Buch eine ganze Reihe von solchen Pendeltafeln. Zu ihrer exakten Kennzeichnung sind sie numeriert. Es mag Ihnen zunächst seltsam vorkommen, daß die Numerierung mit der Zahl 51 beginnt. Das hat seinen guten Grund. Wie ich ja schon in der Einführung zu diesem Buch dargelegt habe, baut es auf meiner ersten Pendelveröffentlichung auf. Wenn Sie den Inhalt dieses zweiten Pendelbuches auch nur einigermaßen ausschöpfen wollen, ist es unerläßlich, daß Sie sich zuvor das erste erarbeiten, mindestens auf dem oder den Gebieten, die Ihnen besonders am Herzen liegen. Deshalb ist es für jeden ernsthaft mit dem Pendel Arbeitenden ebenso wie für mich als Autor viel leichter, wenn die in der Praxis dauernd benutzten Tafeln schon von der kennzeichnenden Nummer her nicht ständig miteinander verwechselt werden können.

Selbstverständlich ergeben sich viele Hinweise auf das erste Buch. Dieses zweite ist ja gewissermaßen seine Fortsetzung, seine Erweiterung, und ich kann hier nicht alle Ausführungen aus dem ersten wiederholen. Das mußte sich auf die grundlegenden Zusammenhänge beschränken, die Ihnen die bisherige Lektüre sicherlich vermittelt hat. Haben Sie also bitte das nötige Verständnis für die vielen präzisen Hinweise auf die Darlegungen des ersten Buches mit den Pendeltafeln 1–33. Schon in der Einführung zu diesem Buch mußte ich Sie darum bitten. Ich habe lange über die besonderen Schwierigkeiten dieses ergänzenden Werks nachgedacht und glaube, damit die wohl bestmögliche Lösung gefunden zu haben. Natürlich werde ich die für einen bestimmten Zusammenhang wesentlichen Punkte auch in diesem Buch jeweils zusammen mit der oder den entsprechenden Tabellen behandeln.

Als einzige Ausnahme möchte ich die 100%-Tabellen aus dem ersten Buch hier direkt übernehmen. Der Grund ist einfach: Sie verhelfen bei vielen, vielen Fragen zu einer klaren Antwort ohne große Umschweife und ohne jeweils besondere Beurteilungsskalen. Die Pendelantwort zwischen 0 und 100 erlaubt die Feinabstufung eines gesuchten Maßes, eines Wirksamkeitsgrades und dergleichen. Wozu die Umständlichkeit, für jeden der vielen verschiedenen Fälle eine eigene Tabelle in der besonderen Ausdrucksweise des betreffenden Zusammenhangs? Es sind diese drei Variationen:

1. Die 100%-Skala, Tab. ②, die ich aus gutem Grund bis 200 % erweitert habe. Das erlaubt, die Entwicklung von einem auf 100 % fixierten Zusammenhang sowohl nach unten wie nach oben ablesen zu können. Zum Beispiel: »Wenn der Erkrankungszustand von X jetzt genau vor 4 Wochen, also Anfang April, gleich 100 (%) betragen hat, wie hoch ist darauf bezogen das Ausmaß seiner Erkrankung heute?«

2. Das AB-Schema, Tab. ③, mit den beiden einander entgegenlaufenden Prozentskalen. Es macht das einfache und klare Ablesen eines bestimmten Verhältnisses zwischen zwei einander polar gegenüberstehenden Sachverhalten möglich, zum Beispiel: »Wo ist der Fragesteller Y in dem psychologischen Gegensatz von Altruismus = A und Egoismus = B einzuordnen?« Wenn Sie sich merken: *Das Überwiegende ist immer in der angezeigten Richtung,* dann können Sie nie falsch ablesen. Der Pendel zeige z.B. auf die eben gestellte Frage hin auf 60 in Richtung A: Zu 60 % ist Y geleitet von Altruismus und zu den verbleibenden 40 % von Egoismus. Diese Differenz auf der einen Seite gilt dann für den Rest auf der gegenüberliegenden.

3. Das Schema: Das rechte Maß, Tabelle ⑩, das von der Mittellinie aus (Normalzustand, Ausgeglichenheit) je eine 100 %-Skala nach jeder Seite hin (zuviel oder Funktionsbeschleunigung bzw. zu wenig oder Funktionshemmung) entwickelt. Überall wo es bei einer Tätigkeit oder einem Zustand darauf ankommt, ein Abweichen von der rechten Mitte, sei es nach oben oder nach unten, festzustellen, ist diese Tabelle sozusagen Gold wert. Einige Beispiele: Spannungszustand (Tonus), Aktivität von Körperorganen, Drüsen (Hormone), Nervensystem, Energiezentren (Chakren), Zustand von Vitalstoffen (Vitamine, Spurenelemente, Mineralstoffe), Blutkörperchen, Stoffwechsel, Heilmittel, Ernährung, persönlicher Einsatz im Sinne bestimmter Interessen oder Eigenschaften, Zuwendung zu anderen Menschen, Ausprägung von Selbstwertgefühl und Selbstschätzungstrieb usw. usw.

Wegen der gleichsam umfassenden Bedeutung dieser drei 100%-Skalen finden Sie im Anhang dieses Buches diese gleich als erste zu Beginn der neuen Pendeltafeln wiederholt, und zwar mit der alten Nummernkennzeichnung aus dem ersten Buch. Wie besprochen, ist so jede Tabellenverwechslung aufgrund gleicher Nummern ausgeschlossen.

Als letzten wichtigen Punkt für das verantwortungsbewußte Pendeln muß ich an dieser Stelle auf *die in der Tabelle ① sorgsam zusammengestellten Fehlerquellen* hinweisen. Bei jedem Ihnen zweifelhaft erscheinenden Ergebnis können Sie dort sofort nachfragen, ob Sie der Pendelauskunft vertrauen können oder ob Sie einen Fehler gemacht haben. Ganz konkret die einfache Frage an den Pendel: »Wenn ich soeben (vorhin, gestern) bei meinem Pendeln einen Fehler gemacht haben sollte, so bitte ich, diesen jetzt schonungslos in aller Klarheit anzuzeigen. Wenn nicht, bitte (bei mir persönlich) Linksdrehung (= »kann ich nicht beantworten«, d.h., es liegt kein Fehler vor)«. In wichtigen Dingen kann eine spätere Kontrollfrage nie schaden. Dabei bedenken Sie immer: Nicht das Instrument Pendel, sondern ich als der Pendelnde habe den Fehler gemacht!

In diesem einleitenden Teil haben wir uns die Voraussetzungen des richtigen Pendelns erarbeitet. *Damit haben wir die Ausgangsbasis für das Verständnis der folgenden Buchteile,* die sich mit dem zentralen Problem dieser Veröffentlichung auseinandersetzen: der Erhaltung unserer Gesundheit und der Führung eines wirklich erfüllten, sinnvollen Lebens. Diese fundamentalen Lebensfragen eines jeden Denkenden möchte ich nicht, wie so häufig, bloß von sporadisch sich einstellenden Gesichtspunkten her angehen. Mein Anliegen ist es, sie in der ganzen Breite und Vielschichtigkeit möglichst übersichtlich zu erfassen und sie gleichzeitig so darzustellen, daß sie der darum bemühte Leser mit Hilfe seines Pendels in ihrer psychologisch oft weitgespannten Fundierung unschwer erkennen kann. Wie schon früher betont, sind dabei häufige Rückgriffe auf die Tabellen meines ersten Pendelbuches unvermeidlich. Um das zu erleichtern, habe ich im Anhang bei den Pendeltafeln noch eine Übersicht über die insgesamt 68 Tabellen aus den beiden Pendelbüchern angefügt, (S. 259).

Gesunderhaltung: Erfassen ihrer Vorbedingungen

»Gesundheit ist nicht alles. Aber ohne die Gesundheit ist alles nichts.«
Arthur Schopenhauer (1788–1860)

Was ist *»Gesundheit«?* Es gibt viele Definitionen dafür. Die der Weltgesundheitsorganisation (WHO) ist absolut theoretisch: »Ein Zustand vollkommenen körperlichen, geistigen und sozialen Wohlbefindens und nicht allein das Fehlen von Krankheiten und Gebrechen«. Das ist ein Idealzustand, den kaum ein Mensch in sich verwirklichen kann. Ich bevorzuge den Hinweis auf die Quelle der Gesundheit mit dieser Erklärung: Sie ist ein dynamisch-lebendiger Gleichgewichtszustand von Körper, Seele und Geist, wobei das Geistige die Ausgewogenheit von rationalem und von spirituellem Denken und Erleben in sich trägt. Nur bei diesem Gleichgewichtszustand kann dem Fundament der Gesamtpersönlichkeit: den Körperzellen, dem Gefühlsleben sowie Verstand und Intuition die ständig erneuernde Lebenskraft so zufließen, daß kein Raum bleibt für eine ernsthafte gesundheitliche Gefährdung.

Moderne Gesundheitsforscher vertreten übereinstimmend mehr und mehr die Ansicht, daß *die Wurzel von körperlicher und seelischer Gesundheit* letztlich in der Überzeugung des Menschen zu sehen ist, daß sein Leben in einen größeren Zusammenhang eingebettet ist, daß seine Lebenserfahrungen einen erkennbaren Sinn haben im Rahmen seines Lebensplans, der sich im Laufe der Jahre immer deutlicher abzeichnet.[14] Auf diesen mir fundamental wichtig erscheinenden Punkt werde ich später, wenn es um die mehr seelisch-geistigen Voraussetzungen unserer Gesundheit geht, noch genauer zurückkommen. Die hochgradig übertriebene Verwissenschaftlichung der heutigen Medizin und die damit einhergehende, immer größer werdende Entfernung der Schulmedizin von der Natur reicht für die Bewältigung der heutigen Gesundheitsprobleme und erst recht der von morgen eben nicht mehr aus.

Und noch ein Punkt, den ich den folgenden, mehr detaillierten Betrachtungen vorausschicken möchte; auch er ist für die gesamten sich in unserem Körper vollziehenden Lebensprozesse von der größten Bedeutung: Die Zellforscher können heute nachweisen, daß *in jeder Sekunde rund 10 Millionen und mehr verbrauchte Zellen abgebaut und durch neue ersetzt werden.* Da wir schätzungsweise 70 bis einige hundert Trillionen Zellen haben, ist diese Zahl gar nicht so gewaltig, wie sie zunächst erscheint. Die Proteine – als wesentliche Grundbausteine unseres Körpers wie jeder lebenden Substanz – werden ständig erneuert. In der Leber ist das schon alle zehn Tage der Fall. In Gehirn, Lunge, Haut und den wichtigsten Muskeln geschieht das längstens alle sechs Monate. Auch die Knochen werden ständig erneuert. Viele Bereiche unseres Körpers werden ständig regeneriert. Setzen Sie sich hinreichend mit der Einheit von Körper und Seele-Geist auseinander, so wächst in Ihnen die fundierte Überzeugung, daß nicht der vergängliche materielle Körper, sondern nur die unvergängliche immaterielle Lebensenergie von Seele-Geist des Menschen Kern sein kann. Und dann wissen Sie, wie Sie mit der Kraft Ihres gesammelten Geistes *diese unaufhörlich sich vollziehende Erneuerung Ihres Körpers zu seiner Gesundung hin steuern* können. Unserer Ungeduld geht es nur zu langsam. Deshalb sind Geduld und Beständigkeit die Voraussetzungen für den Erfolg, selbstverständlich neben der im rechten Sinn wirkungsvollen geistigen Bemühung[15]. Unser Leben entwickelt sich eben von Tag zu Tag unaufhaltsam weiter, und es liegt weitgehend nur an uns selbst, wie es das tut.

Erhaltung der Gesundheit ⑤①⑤②

»Gesundheit erflehen die Menschen von den Göttern. Daß es aber in ihrer eigenen Hand liegt, sie zu bewahren, daran denken sie nicht.«
Hippokrates (460–370 v. Chr.)

Es liegt in der Natur der Sache, daß die Gesundheit viele Voraussetzungen hat. Das ganz besonders, wenn wir uns an die vor kurzem angeführte Definition der Gesundheit erinnern, die wir der Weltgesundheitsorganisation verdanken. In der Tat könnte sie gar nicht noch weiter gefaßt sein. Im Grund spüren wir jedoch wohl alle, daß sie mit der grundsätzlichen Forderung nach »vollkommenem körperlichen, geistigen und sozialen Wohlbefinden« so unrecht nicht hat. Denn wer bei einer solchen Betrachtung nicht vom Idealbild her geleitet ist, kann von Anbeginn nur Stückwerk leisten. Demgemäß können sich die Voraussetzungen der richtig verstandenen Gesundheit keineswegs bloß auf die mehr körperlichen Momente beziehen. Folglich muß ich bei den Betrachtungen dieses Kapitels auch an alle die Gesichtspunkte denken, die in der Summe hier zusammenwirken. Sie greifen zum Teil weit über das enge körperliche Gesundsein hinaus. Neben dieser mehr körperlichen ist das vor allem die mehr seelisch-geistige Seite. Und zusätzlich dürfen wir auf keinen Fall eine Reihe permanenter Gefährdungen übersehen, denen wir heute alle Tag für Tag ausgesetzt sind.

In der kommenden Zeit wird das Schwergewicht in den medizinischen, biologischen, psychologischen und soziologischen Bemühungen *viel mehr auf dem Gebiet der Gesunderhaltung als auf dem der Gesundmachung* liegen müssen. Das gilt gewiß für die Forschung ebenso wie für alle therapeutischen Bereiche direkter und indirekter Art. Der Grund ist so einfach: Wer sich mit bescheidener Mühe und mit geringem Aufwand seine Gesundheit erhält, der braucht sich nicht erst anzustrengen, sie mit bedeutenden, sein Leben oft beträchtlich in Mitleidenschaft ziehenden Mühen und entsprechendem Aufwand wiederherzustellen.

Gerade in diesem Zusammenhang ein Punkt von größter Wichtigkeit: So wie alles Existierende schwingende, fließende Energie ist, so ist auch der Mensch ein von unendlich vielfältigen Energieströmen durchpulstes Wesen. *Wenn noch so feine Energieschwingungen im Organismus ausreichend lange gestört werden,* sind körperliche Probleme in der Folge unvermeidlich. Sie können es als einen Lehrsatz betrachten: Wenn die Seele mit einem entsprechend bedeutungsvollen Problem nicht fertig wird, dann wenden sich die jetzt gestauten und bald nicht mehr beherrschbaren psychischen Energiekräfte gegen den Körper. Die Entstehung und weitere Entwicklung eines Krebsgeschwulstes ist ein geradezu klassisches Beispiel dafür[16]. Natürlich gilt das nicht nur für den Krebs, sondern prinzipiell für jede bedeutendere Erkrankung. Diese Zusammenhänge werden zunehmend auch wissenschaftlich erforscht.

Nun kurz zu der konkreten Frage: *Wie kann mir mein Pendel helfen, die Wurzel des gesundheitlichen Problems zu finden?* Wie immer, wenn wir eine derart wichtige und in sich vielschichtige Frage beantworten wollen, gehen wir ganz methodisch vom Allgemeinen zum Besonderen vor. Daher die folgenden drei wesentlichen Schritte unseres Pendelvorhabens:

1. Schritt: Die Frage nach der Intensität oder dem Gesamtumfang der Störung im Rahmen der betroffenen Persönlichkeit ist das, was ich in meinem ersten Pendelbuch als das Erfassen des Gesundheitsindex (GI, S. 123) beschrieben habe. Die 100%-Skala ② gibt uns die klare Antwort. »Wie hoch ist der Gesundheitsindex von X?« Wie immer ist 100 % das absolute und in der Praxis sehr seltene Höchstmaß. 65–70 % ist etwa der allgemeine Durchschnittswert. Jedes Maß unterhalb von 50 % kann nur negativ sein, also eine schon hohe Anfälligkeit für Krankheit anzeigen.

Natürlich können Sie auch umgekehrt vorgehen und direkt fragen: »Wenn 100 % daß Maß an gesundheitlicher Störung darstellt, bei dem der Organismus definitiv nicht mehr lebensfähig ist: Wie groß ist die gesundheitliche Störung bezogen auf dieses Maß bei X?« Sinngemäß gelten jetzt die etwa umgekehrten Werte der ersten Betrachtung. – So ermitteln wir das ganz allgemeine Maß der gesundheitlichen Gestörtheit: der Erkrankung bzw. der Beeinträchtigung.

2. Schritt: Die Frage nach der wahren Störungsursache im

Rahmen der fundamentalen Persönlichkeitsschichten ⑤ :
Auch diese Frage zielt noch auf eine mehr generelle
Aussage bzw. Erkenntnis. Sie ist deshalb so bedeutungsvoll, weil sie auf diejenigen Grundschichten oder
Ebenen der Persönlichkeit hinzielt, wo die mehr oder
minder tiefgreifende Störung ihre letzte Wurzel hat. Die
Antwort gibt uns dann schon die Hauptrichtung an, in
die die therapeutischen und sonstigen Hilfsmaßnah-
men in erster Linie wirken sollten. Es handelt sich dabei
um die folgenden vier prinzipiell zu unterscheidenden
Schichten der Gesamtpersönlichkeit:

a) Die körperliche oder physische: Die grundlegenden
materiell-körperlichen Gegebenheiten, die sich im Fall
einer ernsthaften Störung meistens – aber durchaus
nicht immer – als leibliche Schmerzen kundtun.

b) Die seelische oder psychische: Gefühlsmäßige Erlebnisse im Sinne der Aufnahme von Eindrücken jeder Art
und der Reaktion darauf (Sensibilität und Tempera-
mentsäußerungen). Bei einer ernsthafteren Störung
führen sie zu länger dauernder seelischer Belastung.

c) Die verstandesmäßige oder geistig-rationale (zuweilen
auch die mentale genannt): Aktive Tätigkeiten unseres
mehr begrifflichen Denkens (im Sinne von Logik, Kritik, Objektivität) in Wort und Bild. Im Fall der nach-
drücklichen Störung begegnen sie uns als wiederkeh-
rend unerfreuliche und somit verstandesmäßig belastende Gedanken.

d) Die geistig- (im weiten Sinn) spirituelle: Die innere
Eingebundenheit in die kosmischen Zusammenhänge
mit ihren Ordnungssystemen, in »die große Ordnung«,
mit ihrer Bindung an die ethischen Werte, die letztlich
den Lebenssinn bestimmen. Das sind ausgesprochen
hohe Bewußtseinsschwingungen. Sind diese ernsthaft
gestört, stellen sich z.B. tiefe Lebensunzufriedenheit

und wiederholtes quälendes Fragen nach dem Sinn des Ganzen und der eigenen Position im Lebenslauf und ähnliche Gedanken ein.

Nun ist der Mensch eine unteilbare Ganzheit. Daher liegt die Störungsursache oft genug nicht nur in einer, sondern zugleich in mehreren dieser prinzipiell zu unterscheidenden Persönlichkeitsschichten. Entsprechend zeigen sie sich uns auch an: Die 100%-Skala ② gibt uns dann die prozentuale Aufgliederung an. Das schafft in der Praxis häufig erst die nötige Klarheit. Also die Frage: »Wenn die Gesamtheit der vorhandenen Störung bei X gleich 100 % ist, wie weit ist bezogen auf dieses Maß die Störung zurückzuführen auf seine oder ihre (z.B.) geistig-spirituelle (usw.) Persönlichkeitsschicht?« Wenn Sie diese Frage viermal bezogen auf a) bis d) stellen, wird die Addition der einzelnen Antworten die Summe 100 ergeben. – Diese Ergebnisse vermitteln Ihnen – wie gesagt – in den meisten Fällen schon die grundlegenden wichtigen Hinweise für die erforderliche therapeutische Bemühung.

3. Schritt: Frage nach den wesentlichen Voraussetzungen für die Erhaltung der Gesundheit ㉒: Jetzt haben wir die Grundlage dafür, die einzelnen Punkte der Tabelle ㉒ noch besser in den Rahmen der Gesamtpersönlichkeit einordnen zu können. Wenden wir uns also dieser so wichtigen Übersicht zu. Sie ist, wie Sie sehen, in drei Gruppen aufgegliedert: die mehr körperlichen, die mehr seelisch-geistigen Vorbedingungen für die Erhaltung der Gesundheit und schließlich die Gruppe der permanenten Gefährdungen, denen wir alle ständig ausgesetzt sind, jeder in seiner Weise.

Vielleicht fällt Ihnen auf, daß im Gegensatz zur Tabelle
㊿ *das geistig-spirituelle Moment nicht eigens aufgeführt
ist*. In der Tat ist dieses sozusagen unsichtbar eng ver-
knüpft mit den seelisch-geistigen Momenten, die Sie
hier im weiten Sinn verstehen wollen. Sie sind sowohl
in der seelischen wie in der verstandesmäßigen Per-
sönlichkeitsebene untergründig vorhanden und stets
wirksam – oder auch nicht. In vielerlei Hinsicht wirkt
das Geistig-Spirituelle ja auch in das Körperliche hinein. Es aus der Gesamtpersönlichkeit des Menschen
herauslösen zu wollen, wäre ein rein begriffliches
Bemühen. Deshalb erscheint es nicht eigens in dieser
Tabelle. Im nächsten Hauptkapitel »Lebenserfüllung«
wird es hingegen viel stärker durch die dort aufgeführten Vorbedingungen hindurchschimmern. – Diese
Bemerkung erscheint mir notwendig, um möglichen
Mißverständnissen vorzubeugen.

Dieses Buch ist in erster Linie für das praktische Leben
geschrieben. Darin soll ja sein eigentlicher Wert liegen.
Deshalb möchte ich der Klarheit halber *die einzelnen
Punkte der so bedeutungsvollen Übersicht* ㊿ sofort auf die
ganz lebenspraktische Seite hin etwas genauer erläu-
tern. Um so wertvoller wird sie sich im Alltag erweisen.
Die teilweise mehr stichwortartige Darstellung dürfte
eher zur Klarheit beitragen.

Die Pendelfrage zielt in dieser Übersicht immer in die Richtung: Welche dieser Voraussetzungen für die Gesundheit sind im vorliegenden Fall nicht gegeben oder vernachlässigt, so daß sie (mit) verantwortlich sind für die
aufgetretene Störung? – Man kann jeden Punkt natürlich auch einzeln abfragen, wenn das angezeigt erscheinen sollte.

Die körperlichen Voraussetzungen ⑤②

Bewegung

Der Mensch ist von der Natur als Bewegungswesen »kon-struiert«. Die alte Regel »Täglich eine Stunde flotte Bewegung« ist das Mindestmaß für die Gesunderhaltung von Herz und Kreislauf, dabei täglich wenigstens einmal den Puls auf 120 bis 130 Schläge erhöhen (z.B. durch kurze Morgengymnastik), also bis zum Rand des Außer-Atem-Kommens oder des beginnenden Schwitzens. Ausreichende Bewegung ist die kostenlose Universalmedizin, die einen bis ins hohe Alter fit hält. Vorsicht vor dem falschen »Trimm-Dich-Fit!« Grundsatz: langsame und systematische Steigerung. Viele Beispiele zeigen, daß ein »Bewegungsurlaub« mit viel Bergauf und Bergab Schlafschwierigkeiten und Nervosität ohne medikamentöse Hilfe bald verschwinden läßt.

Der etwa faustgroße Zaubermuskel Herz von 200–400 g Eigengewicht schlägt jeden Tag rund 100 000 mal und pumpt dabei etwa 7000 Liter Blut durch rund 2000 km Adern und Kapillaren! Das Bewegungsgesetz unseres Körpers: Was nicht ständig in vernünftigem Maße beansprucht und belastet wird, verrottet unweigerlich: langsam, aber sicher.

Bewegungshilfen: Flottes Gehen, Wandern (Berge!), Laufen, Radfahren, Schwimmen, Tischtennis, Gymnastik, Seilhüpfen, Tanzen, Sportarten verschiedenster Art. – Machen Sie sich eine tabellarische Übersicht, in die Sie alle nur irgendwie Ihnen geeignet erscheinenden Bewegungsarten zur Stärkung von Herz und Kreislauf auf-

nehmen, und fragen Sie den Pendel: »Welche dieser Bewegungsarten ist für mich in Anbetracht aller Umstände (der mir bekannten und der mir nicht bekannten) diejenige, die mir insgesamt am meisten helfen
kann?« Sie können nach der zweitbesten und auch
nach der am wenigsten geeigneten fragen, im gleichen
Sinn nach der besten durchschnittlichen Zeitaufwen-
dung dafür pro Tag und dergleichen.

Atmung

In engem Zusammenhang mit der Bewegung steht für
unsere Gesunderhaltung die richtige Atmung. *Viele
Menschen sind sich über ihre Bedeutung nicht klar.* Bekommt unser Körper doch durch sie den Sauerstoff zu-
geführt, der uns das Leben gibt! Wir können – wenn es
sein muß – wochenlang auf feste Nahrung, tagelang
auf flüssige Nahrung verzichten, aber nur wenige Minuten auf die Atemluft mit der in ihr enthaltenen Lebenskraft für uns. Die normale Atemfrequenz ist 12–16
Atemzüge pro Minute, das sind 17–23 000 Atemzüge
pro Tag. Viele Menschen nutzen nur ein Zehntel, oft
noch weniger, des Lungenvolumens aus! Es liegt auf
der Hand, welches Defizit an Gesunderhaltung derjenige erleidet, der statt des maximalen Lungenvolumens von 7,5 Litern eines hervorragenden Atmers (wobei bei *einem* Atemzug 4,5 Liter bewegt werden) nur
einen Bruchteil davon für sich nutzt. Das zu flache Atmen läßt die peripheren Teile der Lunge verkümmern,
vor allem die Lungenspitzen. Daher befinden sich gerade in ihnen in einem hohen Prozentsatz die Herde
von Tuberkulose und Bronchialentzündungen.

Wenn Sie bewußte Atemübungen machen, sollten Sie im besonderen achten auf: das *Aus*atmen (zuerst die Lunge reinigen), die Bauch- oder Zwerchfellatmung (die natürliche Erweiterung des Lungenvolumens nach unten hin), durch die Nase ein- und ausatmen (letzeres besonders im Winter zum Vorwärmen der kalten Luft), keine Beengung des Bauches (Gürtel) und nicht mit vollem Magen und schließlich keinerlei besondere Anstrengung, vor allem nicht das sinnlose selbstquälerische Luftanhalten. Nicht »ich atme«, sondern »es atmet mich«.

Goethe sagt im »Westöstlichen Divan«:
»Im Atemholen sind zweierlei Gnaden:
die Luft einziehen, sich ihrer entladen.
Jenes bedrängt, dieses erfrischt;
so wunderbar ist das Leben gemischt.
Du danke Gott, wenn er dich preßt,
und danke ihm, wenn er dich wieder entläßt.«

Goethe spricht hier *das Gesetz des rhythmischen Wechsels von Spannung und Lösung unserer Lebenskraft* an, das von fundamentaler Bedeutung für unsere Existenz und im besonderen für unsere Gesundheit ist. An anderer Stelle habe ich das deutlich herausgearbeitet und ich empfehle Ihnen, sich einmal genauer damit zu befassen[17].

Zum richtigen Atmen die Stichworte: Bewegung in frischer Luft, rhythmisches Atmen mit vollen, aber nicht überspannten Atemzügen, Raumlüftung und Luftzirkulation, negativ ionisierte Luft: in den Bergen, am Meer, in Tannenwäldern, an Wasserfällen, weder aktiv noch passiv rauchen. – In diesen knappen Hinweisen steckt eine Reihe von Fragen, die der Pendel mittels einiger rasch tabellarisch angeordneter Stichworte klärt, soweit dazu nicht das AB-Schema ③ ausreichen sollte.

Ernährung ⑤③⑤④⑥⑤

Voraus ein Presseauszug aus einer Veröffentlichung des Bundesgesundheitsamtes[18]: »Von der Ernährung abhängige Krankheiten verursachen in Deutschland Kosten von mehr als 100 Milliarden Mark im Jahr. Mit 39 Milliarden Mark stehen Herz-Kreislauferkrankungen an der Spitze, gefolgt von Karies mit 20 Milliarden. Auf Krebs entfallen 11, auf chronische Lebererkrankungen 8 und auf Diabetes 4,5 Milliarden Mark. Übermäßiger Alkoholgenuß ist besonders für Tumore des Verdauungstraktes und für Lebererkrankungen verantwortlich. Ernährungsbedingtes Übergewicht, an dem fast die Hälfte der Erwachsenen leidet, begünstigt Zuckerkrankheit, Bluthochdruck und Herzinfarkt. Mangel- und Fehlernährung verursachen Schilddrüsenerkrankungen, Karies und Osteoporose. Von den Ärzten wird der Einfluß der Ernährung auf die Gesundheit bisher nicht genügend beachtet.«

Heute sind die mit chemischen Produkten aufbereiteten Lebensmittel weit verbreitet, in ihnen finden sich Schädlingsbekämpfungs- und Konservierungsmittel, Hormone, Farbstoffe und dergleichen. Glücklicherweise wächst die Zahl der Menschen, die möglichst natürliche und biologisch vollwertige Kost verwenden, immer mehr. Das betrifft die Nahrungsmittel pflanzlicher ebenso wie tierischer Herkunft. Gleichzeitig geht es um die Frage des Verzehrs im Rohzustand oder in gekochter Form mit allen nur denkbaren Einzelheiten, die damit verbunden sind. Schließlich spielt bei unserer Ernährung ständig das Problem des gerade vorherrschenden Klimas mit seinen wechselnden Temperaturen und Jahreszeiten mit, ebenso wie das persönliche Alter und die berufliche Tätigkeit mit ihren besonderen Anforderungen. Wer soll sich da noch auskennen und eine für ihn klare und wirklich positive Linie verfolgen können?

Gerade in dieser Situation kann uns der Pendel hervorragende Dienste leisten. Doch zuvor *einige Feststellungen, die dem Suchenden hilfreich sein können:*

- Wir essen ganz einfach, weil es uns schmeckt, und nicht, weil es gesund ist. Mindestens 40 % der Bundesbürger haben Übergewicht. Übergewicht kann die Lebenserwartung senken und die Gesundheit gefährden.

- Nicht viele Frauen haben eine ganz selbstverständliche vorurteilsfreie Einstellung zum Essen, weil die Mehrzahl tagaus tagein an ihre Figur und ihr Körpergewicht denkt. Bei Männern sieht das insgesamt etwas, aber nicht sehr viel besser aus.

- Essen in Gesellschaft macht Freude: Auf der einen Seite ißt man mehr, und auf der anderen bekommt es einem noch besser.

- Mit Genuß essen, was einem schmeckt, macht Freude und bekommt einem schon deshalb in der Regel gut. Ungern essen, nur weil man es soll oder muß, macht keine Freude und bekommt einem schon deshalb weniger gut.

- Die Freude am Verzehr von Fett rührt daher, daß es den Speisen Geschmack gibt. Aber es macht dick. Fett wird man durch Fett, nicht durch Kohlehydrate: ein weitverbreiteter Irrtum!

- Zu hoher Fettgehalt im Blut bewirkt überhöhten Cholesterinspiegel, vermindert die Lebenserwartung und erhöht besonders die Gefahr eines Herzinfarkts.

- Das übliche Kalorienzählen nach Augenmaß bringt sehr oft nichts, solange nicht präzise gemessen und gewogen wird.
- Der Appetit steigert sich durch Abwechslung: Wählen Sie bei Mahlzeiten mit vielfältigen Geschmacksrichtungen entschieden kleinere Portionen!
- Eßverhalten ist Gewöhnungssache und kann trainiert werden. Wie viele Säuglinge und Kinder sind heute schon überfüttert! Sie werden – gestatten Sie – zum Fressen erzogen.
- Wenn wir Eßgewohnheiten ändern wollen, müssen wir die neu zu übernehmenden Speisen nur häufiger essen, dann schmecken sie uns bald recht gut. Manchem fällt das schwer. Es braucht einige Zurückhaltung und Geduld.
- Die Schwierigkeit ist, zwischen Appetit und Hunger zu unterscheiden: Geben Sie einem vermeintlichen Hungergefühl nicht gleich nach, dann verschwindet es oft wieder von ganz allein[19]. Dann bildet sich auch der Magen zurück.

Hier noch drei besonders bemerkenswerte Tatsachen, die jeden Denkenden zu entsprechenden Schlußfolgerungen veranlassen sollten:

- *Ernährung und Alkohol:* Laut Langzeitstudien an 7000 Menschen über 20 Jahre hinweg steht einwandfrei fest: Mäßiger, aber regelmäßiger Alkoholgenuß von 1–2 Gläsern Wein pro Tag gibt eine dreimal größere Wahrscheinlichkeit, gesund zu altern, länger zu leben und an weniger Krankheiten zu leiden als Abstinenzler! Speziell Rotwein ist für das Herz und für das Blutserum sehr gut. Fachleute sprechen im Sinn der französischen Eßgewohnheiten vom »französischen Paradox«. – Auch hier gilt das Gesetz der Mitte: Weder Askese noch Übermaß.

- *Die »Mittelmeer-Diät«* ist für unsere Breiten anscheinend die gesündeste Kost (Ergebnis einer Langzeitstudie französischer und amerikanischer Ernährungsspezialisten):
1. Rotwein, wie soeben beschrieben,
2. dauernd frisches Obst und Gemüse,
3. statt Vollmilch sehr viel mehr Milchfette und Kalzium in Gestalt von Käse,
4. fast nur hochwertiges Olivenöl statt Butter oder gar Schweineschmalz,
5. längerdauernde Mahlzeiten in entspannter Atmosphäre (»joie de vivre«).

- *Ernährung und Krebs:* Die große Ernährungsstudie des Deutschen Krebsforschungszentrums ergab einwandfrei: Gesund, fleischlos und fettarm lebende Vegetarier haben ein deutlich geringeres Risiko als Fleischesser, an Krebs zu erkranken. Am gesündesten leben die lustvollen Genießer. Wer ab und zu auch Fleisch, besonders sogenanntes »helles Fleisch« wie Fisch und Geflügel zu sich nimmt, hat die größte Widerstandskraft gegen Krebs[20].

Ich habe diese Erfahrungs- und Forschungsergebnisse, die für unsere Ernährung und damit *für unsere Gesundheit so bedeutungsvoll* sind, hier bewußt in dieser wenn auch knappen Form angeführt. Jedermann kann sehen, welche Problematik in dieser Alltagsfrage steckt: »Was sollen wir heute essen?«. Der Pendel kann uns dabei eine große Hilfe sein. Wir dürfen uns nur nicht abhängig von ihm machen. Die folgenden Tabellen sprechen dabei weitgehend für sich selbst.

Zuerst weise ich auf die *Tabelle* ⑱ *über die Hauptnährstoffe* unseres Organismus in meinem ersten Pendelbuch und den zugehörigen Text auf S. 127/128 hin. Sie wird wesentlich ergänzt durch die folgende Zusammenstellung.

Hauptgruppen der Nahrungsmittel ㊾: Betrachten Sie diese Aufstellung bitte nicht von der logisch-sachlich-wissenschaftlichen Seite, sondern ausschließlich von der praktischen Verbraucherseite her. Sie finden zum Beispiel Kartoffeln neben Gemüse, zu dem sie ja eigentlich gehören. Oder Milch und daneben noch Milchprodukte: Viele vertragen keine Milch, sehr gut aber Käse verschiedenster Sorten oder Joghurt. Sie können je nach Ihren persönlichen Vorlieben und Gewohnheiten die Namen der speziellen Lebensmittel in die entsprechende Gruppenbezeichnung einfügen bzw. ergänzen. So machen Sie diese Tabelle für Ihren Alltagsgebrauch noch handlicher und nützlicher. Oder Sie machen sich je nach Ihren besonderen Bedürfnissen eine eigene, ganz auf Sie zugeschnittene. – Es versteht sich, daß in der Gruppe Getreideprodukte immer an möglichst frisch gemahlene und nicht ausgemahlene Getreidesorten zu denken ist.

Die Aufgliederung der einzelnen Nahrungsmittel innerhalb des Gesamtumfangs der Mahlzeit können Sie ganz einfach mit der 100%-Skala ② vornehmen, zum Beispiel: »Zu wieviel Prozent soll die Mahlzeit aus Fisch bestehen?« oder »Zu welchem Prozentsatz sollen Vollkornerzeugnisse in der Mahlzeit enthalten sein?«. Daraus wird sich oft von allein *die Menge* ergeben, nach der Sie natürlich auch direkt fragen können.

Vergessen Sie nicht den Frischezustand oder die Vitalität mit dem davon abhängigen wirklichen Nährwert. Das ist besonders wichtig etwa bei Obst und Gemüse. Auch hier hilft Ihnen sofort die 100%-Skala ②, z.B. »Wenn 100 % das Maximum an Frische oder Nährwert darstellt, wie hoch ist der darauf bezogene Frischezustand der Früchte in dieser Schale?«. Ihre Augen sind dabei auf diese Früchte gerichtet, und Sie sind innerlich ganz nur darauf eingestellt. Wenn die Antwort unter 65 % ausfällt, lohnen sich Anschaffung und Verzehr im allgemeinen nicht mehr. – Auf den großen Wert des Energiesensors mit seiner beachtlichen Vereinfachung dieser Prozedur werde ich noch genauer eingehen.

Schon bei Erstellung Ihrer Einkaufsliste können Sie sinngemäß entsprechend vorgehen, um von vornherein optimal geeignete Produkte zu bekommen, Fehleinkäufe und unnötige Kosten und dergleichen zu vermeiden.

Zubereitungsarten (54): Diese Übersicht hilft Ihnen zur optimalen Zubereitung Ihrer Nahrungsmittel für sich selbst oder für andere. Zum Beispiel:

»Welche der hier aufgeführten Zubereitungsarten ist derzeit die für X günstigste, in Anbetracht aller Umstände vorteilhafteste?« Es ist gut, wenn Sie diese Frage von Zeit zu Zeit in kritischen Fällen vielleicht schon vor der nächsten Mahlzeit wiederholen. Denn der Pendel kann Ihnen die Antwort immer nur für den jeweiligen Zeitpunkt gültig geben.

Selbstverständlich können Sie nun auch *die Länge der Zubereitungszeit* erfragen, wiederum mit der 100%-Skala ②: »Wenn die Prozentpunkte auf dieser Skala Minuten bedeuten, so bitte ich anzuzeigen, wie viele Minuten diese Speise regulär kochen soll?«. Erwarten Sie nur eine relativ kurze Zeit, nehmen Sie das AB-Schema ③: »Ich bitte auf der unteren Skala dieses Schemas von 0–10 die Zahl der Minuten anzuzeigen, die diese Speise kochen soll.«. Oder Sie nehmen bei höherer Zahl die Tabelle ⑤: »Ich bitte auf der Zahlenskala von 1 bis 35 die Zahl der Minuten anzuzeigen ...«. So können Sie auch kleinere Zahleneinheiten mühelos und sicher ablesen, was bei der 100%-Skala natürlich so exakt nicht möglich ist.

Nun zum Thema Ernährungstherapie: Da verweise ich Sie zunächst auf die *Tabelle* ⑲, *Ernährungsart/Diät* des ersten Pendelbuches und den zugehörigen Text auf S. 128/129. Es ist bezeichnend, daß in den nun acht Jahren seit Erscheinen des Buches der Pendel nicht nur bei mir, sondern bei vielen Kursteilnehmern – wie sie mir berichteten – auffallend oft eine ganz bestimmte Anweisung gibt. Aus den 20 Antwortmöglichkeiten gab er in einem beachtlich hohen Prozentsatz immer die Weisung innerhalb des Rahmens: weniger oder mehr essen bzw. weniger oder mehr trinken. Und das statt einer häufig erwarteten Diätbestimmung. Das hat wahrhaftig seinen Grund. Es lohnt sich, darüber nachzudenken. – Eine wichtige Ergänzung dazu ist die folgende Tabelle. Sie ist in gewisser Weise auch mit der Übersicht ⑱, Hauptnährstoffe, verwandt.

Ernährungstherapie: Bestimmung der Nahrungszusammensetzung ㊺. Wie Sie sehen, geht es hier um *ganz bestimmte Diätänderungen*, die sich bei einigen, häufigen Krankheitsbildern als notwendig und oft heilsam erweisen. Unter den medizinischen Fachleuten gibt es da kaum Meinungsverschiedenheiten. Wohl können solche bei denjenigen Patienten aufkommen, die aufgrund zusätzlicher individueller Belastungen eine mehr oder weniger geänderte Therapie brauchen. Es handelt sich hier durchweg um heikle Fälle. Nehmen Sie die Aussagen des Pendels wie immer in solchen Fällen im wesentlichen als Hinweise, denen man nachgehen sollte. Versäumen Sie aber nicht, im konkreten kritischen Fall einen ärztlichen Ernährungsspezialisten zu Rate zu ziehen. Ein verständiger Arzt wird sich Ihren Hinweisen gewiß nicht widersetzen. Jeder erfahrene und verantwortungsvolle Pendler kennt genug Beispiele, wo dem Kranken gerade in solchen Fällen durch den Pendel wertvolle Hilfe zuteil wurde.

In diesem Zusammenhang noch *ein Wort zu Mineralwässern*: Mineralwasser ist nicht gleich Mineralwasser! Die Unterschiede in der Zusammensetzung hinsichtlich Mineralstoffen, Spurenelementen und dergleichen sind oft sehr groß. Entsprechend fallen Verträglichkeit und Heilwirkung in vielen Fällen auch ganz verschieden aus. Das trifft genauso auf die handelsüblichen Mineralwässer zu, die wegen des schlechter gewordenen Leitungswassers vor allem in bestimmten Gegenden und Städten immer mehr gekauft werden. Prüfen Sie daher Eignung und Wert der Ihnen zur Verfügung stehenden Mineralwässer mit dem Pendel:

- Entweder direkt: »Ist dieses Wasser, Marke A (Sie schauen es ganz gesammelt an) für mich (oder für X, wobei Sie sich diese Person ganz lebendig vorstellen) wirklich bekömmlich und meiner (ihrer) Gesundheit förderlich?«
- Oder indirekt durch eine einfache tabellarische Aufstellung aller zur Debatte stehenden Produkte, die Sie abfragen: »Ich bitte um Angabe: Welches dieser Mineralwässer ist für mich (für X: wie soeben) das

bestgeeignete, das meiner Gesundheit am meisten förderliche?«

- Zusätzlich: Mit der 100%-Skala ② können Sie mit dem Ihnen nun vertrauten Verfahren den Prozentsatz des Wertes für Sie (für X) ermitteln und ihn gegebenenfalls mit anderen Wässern vergleichen.
- Auch hier der Hinweis auf den Energiesensor, der diese Überprüfung sehr vereinfacht.

Jetzt bleibt mir noch der Hinweis auf *Tabelle* ⑳, *pH-Wert,* des ersten Pendelbuches mit dem erklärenden Text auf S. 130/131. Versäumen Sie nicht, diesen so wichtigen Kontrollwert für die Aufrechterhaltung bzw. Wiederherstellung Ihrer Gesundheit auch immer wieder einmal zu Rate zu ziehen. Das kann Ihnen helfen, frühzeitig eine Fehlentwicklung zu erkennen, der Sie dann noch rechtzeitig begegnen können.

Ebenso mache ich Sie aufmerksam auf die drei *Übersichten der Vitalstoffe, Tabellen* ㉓ *bis* ㉕*: Vitamine, Spurenelemente und Mineralstoffe* mit den zum Teil detaillierten Erklärungen auf S. 139–142. Über die große Bedeutung dieser Vitalstoffe für unsere Gesundheit brauche ich heute, da allerorten darauf hingewiesen wird, wohl nichts mehr zu sagen.

Zum Schluß dieses wichtigen Kapitels möchte ich Sie noch *zur Kritik aufrufen gegenüber den alles versprechenden Aussagen der heutigen Werbung* mit ihrer psychologischen Raffinesse, denen so viele Menschen zum Opfer fallen. Ihre Gesundheit ist nur einem einzigen Menschen in die Hand gegeben: das sind Sie selbst und niemand sonst. Um es nur in Ihrem eigenen Interesse schonungslos auszudrücken: Nur Sie selbst richten sie zugrunde und nur Sie selbst können sie wieder aufbauen bzw. sie konstant aufrechterhalten. Sie wissen selbst, welch wichtige Rolle gerade Ihre Ernährung dabei spielt. Seien Sie also wachsam gegenüber dem versteckten Werbungs- und Etikettenschwindel unserer Zeit. Sie brauchen Ihren Pendel auf der 100%-Skala ② nur zu fragen: »Wie hoch ist bei Berücksichtigung aller dafür wichtigen Punkte der tatsächliche Wert dieses ... Angebots für mich, meine Kinder, für X?«. (Dabei ist selbstverständlich unterstellt, was Sie nicht bei jeder Frage auszusprechen brauchen, daß von 100 % ausgegangen wird als dem äußersten möglichen Maximum der Werteinschätzung.) Der selbstkritische und verantwortungsbewußte Gebrauch des Pendels (und seines radiästhetisch engen Verwandten: des Energiesensors) kann Sie von all dem unabhängig machen, ohne daß Sie – wie schon früher betont – deshalb sein Sklave zu werden brauchen. Damit erkennen Sie selbst die wahre Qualität von allem, was Sie Ihrem Körper zuführen: Was Sie kaufen, kochen, essen und trinken, um Ihren Organismus auch von dieser so lebenswichtigen Seite her gesund und spannkräftig zu halten.

Schlaf ㊗

Im Schlaf erholt sich der Gesamtorganismus, insbesondere das Zentralnervensystem. Er ist gekennzeichnet durch Entspannung und Ruheposition des Körpers, durch Änderungen in unserem Bewußtsein und durch die Umstellung einer Reihe von vegetativen Körperfunktionen. Der Schlaf ist viel weniger ein Zeichen von Ruhe und Inaktivität des Gehirns als eine funktionelle Umstellung der Gehirntätigkeit. Die Schlafdauer nimmt normalerweise im Laufe des Lebens ab, von 16

Stunden beim Säugling bis zu etwa sechs Stunden im hohen Alter.

Schlaflosigkeit (Asomnie) hat ihre Ursache in seelischen Reaktionen wie Verfolgtwerden von ungelösten Problemen, Angst, Ängstlichkeit, Schuldgefühlen oder auch in körperlichen Beschwerden, z.B. Herzinsuffizienz. Wichtig ist der Unterschied von Einschlafstörungen und Durchschlafstörungen. Schlafmittel verschiedenen chemischen Aufbaus wirken beruhigend und dämpfend auf das Zentralnervensystem. Sie führen nicht selten zu chronischem Gebrauch und damit Mißbrauch mit allen bekannten energetischen Folgen aufgrund der unerwünschten und langfristig gefährlichen Nebenwirkungen.

Eine im Kern einfache und recht wirkungsvolle *Einschlafhilfe* auf der Basis des erworbenen Reflexes habe ich an anderer Stelle beschrieben[21]. Diese beruhigenden, einschläfernden Vorstellungsbilder helfen Einschlafschwierigkeiten zu überwinden und erleichtern das Wiedereinschlafen bei Durchschlafstörungen. Es gilt dabei, Störgedanken auf der Stelle fallenzulassen und sofort zurückzukehren zum einschläfernden Vorstellungsbild. Bei richtiger Anwendung ist diese Hilfe in der Praxis von großem Wert. Das erlebte ich selbst in früheren Jahren, und es wurde mir seither immer wieder auch von anderen Personen bestätigt.

Sehr interessant sind Berichte von Schlafforschern auf einem Kongreß in den USA. Sie können nachweisen, daß *das Schlafbedürfnis durch einen chemischen Impuls aus dem Immunsystem ausgelöst wird.* Tiere, die man am Schlafen hindert, sterben nach einigen Wochen. Auch bei Menschen in seelischen Ausnahmezuständen sind ähnliche Beobachtungen gemacht worden. Körper, Gehirn und Immunsystem sind, wie neue Forschungen ergeben haben, über Botenstoffe eng miteinander vernetzt. So besteht die begründete Vermutung, daß Schlafmangel über eine gewisse Zeit hinweg die Immunabwehr des Menschen schädigt. Wie der Volksmund sagt: »Schlaf ist die beste Medizin«[22]. Was machen krank gewordene Tiere? Sie legen sich in eine ungestörte Ecke, verweigern die Nahrungsaufnahme (oft zum Entsetzen ihrer menschlichen »Herren«) und – schlafen. Zuweilen tagelang. Zumeist sind sie dann bald wieder wohlauf!

Zum Schlaf gehören die Träume, die manchmal eine große Bedeutung für uns haben. Welche Träume bedeutsam sind und welche nicht, habe ich im ersten Pendelbuch auf S. 102–104 in den wesentlichen Punkten behandelt. Die Tabelle ⑧ kann oft helfen, sie richtig auszuwerten. Das gilt auch für sich spontan einstellende Visionen, die genauso wie die Träume aus unserer unbewußten Tiefe hervorquellen.

Schlafhilfen ㊵: Zu diesen Stichworten einige Erklärungen, soweit sie nicht für sich selbst sprechen:
- *Systematische körperliche Ermüdung:* In den Jahrzehnten meiner Seminartätigkeit für Führungskräfte in der Wirtschaft hörte ich oft Klagen über Schlafstörungen bis zu schlimmer Schlaflosigkeit. Fast immer war der Grund die einseitige seelisch-geistige Dauerbelastung bei kaum vorhandener körperlicher Belastung oder höchstens gelegentlicher einseitiger Sporttätigkeit. Da empfahl ich oft, den nächsten Urlaub von zwei bis drei Wochen in gebirgiger Land-

schaft mit beträchtlichen Höhenunterschieden zu verbringen, täglich vor- und nachmittags einen Spaziergang bzw. dann kleinere oder größere Wanderungen zu unternehmen – zunächst vielleicht nur insgesamt je eine halbe Stunde lang mit sanftem Auf- und Abstieg – und dies dann laufend etwas zu steigern. Ziel immer: körperliche Ermüdung bei langsam und stetig gesteigerter Kreislaufbelastung bis hin zu mehrstündigen Wanderungen gegen Schluß des Urlaubes. Wie oft bekam ich ein begeistertes Echo auf diesen Ratschlag, wenn er nur konsequent realisiert wurde! Das Schlafproblem war behoben. Der Mensch ist nun einmal eine Einheit von Seele-Geist und Körper, und beide Seiten verlangen ihr Recht. Schauen Sie einige Seiten zurück nochmals in das Kapitel »Bewegung«! Bewegung ist für den Menschen die beste Medizin. – Wer im Ganzen ein gesundes Leben führt, kennt keine Schlafsorgen.

- *Überprüfung auf geopathische Belastung:* Dieses Problem habe ich sowohl in meinem ersten Pendelbuch als auch in meinem ergänzenden Buch »Der Energiesensor«[23] in einem jeweils eigenen Kapitel behandelt. An der großen gesundheitlichen Bedeutung dieser permanenten Schwingungen (»Erdstrahlen«) können heute nur noch Menschen zweifeln, denen die umstürzenden Erkenntisse der Kernphysik »Alles ist schwingende, fließende Energie« aus welchen Gründen auch immer entgangen sind. Manche sperren sich ja auch beharrlich, weil sie ganz einfach an den Lehren von gestern kleben. Die Übersichten ㉜ und ㉝ sind ausgezeichnete Hilfen für die Ermittlung dieser geopathischen Störfelder.

- *Einschlaf-Kräutertee:* Die folgende Teemischung, in wohl jeder Apotheke erhältlich, führt zu einer allerdings nicht lang anhaltenden, jedoch intensiven Müdigkeit, die sehr rasch einsetzt: zu gleichen Teilen Salbei, Hopfen und Kamille. Die Anwendung: Sich, soweit möglich, beruhigen oder ablenken, zu Bett gehen, den bereitgestellten Tee trinken, die Einschlafstellung einnehmen. Die Wirkung ist verblüffend. Sie können sich auch zum Beispiel von einem auf diesem Gebiet erfahrenen Apotheker andere Teemischungen empfehlen und bereiten lassen, in denen neben den schon genannten drei Substanzen z.B. noch Baldrian, Passiflora (Passionsblume), Melissenblätter und Krauseminzeblätter enthalten sind, zur Geschmacksverbesserung vielleicht mit Orangenblüten oder Hagebutten angereichert.

- *Beruhigende Vorstellungsbilder:* Auf diese Einschlafhilfe habe ich wegen ihrer hervorragenden Bedeutung bereits hingewiesen. Sie sich zu erarbeiten, lohnt sich gewiß. – Wenn Sie nachts aufwachen, können Sie auch in aller Ruhe eine Kleinigkeit essen. Das zieht Blut vom Kopf zu den Verdauungsorganen und erleichtert so das Wiedereinschlafen.

Hier noch einige Anregungen für den Pendelgebrauch in diesem Zusammenhang:

- »Welche der in dieser Tabelle als Schlafhilfen aufgeführten Möglichkeiten ist diejenige, die mir (X) bei meinen (seinen, ihren) Schlafschwierigkeiten am meisten helfen kann?«
- »Welche ist die an zweiter Stelle stehende?« usw.
- »Welche ist die, die mir (X) am wenigsten Nutzen bringen kann?«
- »Wenn 100 % das für mich in Anbetracht aller Umstände richtige zeitliche Maß an Schlaf darstellt, wie hoch ist das Maß an Schlaf, das ich auf diese 100 %

bezogen (z.B.) in den letzten Wochen (oder seither im allgemeinen) im Durchschnitt tatsächlich hatte?«

- »Wenn 100 % der für mich richtige Erholungswert meines Schlafes ist, wie wertvoll ist darauf bezogen mein persönlicher Schlaf im Durchschnitt der letzten Woche?«

Die seelisch-geistigen Voraussetzungen ㊾

Es ist bezeichnend, daß im Zeichen der materiell orientierten Naturwissenschaft meist mehr die körperliche Seite der Frage im Vordergrund steht, wie wir unsere Gesundheit am besten erhalten können. Darüber wurde und wird allerorten viel nachgedacht, gesprochen, veröffentlicht. Nun komme ich zu der mehr seelisch-geistigen Seite dieses buchstäblich lebenswichtigen Problems für uns alle. Wenn des Menschen Kern nicht der vergängliche Körper, sondern die unvergängliche Lebensenergie: nämlich Seele-Geist ist, dann muß diese Seite eigentlich doch noch wichtiger sein. Ich bin tief davon überzeugt.

Unzweifelbar beweist die Wirksamkeit des Placebos die Einheit von Seele und Körper, also: daß es eine wirkliche Trennung zwischen den beiden gar nicht geben kann. Außerordentlich bedeutsam ist, was eine Reihe von Forschungsergebnissen bei strikt durchgeführten Doppel-Blindversuchen ergab: Der Kranke entwickelt mit der Einnahme des Placebos auch die Nebenwirkungen des von ihm für echt gehaltenen Medikaments! Das beweist schlagend die von kritisch denkenden Medizinern zuweilen zu hörende Ansicht, daß der eigentliche Arzt in jedem Patienten selber steckt. Die Kräfte zur

Heilung sind in ihm. Sie zur Aktivität zu bringen und sie zu unterstützen, ist das Wesentliche. Das Placebo zum Beispiel kann dem Kranken die Chance dazu geben. Das ist sein Wert.

Im Placebo stecken ja auch *alle möglichen seelischen Faktoren für den Patienten* wie Persönlichkeit und Status des verordnenden Arztes, die ganze Umgebung des Klinikbetriebs usw. Daher geht der Wiener Chefarzt Professor Dr. Dr. Edzart Ernst so weit zu sagen, es gäbe drei Voraussetzungen für den Erfolg einer medizinischen Therapie: 1. die Selbstheilungskraft des Organismus, 2. die spezifische Wirkung einer Therapie und 3. der Placebo-, der seelische Effekt: »Wir Ärzte leben davon, daß wir – wenn auch nicht ganz zu Unrecht – alle diese Komponenten uns bzw. der Wirkung unserer Behandlungsmethode zuschreiben.«

Das langjährige Ausüben und Lehren der Eutonie zeigt uns: In dem Maße, wie wir zunehmend unser Körperbewußtsein verfeinern und unsere körperlichen Fähigkeiten steigern, vertieft sich die innere Verbindung von Körper und Geist. Sie werden einander gleichwertig und befruchten sich gegenseitig.

Lebenseinstellung

Hier möchte ich an die erste Stelle die Einstellung des Menschen zu seinem Leben setzen: Die Art und Weise, wie er grundsätzlich darüber denkt und wie er als Folge davon Tag für Tag sein praktisches Denken und Tun gestaltet. Das kann nicht ohne Konsequenzen auch für seinen Körper und seine gesamte weitere Entwicklung bleiben.

Es geht um die mehr und mehr zitierte Gedankenhygiene, um das positive Denken. Nicht wenige versuchen heute – zum Teil durch reichliche Veröffentlichungen dazu angehalten –, sich dieses positive Denken sozusagen von oben her gleichsam aufzusetzen. Das kann natürlich nur eine recht beschränkte Wirkung haben. Wir wollen es hier im echten, tiefen Sinn betrachten. Jeder Gedanke ist eine Kraft. Er ist schwingende Energie feinster Prägung, deren mikroelektrische Impulse das EEG präzise aufzeichnet. Wer sich ständig positiven, aufbauenden, fruchtbaren, belebenden Gedanken hingibt, der fördert diese positiven Kräfte in sich und wandelt seine Persönlichkeit in diesem Sinne. Und wer sich häufig negativen, niederziehenden, unfruchtbaren, lähmenden Gedanken hingibt, der nährt diese negativen Kräfte in sich und verändert unausweichlich seine Persönlichkeit in diese Richtung. Seine Seele wird vergiftet. Wilhelm Busch: »Wer durch des Argwohns Brille schaut, sieht Raupen selbst im Sauerkraut.«

Ich wiederhole: Jeder Gedanke ist eine Kraft. Alles Unschöne, Mißlichkeiten, Fehlschläge, Ärger, Selbstzweifel, Angst, egoistisches Streben, Hartherzigkeit, aggressives Denken, auch das Aufgehen in den oberflächlichen Alltäglichkeiten: Alles das arbeitet in uns weiter und wird immer mächtiger, ja übermächtiger gegenüber den guten Kräften in uns. Ergeben wir uns demgegenüber vertrauensvoll der positiven Zuversicht, dem Glauben an die unendliche Wirkungskraft des Guten und Heilsamen, gehen wir mit Freude an unser Tagewerk, und unsere eigenen bescheidenen Kräfte werden von der Wurzel her gestärkt, von der großen unerschöpflichen Kraft, von der sie ja nur eine winzige Spur sind. Niemand kann etwas anderes ernten als das, was er zuvor gesät hat: Unser ganzes Leben wird sich entsprechend wandeln! Ein alter Volksglaube besagt, daß ein reines Herz der beste Schutz sei gegen das Böse: Negative, schlechte Gedanken prallen ganz einfach ab von jedem, der erfüllt ist von Positivem und Gutem, also gar nicht geöffnet ist für diese üblen Schwingungen. Sie können ihn gar nicht erreichen.

Wer sich in den größeren Zusammenhang seines Lebens eingebettet weiß – worauf ich schon zu Beginn dieses Buchteils hingewiesen habe –, der trägt dieses positive Denken tief in sich und der braucht es sich nicht nur oberflächlich überzustülpen. Der ist getragen von seinem Vertrauen zur Schöpfung und zur großen Ordnung. Im übrigen kann ich hier verständlicherweise nicht auf weitere Einzelheiten eingehen. Ich habe sie früher an anderer Stelle schon deutlich herausgestellt[24].

Die Art der Lebenseinstellung prägt selbstverständlich die Einstellung zur eigenen Person. Die Natur, das große Gesetz der Schöpfung, »Gott« hat uns in diese Welt hineingestellt. Das in der Tiefe seines Wesens zu wissen, in diesem Gefühl des festen Getragenseins verankert zu sein, bedeutet zugleich die volle Anerkennung der eigenen Persönlichkeit. Es ist die ganz natürliche »Selbstliebe« als Grundlage für die christliche »Nächstenliebe«. Leider wird das in weiten christlichen Kreisen so nicht gesehen[25]. »Liebe Deinen Nächsten *wie Dich selbst*!« – so lautet die berühmte Forderung der Bibel, deren zweiter Teil gerne unterschlagen wird.

Das bedeutet auch die volle Verantwortung eines jeden für sich selbst, auch für seine persönliche Gesundheit. Je eher man das erkennt, um so schneller heilt ein Leiden aus. Eine Untersuchung an der Universität-Gesamthochschule Duisburg hat das an 300 Patienten deutlich aufgezeigt[26]. Keiner kann sich letztlich hinter der Meinung anderer verstecken. Jeder Mensch muß sein eigenes Leben führen: nach innen hören und nach gebührender Prüfung das tun, was seine eigene innere Führung als das Beste für ihn erkannt hat. Nur so kann er sich frei machen von den zahllosen negativen Suggestionen und Manipulationen, die von seinem sozialen Umfeld heute unausgesetzt auf ihn einwirken. Später werde ich im Zusammenhang mit dem Alterungsprozeß noch einmal darauf zurückkommen müssen.

Wie kann Ihnen diesbezüglich der Pendel zu besserer Erkenntnis über sich selbst (und andere) verhelfen? Stellen Sie auf dem AB-Schema ③ zum Beispiel folgende Fragen:

- »Wo bin ich persönlich einzuordnen zwischen den beiden Extremen der vorwiegend positiven Lebenseinstellung = A und der vorwiegend negativen Lebenseinstellung = B?«

- »Wie weit ist die positive (die negative) Lebenseinstellung bei mir in der Tiefe verwurzelt = A oder nur oberflächlicher Art = B? Ich bitte, das für mich zutreffende Verhältnis anzuzeigen.«

- »Ich bitte, das für mich gültige Verhältnis anzuzeigen, in dem ich aus eigener Verantwortlichkeit für mich selbst denke und handle = A, im Gegensatz dazu, daß ich sozusagen von anderen »gelebt« werde = B.«

Innere Ausgewogenheit

Bis jetzt haben wir von der Lebenseinstellung eines Menschen gesprochen. Eigentlich ist darin schon enthalten, mindestens indirekt, die Frage seines inneren Gleichgewichts, seiner inneren Ausgewogenheit. Nicht von ungefähr war der Ausgangspunkt unseres ersten und grundlegenden Buches[27] der innere (und damit auch der äußere) Spannungszustand: *Der Mensch zwischen Spannung und Lösung seiner Lebenskraft.* Es empfiehlt sich sehr, diesem Kernproblem der Persönlichkeit einmal gründlich nachzugehen. Schon viele haben dadurch die Wurzel ihres persönlichen Problems, ihrer persönlichen Schwierigkeiten erkannt und dann zu ihrem Heil auch in den Griff bekommen.

Immer geht es dabei um die innere Ausgewogenheit. Wer sich in der Harmonie seines Wesens befindet, ist mit sich selbst im reinen. Er ist im Lot. Er ist alles zur rechten Zeit: einmal voll gespannter Aktivität und dann wieder voll entspannt und frei. In aller seiner lebendigen Dynamik ist er doch ausgeglichen, im Gleichgewicht, im Vollbesitz seiner Kräfte und Persönlichkeitswerte und strahlt innere Ruhe und Sicherheit aus. Auch schwere Schläge können ihn nicht tief erschüttern. Denn im Ausgleich sein bedeutet, auch das unabwendbar Negative im Leben zu akzeptieren: die kleinen und größeren Widrigkeiten des Alltags mit ihren Belastungen und Nöten.

Auch der westlich-abendländliche Humanismus weist immer wieder, nicht anders als die alt-asiatischen Heilslehren der Zen-Buddhismus mit seinem Kernbegriff »Hara« (= im »Bauch«, d.h. in der Mitte sein), auf die tragende Kraft des Maßhaltens und *des Getragenseins in der Mitte* hin: in der Mitte zwischen den Extremen von Askese und Genuß, zwischen Yang und Yin, zwischen Spannung und Lösung unserer Lebenskraft. Ich brauche nur das Wort vom »Mittleren Weg des Buddha« auszusprechen[28]. Immer geht es um die vernünftige Selbstbescheidung und darum, sich der geistigen Kraft zu öffnen.

Ein Wort zur vielzitierten »Bekämpfung« der Krankheit: Die Erkrankung ist der in Wahrheit gütige Hinweis der Natur und meines ganz persönlichen Schicksals darauf, daß ich auf dem falschen Weg bin, daß ich meine innere Einstellung ändern soll. Der große Arzt Hippokrates vor zweieinhalbtausend Jahren: »Wenn Du nicht bereit bist, Dein Leben zu ändern, kann Dir nicht geholfen werden.« Deshalb ist es sinnlos, die Krankheit zu »bekämpfen«, sich ihr zu »widersetzen«. Die Losung kann nur lauten: sie annehmen, ja dankbar annehmen und sie innerlich loslassen. Nur dann haben wir die Chance, die Verhärtung und Verkrampfung zu lockern und zu lösen, die sich ja in der Erkrankung kundtut, und so erneut zu gesunden. So kommen wir wieder in Harmonie mit unserem Leben, unserem Schicksal[29].

Die Medizin kämpft unentwegt gegen Krankheitserreger aller Art und das oft mit großem Erfolg. Aber *die so notwendige (die notwendende) Bemühung um die innere Gelassenheit,* den Gleichmut, die innere Harmonie des Menschen, diese wesentliche Voraussetzung für jegliche Gesundung, ist heute erst von wenigen Medizinern als unersetzlich erkannt worden. So viele kleben noch zäh an der bloßen Materie des Körperlichen. Weil der sogenannte moderne Mensch in seiner allgemeinen Überforderung (Beruf/Streß, Reizüberflutung, Überindividualisierung, Umweltschäden, naturfremde Ernährung usw.) seine Mitte verloren hat, ist seine Lebens- und damit *seine Immun- und Heilungskraft mehr oder we-*

niger geschwächt. So sind viele Viren heute gar nicht die eigentliche Krankheitsursache, sondern bloß ihr auslösender Faktor. Der Körper wird mit den vielen allgegenwärtigen Erregern viel weniger fertig als früher. Siehe den rapiden Anstieg der Allergien. Der Ansatzpunkt für die Gesundung kann also nur sein: die systematische Stärkung des Immunsystems, was tägliche Arbeit an sich selbst verlangt[30]. So viele sind heute noch in der Ansicht vom Primat des Körpers gefangen. Deshalb können sie das nicht begreifen und sind zu bequem für diese tägliche »Arbeit«. Es sind nur sie selber, die die Folgen zu tragen haben.

Wie kann mir der Pendel zu der erforderlichen Klarheit verhelfen, wie es mit meiner inneren Ausgewogenheit aussieht, mit anderen Worten, wo ich auf der Skala von Spannung und Lösung meiner Lebenskraft stehe? Das Schema: Das rechte Maß ⑩ – das ich wegen seiner vielfältigen Anwendung bewußt auch in dieses Buch übernommen habe – gibt Ihnen rasch die Antwort auf diese wichtige Frage: »Wie ist derzeit der Spannungszustand meiner Lebenskraft (auf der Skala zwischen den beiden Extremen), wo befindet sie sich derzeit auf dieser Skala?« Ich habe jetzt das Wort »derzeit« eingeschoben. Denn Sie können auch fragen: »In welchem Spannungszustand befand sich meine Lebenskraft vor so und soviel Tagen, Monaten, Jahren oder zu welchen bestimmtem Zeitpunkt?«. So können Sie sich einfach und rasch einen Überblick verschaffen über die inzwischen erlebte Entwicklung. Das ist oft von größter Bedeutung. In meinem ersten Pendelbuch habe ich darauf bei der Besprechung des Schemas ⑩ auf den Seiten 105–108 und 133–138 schon deutlich hingewiesen. – Die Feststellung erübrigt sich fast, daß Sie sich um so mehr im Zustand der inneren Ausgewogenheit und Harmonie befinden, je mehr Sie sich der Mittellinie, dem rechten Maß Null, nähern oder gar den Ausschlag des Pendels direkt dorthin erhalten.

Energiefluß und Achtsamkeit ⑤⑦

Von Dr. Voll, dem heute weltbekannten Entdecker der Elektroakupunktur stammt der Satz »*Schmerz ist der Schrei des Gewebes nach Energiedurchflutung*«. Vom Standpunkt der Psychodynamik und der Ganzheitsmedizin besagt das: Jeder auf Erkrankung beruhender Schmerz zeigt eine Energieblockade, zeigt Energiestauung oder -verhärtung an. Auch wenn die allerfeinsten Schwingungen in unserem Organismus hinreichend lange gestört werden, ist die Erkrankung mit ihren Schmerzen unabwendbar. Jeder Schmerz zeigt das Bemühen des Körpers um Heilung an. Die Heilung setzt aber vernünftigerweise voraus, daß die Heilungskräfte frei sind. Darum geht es in erster Linie.

Wie können wir die eigene Heilungskraft freisetzen? Zunächst einmal nur dadurch, daß wir uns innerlich lösen vom Denken an die Krankheit, daß wir die uns belastende Beschwernis ganz einfach loslassen. Ist es schon eine der größten Gefahren für uns, in einem bestimmten Entwicklungszustand, in einer bestimmten Denkweise, in einem bestimmten Verhalten sozusagen stekkenzubleiben, darin zu verharren und so eine neue auf uns zukommende Lebenssituation nicht mehr realistisch aufnehmen und verarbeiten zu können, so gilt das erst recht im Fall der Erkrankung. Unser Organismus warnt uns durch die Schmerzen und ruft uns zum Besinnen und zur Umkehr auf: Wir haben etwas falsch gemacht. Und das gilt es zu erkennen. Wenn wir nun wie so viele ständig mit unseren Gedanken um unsere Krankheit kreisen, wenn wir an ihr anhaften, dann ist es doch kein Wunder, daß die Blockaden in uns immer stärker und massiver werden und daß die Heilungskräfte in uns gleichsam ersticken. Wir müssen sie freimachen, ihnen den Weg öffnen zu ihrer heilsamen Entfaltung.

Die kosmische Energie, die universellen Kräfte, die göttliche Kraft – sie sind allgegenwärtig. Wir können dieser alles schaffenden und alles erhaltenden machtvollen Instanz, die über allem steht und in allem steckt, viele Namen geben. Für unser beschränktes menschliches Bewußtsein ist diese göttliche Schöpfungs- und Heilungskraft in ihrer geheimnisvollen Allgewalt unfaßbar. Aber wir müssen ihren Ruf hören und uns ihm öffnen. Denn nur wer sich dieser schöpferischen Kraft geöffnet, sich für sie weit aufgetan hat, kann auch ihre Hilfe erwarten und auf sie bauen. Das tiefe Vertrauen darauf und der tiefe Glaube an sie macht den Weg zur Heilung frei. Es ist so, als würde ein verschmutzter und verschlammter Kanal durch die Wassermassen eines gewaltigen Wolkenbruchs plötzlich freigefegt: Jetzt kann ihn die Wasserflut ungehindert durchströmen. Die heilende Energie ist freigesetzt und kann durch die erkrankten Gewebe des Körpers hindurchfließen und sie wieder gesunden lassen. Wer es erlebt hat, der weiß es.

Zuerst müssen wir uns innerlich »entspannen«. Das ist die Voraussetzung für die Aktivierung unserer Selbstheilungskräfte. Sobald wir die ständige Unruhe unserer Gedankenwelt hinter uns lassen und in uns selbst die tiefe Ruhe in dieser göttlichen Geborgenheit erleben, kann die große Schöpfungs- und Heilungsenergie in uns einströmen und die krank gewordenen Gewebe unseres Körpers durchfluten. Ist doch »Gott«, sind doch diese göttlichen Schöpfungs- und Heilungskräfte überall: in jedem Sonnenstrahl, in jeder Wolke, in jedem Fluß, Berg und Stein, in jeder Pflanze, jedem Baum und jedem Tier und genauso in jedem Menschen, in jedem Bissen, den wir essen, und in jedem Atemzug. Das ganz bewußt zu erleben und zu erkennen, es in der Tiefe unseres Wesens zu *wissen*, das gibt uns das Vertrauen und den Glauben, die das Fließen und Strömen der Heilkraft in uns bewirken.

Nehmen Sie den Pendel zu Hilfe und fragen Sie ihn direkt auf der 100%-Skala ②: »Wenn 100 % einen absolut freien, ungestörten Energiefluß ausmachen, wie frei, wie ungestört ist der Energiefluß im großen Durchschnitt in meinem Gesamtorganismus?« Sie können natürlich auch umgekehrt von der Störung ausgehen und nach deren Prozentsatz in Ihnen fragen, und das können Sie auf jeden Körperteil und jedes Organ hin beziehen.

Da es von großer Bedeutung ist, *möglichst genau zu erfahren, was die eigentliche Quelle der unbewußten Energieblockierung ist*, befragen Sie den Pendel auf der Tabelle ㊗. Sie wird Ihnen wertvollste Hinweise über Ihr Inneres und für Ihre weitere Arbeit an sich selbst geben können:
• Zuerst können Sie fragen, welche der aufgeführten Teilbereiche Ihres Innenlebens gestört (oder umgekehrt: ganz frei) sind: die für Sie bedeutungsvollste Störung, die zweitwichtigste, der am wenigsten gestörte Teilbereich und dergleichen.

- Und dann können Sie auf der 100%-Skala ② fragen, wie hoch die Störung des Energieflusses und des betreffenden besonderen Teilbereiches ist.

An dieser Stelle noch der wichtige Hinweis auf die Achtsamkeit. Des öfteren fanden Sie schon die Forderung, ganz achtsam zu Werke zu gehen, in totaler innerer Sammlung des Bewußtseins. Wie in der zusammenfassenden Einführung des ersten Buchteils ausgeführt, ist das eine unabdingbare Voraussetzung für den Pendelerfolg. Es ist der geistige Zustand der ganz wachen, sozusagen der hellstmöglichen Aufmerksamkeit. Er kennzeichnet die Seinsebene, die Entwicklungsstufe eines Menschen. Sie ist um so höher, je stärker der Grad der Achtsamkeit ist. Diesen Grad der Wachsamkeit können wir gleichsetzen mit dem Grad des wirklich bewußten Lebens eines Menschen schlechthin. Insofern ist das eine Schlüsselfrage bei seiner Betrachtung und Überprüfung.

Von meinem ersten Pendelbuch her kennen Sie *mein einfaches System der Abkürzung der wichtigen Pendelergebnisse*, die dann auf knappstem Raum einen klaren Gesamtüberblick möglich machen. So benutze ich hier die Abkürzung BL = Bewußtes Leben. Fragen Sie auf der 100%-Skala ② nach dem Grad dieses bewußten Lebens. Beim durchschnittlichen Menschen können Sie es bei etwa 45 % ansetzen, als allgemeines Durchschnittsmaß. Prüfen Sie selbst, wie weit es vom Fundament der Persönlichkeit her verwandt ist mit der seelisch geistigen Entwicklungsstufe (ES) ⑤ und dem geistig-spirituellen Erkenntniswert (GE) ② aus meinem ersten Pendelbuch. Im Einzelfall kann das Maß an Übereinstimmung bzw. an Abweichung von großer Aussagekraft sein.

Entspannung und Lebensumgebung

Selbstverständlich ist in unserer Zeit des sprichwörtlichen Stresses, der typischen Überspannung und Überspanntheit, *eine entsprechend wirkungsvolle Entspannung* absolut notwendig für jeden, der sich seine Gesundheit langfristig erhalten will. Es muß jedoch die richtige Entspannung sein und nicht nur eine anders geartete Überspannung, die man nur wegen der Ablenkung vom beruflichen Alltagsstreß fälschlicherweise als Entspannung empfindet. Musterbeispiel ist der geistig hoch belastete Manager, Meister oder Facharbeiter, der sich nach dem anstrengenden Tagesablauf anschließend sogleich durch ein längeres Jogging über mehrere Kilometer hinweg zu entspannen wünscht. Das kann er nur durch erneutes Zähnezusammenbeißen und harte Willensanstrengung hinter sich bringen. In den letzten Jahren ist durch so viele Veröffentlichungen über diese Zusammenhänge genügend bekannt geworden, daß ich mich hier mit Einzelheiten nicht aufzuhalten brauche. Nur der Hinweis: In unserem Buch »Lebenskraft« habe ich gleich im ersten Teil diesen oft falsch verstandenen Entspannungsbegriff, von seiner körperlichen und seelischen Wurzel her gesehen, klargestellt[31].

Entspannung bedeutet im praktischen Tages- und Lebensablauf: Freizeit, Spiel, Freude, Muße, die richtig bemessene körperliche Bewegung wie Wandern, Radfahren, Schwimmen, Ballspiele, Bewegungs- und Ausspannungshobbies aller Art, wirklich entspannende Körperübungen wie Eutonie, Yoga, angemessene Gymnastik, Massage, Meditation, Singen und Musik, Malen, geselliges Beisammensein in geistig anregendem Kreis usw.

In diesem Zusammenhang noch der *Hinweis auf die richtige Lebensumgebung, auf Kleidung und Heim.* Jeder Kleidungsstoff, jedes Haus, jedes Mobiliar hat sein eigenes Schwingungsfeld, so wie jeder Mensch, der diese Dinge benützt. Befinden Sie sich damit in Harmonie oder nicht? Viele Menschen wissen nicht, wie sehr ihre eigene Entwicklung beeinflußt wird von ihrer engsten, engeren und auch weiteren Lebensumgebung:

- Es fängt bei der am Körper getragenen Kleidung an, ihrer Farbe und ihrem Schnitt.
- Es geht über Ausstattung und Atmosphäre des eigenen Heims und der Arbeitsstätte;
- über das persönliche Verhältnis zum Lebenspartner und zu den Kindern bis zum »Klima« des Wohnortes, der Ferienorte
- und vor allem auch der Verwandten, der sogenannten Freunde und der Kollegen, der gesamten, besonders auch der menschlichen Atmosphäre.

Ich kann mir weitere Darlegungen darüber ersparen und möchte lieber gleich *einige Anregungen zum Pendeln* anfügen:

- Machen Sie sich eine Liste aller für Sie nur irgendwie denkbaren Entspannungshilfen, übersichtlich untereinander geschrieben oder in der geläufigen Tabellenform aufgelistet, und fragen Sie: »Welche der hier aufgeführten Entspannungsmöglichkeiten ist für mich auf lange Sicht in Anbetracht aller Umstände diejenige, die mir die beste Hilfe für mein weiteres Leben geben kann?«. Genauso fragen Sie nach der zweit- und der drittbesten und den am wenigsten für Sie geeigneten. Das Befragen der 100%-Skala ② in der Ihnen nun längst geläufigen Form gibt Ihnen noch den Grad der Eignung für Sie an.

- Sie können in gleicher Weise auf den Zahlenskalen ②, ③ oder ⑤ nach dem für Sie optimalen Zeitaufwand für die einzelnen Gebiete fragen.

- »Welche Farbe sollte ich derzeit für meine Kleidung bevorzugen, damit meine Gesamtpersönlichkeit den optimalen Gewinn daraus ziehen kann?« Die Tabelle ㉘ hilft Ihnen dabei.

- Sie können sich eine Liste der dafür in Frage kommenden Geschäfte zwecks Einkauf dieser Bekleidungsstücke machen und den Pendel fragen, wo Sie in Anbetracht von bestmöglichem Angebot und günstigstem Preis am besten aufgehoben sind. Das gleiche gilt natürlich für alles mögliche Zubehör wie Körperpflege, persönliche Aufmachung, auch Einrichtung des Heims und dergleichen.

- »Ist es in Anbetracht aller Umstände (der mir bekannten und der jetzt noch nicht bekannten) richtig, in dieses Haus Goethestraße 12 mit meiner Familie einzuziehen?« Bei mehreren Möglichkeiten fragen Sie das AB-Schema ③, oder machen Sie sich eine eigene Aufstellung. Dabei ist natürlich an alle wesentlichen Gesichtspunkte zu denken, die Sie mit dem Pendel einzeln überprüfen können, wie Höhe der Miete, Vermieterpersönlichkeit, Lärm, Nachbarn, Parkplatz, Isolierung, Heizung, Einkaufsmöglichkeiten usw.

- Bei Schulschwierigkeiten von Kindern können Sie durch den Pendel wesentliche Hilfe geben zur Ermittlung der Ursachen, zum Beispiel persönliches Verhältnis zur Lehrkraft, Art der Überforderung, Interesse am einzelnen Fach (Motivation!), Zeitaufwand für Schulaufgaben und dergleichen.

- Zum Thema Kino, Fernsehen, Video: »Lohnt es sich für mich (für meine Kinder) zur Erweiterung des Horizonts bzw. zwecks echten Ausspannens, echter Muße, dieses Stück X anzuschauen, anzuhören?« Bei mehreren Möglichkeiten wird die endgültige Auswahl durch den Pendel ein gutes Stück treffsicherer.

Diese Hinweise wollen Sie bitte nur als Anregung nehmen. Der nützlichen Anwendung des Pendels sind keine Grenzen gesetzt. Aber auch und gerade hier möchte ich *vor der Überstrapazierung des Pendels und der geistigen Kräfte, die hinter ihm stehen, ausdrücklich warnen.* Beschränken Sie die Befragung des Pendels auf die wesentlichen Dinge und Lebensumstände, und machen Sie sich nicht in nebengeordneten Dingen von ihm abhängig! Es ist ganz einfach unter der Würde des Menschen, ihn bei jeder kleinen Alltagsfrage zu bemühen. Dazu haben wir unseren Verstand und unsere Erfahrung, um aus uns selbst heraus die rechte Antwort zu finden. Ich habe über die Jahre hinweg genug Beispiele dafür erlebt, daß der Pendel, wenn man ihn so mißbraucht, seine Dienste versagt oder mit dem ewig Nichtigkeiten Erfragenden seinen Schabernack treibt. Verlieren wir nie die Achtung vor den hilfreichen, uns noch immer verborgenen Kräften, die ihn lenken!

Permanente Gefährdungen ⑤²

Wenn es in diesem Buchteil um die Erhaltung unserer Gesundheit geht, dürfen wir unter keinen Umständen außer acht lassen, daß wir in dieser Welt unablässig gewissen Gefährdungen ausgesetzt sind. Zumeist sind sie für uns nicht ohne weiteres zu erkennen. Wenn sie uns treffen, dann trifft es uns um so härter. Nicht umsonst werden sie oft als heimtückisch bezeichnet. Gerade bei diesem so oft ganz undurchsichtigen Hintergrund kann uns die Weisheit des Pendels eine starke Hilfe sein, mit diesen schlimmen Gefährdungen fertig zu werden und so unser Leben ihnen zum Trotz gut zu meistern.

Die geopathische Belastung (GPB)

Im letzten Teil meines ersten Pendelbuches habe ich dieses heikle Problem recht ausführlich behandelt. Im vorliegenden Zusammenhang muß ich mich darauf beschränken, Sie auf die praxisnahen Ausführungen von dort zu verweisen. Sie finden dort beschrieben:

- die allgegenwärtigen geopathischen Belastungen verschiedenster Art,
- die Methoden, wie Sie sie mit den drei radiästhetischen Geräten Rute, Pendel und Energiesensor bei wechselweiser Bestätigung an Ort und Stelle selbst ermitteln können,
- wie Sie sie auf einem Hausgrundriß oder einer Skizze nur mit dem Pendel ausfindig machen können mit Hilfe der Tabellen ㉜ und ㉝,
- und wie Sie sich so weit wie nur möglich vor ihnen schützen können.

Es ist in der Tat sehr erfreulich, wie sich die *Erkenntnis von der starken Gesundheitsgefährdung* durch die geopathische (oder »geopathogene« oder »geobiologische«) Belastung mehr und mehr in den breiten Bevölkerungsschichten durchsetzt. Das Tatsachenmaterial ist mittlerweile so überwältigend, daß es nur von eng begrenzten intellektuellen Ideologen bestritten werden kann.

Typische Symptome für eine schon länger anhaltende geo-

pathische Belastung sind vor allem folgende Erscheinungen, wenn sie sich nicht durch sonstige bekannte Ursachen erklären lassen:

- Kopfschmerzen verschiedenster Art,
- das Gefühl von Abgeschlagenheit und Müdigkeit morgens beim Aufstehen,
- ausgesprochen unruhiger Schlaf mit bruchstückartigen üblen Träumen,
- nächtliches Aufwachen, besonders in den ersten Stunden nach Mitternacht,
- ungewöhnliches Herzklopfen im Bett,
- Niedergeschlagenheit und depressive Neigungen auch tagsüber,
- in krassen Fällen Übelkeit und Erbrechen nach dem Aufstehen,
- unbewußtes Verschieben der Körperposition im Bett weg aus der normalen Mittellage,
- ungutes Gefühl dem Bett gegenüber bis zu klarer Abneigung.

Der Grad der Gefährdung durch die geopathische Belastung hängt im wesentlichen ab von der Intensität der Strahlung(en), ihrer Zeitdauer, von der individuell verschiedenen Empfindsamkeit gegenüber diesen Schwingungen und auch noch von der Tageszeit: die Auswirkungen sind nachts im allgemeinen stärker als am Tag.

Zu den Wasseradern, also den unterirdischen Wasserläufen, seien sie stärker oder nur dünne Rinnsale: Ihre Gefährlichkeit hängt nicht so sehr von der Menge des durchfließenden Wassers ab als von seiner Bewegung. Je turbulenter das Wasser fließt, desto stärker wird die geopathische Ausstrahlung. Unterirdisch stehende Gewässer sind ungefährlich, von ihnen braucht man nichts zu befürchten.

Verwerfungen sind manchmal breit gefächert, also nicht nur in einer Bruchlinie, sondern flächig anzutreffen. Besonders trifft das da zu, wo sich in der Erdgeschichte langgestreckte Bergzüge am Rande von ebenso langgestreckten Tälern aufgeworfen haben. Ein schönes Beispiel ist der Rheingraben von etwa Heidelberg bis Darmstadt, wo an der gerade noch im Tal verlaufenden Bergstraße sozusagen eine Verwerfung die andere ablöst. – Genug dieser Details, die ich den Ausführungen meines ersten Pendelbuches ihrer Bedeutung wegen noch anfügen wollte.

Die Arbeit mit dem Pendel zum sauberen Erfassen der geopathischen Belastungen habe ich bei der Besprechung der Tabellen ㉜ und ㉝ in den notwendigen Einzelheiten deutlich geschildert. Dem ist hier nichts mehr hinzuzufügen.

Zum Schluß möchte ich auf mehrfache Bitte von Seminarteilnehmern einen einfachen und klaren *Überblick über die Ermittlung der geopathischen Belastung durch die drei radiästhetischen Werkzeuge* bringen. Sie sehen daraus, wie Sie durch die zum Teil verschiedene Reaktion dieser drei Geräte jede einzelne der Gefährdungsarten genau feststellen können.

	Pendel	Energiesensor	Rute
Globales Gitternetz	↕ ◯ ◯ ↕ .... ↑↓ hier: Schwingen in Richtung des Störstreifens (Spannungslinie)	↕ ◯ ◯ ↕	Immer normaler Ausschlag, volle innere Sammlung jeweils auf die besondere Störungsquelle der geopathischen Belastung (»Mentales Arbeiten«)
Wasseradern	↕ ◯ .... ↑↓ hier: Schwingen in Richtung des Wasserlaufs (selten ◯ : dann Heilwasser)	↔	
Ver- werfungen	↕ ◯	↕ ◯	
Positive Orte der Kraft	⊙ ◯	↕ ◯	
Negative Orte der Kraft	⊙ ◯	↕ ◯	
Ungestörter Platz	Schwingen in der magnetischen Nord-Süd-Richtung (wie Kompaß)	⊙	⊙

◯ Rechtsdrehung   ◯ Linksdrehung   ⊙ Stillstand, kein Ausschlag

↑↓ Senkrechtes Schwingen des Sensorkopfes bzw. Schwingungsrichtung des Pendels wie angegeben

↔ Waagerechtes Schwingen des Sensorkopfes

Beachten Sie:

- Beim Energiesensor kann (bei noch Ungeübten, selten auch bei Geübten) vor der Rechts- bzw. Linksdrehung das senkrechte Schwingen auch unterbleiben. Nur beim Globalen Gitternetz geschieht das nicht.

- Manchmal tritt statt des senkrechten Schwingens vor bzw. zwischen den Drehschwingungen auch

109

Stillstand auf, besonders bei noch Ungeübten, meist nur als Übergangsphase.

• Selbstverständlich sind die hier angeführten Schwingungen oder Ausschläge die für die mich, ebenso wie für die meisten Menschen typischen. Sie können – wie Sie wissen – individuell auch anders sein.

Negative Orte der Kraft kann es auch geben. Da sie relativ selten sind, bereiten sie anfangs Schwierigkeiten. Man kann sich die konstant negativen Äußerungen aller drei radiästhetischen Geräte in einer gewissen Flächenausdehnung zunächst nicht erklären. Denken Sie im kritischen Fall rechtzeitig daran! Es ist ganz ähnlich wie umgekehrt bei positiven Orten der Kraft.

Giftstoffe (Toxine) und Elektrosmog ⑤⑧

Täglich sind wir zahlreichen chemischen Substanzen ausgesetzt, viele davon sind *giftig*. Die Gifte sind organische oder anorganische Stoffe, die entweder in der Natur vorkommen oder künstlich hergestellt werden. Nach ihrem Eindringen in den Organismus führen sie zu ganz spezifischen Erkrankungen: zur vorübergehenden Störung einer Körperfunktion, zu einem bleibenden Gesundheitsschaden oder gar zum Tod.

Tierische Gifte sind im allgemeinen schon in geringer Menge gefährlicher als pflanzliche. Am gefährlichsten sind die Gifte, die von Bakterien gebildet werden.

Die Wirkung der Gifte ist abhängig: 1. von der aufgenommenen Giftmenge oder Giftdosis bzw. ihrer sich nach und nach steigernden Konzentration im Organismus, 2. von dessen Empfindlichkeit (Giftresistenz oder -festigkeit) und 3. auch von der Art der Übertragung oder Zufuhr des Giftes.

Ich möchte den Hinweis auf die rund 20 *Giftpflanzen*, die für uns in unserem Klima besonders wichtig sind, nicht unterlassen, ebensowenig den auf die nahezu ebensovielen *Giftpilze*. Sollten diese für Ihr Leben bedeutungsvoll sein, so finden Sie in jeder guten Buchhandlung Literatur darüber. Sie gegebenenfalls mit dem Pendel für sich auszuwerten, dürfte nach allen bisherigen Anregungen kein Problem mehr für Sie sein.

Zur Tabelle Giftstoffe und Elektrosmog ⑱: Hier finden Sie alle Arten von Giftstoffen aufgegliedert, die uns im Alltag täglich begegnen oder begegnen können. Ich habe die verschiedenen gefahrenträchtigen Erscheinungsformen der Elektrizität und des Magnetismus, die man seit einigen Jahren als Elektrosmog bezeichnet, auch in diese Übersicht aufgenommen. Er wird oft im Zusammenhang mit der geopathischen Belastung behandelt, vermutlich weil beide ebenso wie die Radioaktivität durch die »geheimnisvollen« Strahlungen gekennzeichnet sind. Wegen der besseren Übersichtlichkeit und der praktischen Anwendung dieser Tabelle im Alltag habe ich sie auch hier aufgenommen.

Zum Pendeln:
- *Wenn Sie mit dem Pendel die Wirkung von Giften, d.h. ihre besondere Gefährlichkeit im speziellen Einzelfall ermitteln wollen*, dann arbeiten Sie mit der 100%-Skala ②: »Wenn 100 % das für mich, (x), ernsthaft lebensbedrohliche Maß an Vergiftung ist, ...«. Und wenn die Feststellung wichtig ist, wie die Wirkung dieser Vergiftung zustande kam, dann erfragen Sie

mit Ihrem Pendel die Wirkung der drei Faktoren, die ich im zweiten Absatz dieses Kapitels angeführt habe.

- *Wie immer bei solch komplexen Tabellen kann ein und dasselbe Ergebnis – hier eine Giftstörung – in mehreren Stichworten enthalten sein* und sich daher an mehreren Pendelergebnissen zeigen. Zum Beispiel: Kfz-Abgase, Gifte in Luft (vielleicht noch: sonstige chemische oder metallische Substanzen) oder Funk-, Radioaktivität. Daher dürfen Sie sich nie mit nur einer Angabe in einer solch umfassenden Übersicht zufriedengeben, sondern nach einer ersten Auskunft z. B. gleich fragen: »Wenn in dieser Tabelle noch ein weiterer Punkt von nennenswerter Bedeutung für X sein sollte, so bitte ich, diesen jetzt noch anzuzeigen. – Zur Vereinfachung können Sie hier gleich fortfahren: »Wenn nicht, bitte Linksdrehung« (bedeutet bei mir: Kann ich nicht beantworten, also: nein). So ersparen Sie sich die jeweils gesonderte Frage: »Ist noch ein weiterer Punkt für mich, für X, in dieser Tabelle von Bedeutung?«, bevor Sie ihn dann tatsächlich erst erfragen können.

- *Noch ein besonderes Wort zur Radioaktivität:* In meinem ersten Pendelbuch habe ich auf den Seiten 143–145 die komplizierte Problematik der sicheren Bestimmung eines radioaktiven Befalls dargestellt. Es kann keine sicheren, allgemeingültigen Meßwerte geben. Nehmen Sie als feste Bezugsgröße daher die Menge an radioaktiver Belastung, von der an Ihr Körper tatsächlich, wenn auch nur schwach, geschädigt wird, als 100 % für die Skala ② und fragen Sie für sich selbst oder für X nach der derzeitigen Belastung oder der gestrigen oder der vor einer Woche hier oder an einem bestimmten anderen Ort. Notfalls nehmen Sie als Bezugszahl die 10, dann haben Sie den nötigen weiten

Spielraum. – Sie können auch die 1 als die (gesunde) radioaktive Normalbelastung nehmen und das Vielfache davon auf der Zahlenskala der Tabelle ③ (bis 10), ⑤ (bis 35) oder ② (bis 199) klar ablesen. Faustregel: Bei etwa der zehnfachen Menge beginnt eine ernsthafte gesundheitliche Bedrohung. Ich wiederhole diese Werte hier nur für den nicht auszuschließenden Fall des Falles noch einmal.

- *Das schlimmste Gift im Menschen sind seine negativen Gefühle*, mit denen er seine eigenen Kräfte lähmt. In krassen Fällen droht er sie damit geradezu zu ersticken. Sehen Sie sich in Ihrem Bekanntenkreis um, und Sie werden manch ein Beispiel dafür finden.

Außergewöhnliche Lebensbelastungen (59)

Es bedarf kaum einer Begründung, wie sehr außergewöhnliche Belastungen, die über Jahre hinweg einen Menschen bedrücken, seine Gesundheit bedrohen und ernsthaft gefährden. Besonders gilt das natürlich für alle diejenigen, die mit sich selbst nicht im reinen, nicht im Gleichgewicht sind, denen es an Ausgeglichenheit und zudem an innerer Kraft (Vitalkraft) mangelt. Diese Menschen können verständlicherweise das nicht aufbringen, was wir »hart im Nehmen« nennen.

Für jeden, der mit seinem Leben nicht ohne weiteres zurechtkommt, empfiehlt es sich, nach gebührendem Zeitabstand immer wieder einmal *»Gewissenserforschung« zu betreiben*. Nur sie kann ihm in einer stillen Stunde der möglichst sachlichen Selbstkritik helfen, den Kern seines Problems ohne Scheuklappen vor den Augen zu erkennen. Wer könnte aber schon »möglichst sachlich« sich selbst gegenüberstehen!?

Gerade für die Bewältigung dieser schwierigen psychologischen Problematik kann der Pendel einen wesentlichen Beitrag leisten. Voraussetzung ist, den rechten Augenblick dafür abzuwarten. Wirkliche innere und äußere Ruhe sind hier unabdingbar: im stillen Kämmerlein, im Gefühl der absoluten Ungestörtheit, im Bewußtsein einer ganz besonderen Stunde, da man irgendwie auf sich zurückgeworfen ist. Da sind die unbewußten Kräfte gleichsam aufbereitet, sich bei aller Besinnlichkeit zu aktivieren und durch ihre üblichen Begrenzungen ein Stück hindurchzustoßen. Ich glaube, jeder Mensch erlebt gelegentlich einen solchen Gefühlszustand. Meist in einer stillen Mußestunde, da man ganz allein nur für sich selbst ist, ohne jede äußere Störung, ohne jede Radio- oder Fernsehberieselung. Das ist sozusagen die Sternstunde, die es auszunutzen gilt.

Ich habe mich bemüht, *in der Übersicht* ㊾ *die wohl häufigsten schwerwiegenden Momente* einer außergewöhnlichen Lebensbelastung aufzuzeigen[32]. Selbstverständlich kann sie bei der unendlichen Vielfalt des Lebens niemals vollständig sein. Im Zweifelsfall können Sie sie natürlich nach Ihren Notwendigkeiten noch ergänzen. Im Zweifelsfall kann Ihnen auch die Tabelle ㊿ der unbewußten Energieblockierungen noch einen entscheidenden Hinweis geben. Der psychologische Hintergrund ist ja hier wie dort der gleiche. Gerade das möchte ich Ihnen als manchmal sicherlich wertvolle Ergänzung empfehlen.

Allen aufgeführten Punkten der Tabelle ㊾ *liegt ein tiefer emotionaler Schmerz zugrunde.* Ob er bewußt ist oder in die verborgenen Tiefen unseres Unterbewußtseins verdrängt wird und sich dann wahrscheinlich in irgendeine Ersatzrichtung hin entfaltet, ist eine zweite Frage. In jedem Fall sorgt das kontinuierliche In-sich-Hineinfressen, das nahezu für alle Momente typisch ist, für schwere und schwerste Krisen der Persönlichkeit. Das kann so weit gehen, daß sie völlig verzweifelt und zugrunde gerichtet wird.

Das Erpendeln des Ergebnisses dürfte für Sie jetzt kein Problem mehr sein. Fragen Sie, welcher der aufgeführten Punkte für Sie bzw. für X von der größten, von der zweitgrößten etc. Bedeutung ist. Auf der 100%-Skala ② können Sie erfragen, in welchem Maß gerade durch *diesen* Punkt die Persönlichkeit mehr oder weniger tief gestört ist. Auch auf dem Schema »Das rechte Maß« ⑩ können Sie sich im Zweifelsfall vergewissern, ob ein kritischer Persönlichkeitszug zuviel oder zuwenig ausgeprägt und in welchem Maß das der Fall ist.

Erbliche und karmische Belastungen

Wir sprechen noch immer von den permanenten Gefährdungen unserer Gesunderhaltung. Da bleibt mir noch der Hinweis auf eine bestimmte Gruppe von Belastungen, denen wir zunächst hilflos preisgegeben sind: Es handelt sich um erbliche und um karmische. Gemeinsam ist ihnen, daß sie sich normalerweise verstandesmäßig nicht erklären lassen. Es versteht sich, daß bei unseren Betrachtungen hier sowohl körperliche als auch seelische Eigenschaften: Mißbildungen, Leid, Fehlentwicklungen, Beschwernisse aller Art betroffen sind.

Zunächst zu den erblichen Belastungen: In allen betroffenen Fachkreisen ist es ein vieldiskutiertes Thema, ob und inwieweit Begabungen, Fähigkeiten, Talente vererbt werden. Lange Zeit standen sich zwei Ansichten radikal gegenüber: Alles und jedes sei Vererbung (Rassenlehre, Drittes Reich!) und: Alles und jedes sei vom Augenblick der Geburt an das Ergebnis von Umwelteinflüssen (Behaviorismus, USA). Die heute im allgemeinen vorherrschende Meinung ist mehr oder minder die goldene Mitte: Die besondere Ausrichtung des Menschen ist sowohl das Ergebnis seiner Erbmasse als auch dessen, was die kaum überblickbare Vielfalt der Umwelteinflüsse daraus gemacht hat und noch immer bis hin zum letzten Atemzug daraus macht. Natürlich kann ich hier nicht genauer darauf eingehen. Ich erwähne nur, daß die ganz systematisch vorgehende Zwillingsforschung eben diese Ansicht in hohem Maß erhärtet. Für unsere Betrachtungen hier ist das vor allem für die Frage von Bedeutung, wieweit etwa Krankheiten und charakteristische Wesenszüge, z.B. depressive Neigungen, erblich vorgegeben sind.

Das gleiche trifft für das *Problem der karmischen Belastung* zu. Diese läßt sich durch nichts im eigentlichen Sinn des Wortes beweisen. Man kann nur daran glauben oder nicht oder keine Stellung dazu beziehen. In meinem Buch »Die geheime Kraft in uns« und dann noch ausführlicher in dem Buch »Buddhismus« bin ich dieser Frage nachgegangen. Nachdem ich ihr in einem langen Leben – in der westlichen und in der fernöstlichen Welt – viel Aufmerksamkeit schenkte und persönlich in Krieg und Frieden eine Reihe von tiefgehenden Erlebnissen hatte, bin ich heute von der Richtigkeit der Lehre von Karma und Wiedergeburt überzeugt. Ich scheue mich nicht, das ganz offen zu sagen. Aber das ist nur meine persönliche Ansicht, der sich niemand anzuschließen braucht. Übrigens habe ich in den beiden erwähnten Büchern zwei Beispiele von schwerster Belastung bei Kleinkindern aufgeführt, die sich nicht anders, als durch Karma bedingt, erklären lassen. Ich könnte ihnen viele weitere folgen lassen[33].

Was bedeutet nun »Karma«? Das Wort bedeutet nicht »Schuld«, sondern »aktives Tun«. Das läßt je nach der ethischen Ausrichtung positives oder negatives »Schicksalsgut« für jeden Menschen entstehen. Jeder trägt das seine in seiner fortdauernden Seele mit sich. Und das nach der mit dem Karmagedanken eng verknüpften Lehre von der Wiedergeburt so lange, bis er das belastende Karma (seine »Schuld«) durch Leiden abgebaut oder durch Schaffen von positivem Karma aufgearbeitet hat. *Darüber steht das Gesetz der universellen Harmonie*: Die Natur, die Schöpfung duldet keinerlei Störung des Gleichgewichts. Es geht immer darum, es nach jeder Störung wiederherzustellen. Karma ist – mit einem Wort gesagt – die Summe des selbstgewirkten Schicksals. Was der Mensch sät, das wird er auch ernten. Wir säen wertvolle und wir säen schädliche Saat. Das eine kommt auf uns zurück wie das andere. Die karmische Belastung ist uns also in die Wiege gelegt. Wir tragen unser Schicksalsgut durch das ganze Leben, das »gute« wie das »schlechte«, und sind ihm unterworfen[34].

Wie schon gesagt, *sind wir den erblichen wie den karmischen Belastungen ausgeliefert. Wie kann uns der Pendel helfen*, sie zu erkennen und gegebenenfalls besser mit ihnen zurechtzukommen? Wenn Sie einer schweren Belastung, die Ihnen bei noch so viel Nachdenken unerklärlich bleibt, auf den Grund kommen wollen, dann können Sie das über die Tabelle ⑤⑨ und vielleicht auch über die Tabelle ⑤⑦ angehen. Beachten Sie dabei bitte peinlich genau das, was ich im letzten Kapitel darüber geschrieben habe. Es handelt sich hier um allerhöchst intime Zusammenhänge, die uns die Gesetze unseres Lebens gewiß nicht ohne Sinn normalerweise vorenthalten. Sie werden wenigstens einiges Licht in dieses Dunkel bringen, wenn Sie es in Demut und Ehrfurcht gegenüber der großen Kraft versuchen. Sie steht über allem und steuert alles. Wir sind ihr alle unterworfen, ob wir es wissen oder nicht, ob es uns gefällt oder nicht.

Versuchen Sie es bitte nicht über das oberflächliche, bloß vom Wunsch, oft nur von Neugier getriebene »channeling«, wie es seit einigen Jahren zumeist in primitiver Vermessenheit betrieben wird. Wenn es so leicht wäre, die jenseitigen Kräfte und Geister für unsere egoistischen Zwecke zu mobilisieren, dann wäre die Menschheit schon längst aus ihrem Sumpf herausgekommen. Wenn es Ihnen indessen beschieden sein sollte, von den jenseitigen, so unendlich hoch über uns kleinen Menschen stehenden Kräften Einblick in Ihre vergangenen Inkarnationen zu bekommen, dann wird es Ihnen in vielleicht schlichter und doch überwältigender Weise zuteil. Dann können Sie zu Recht daraus Anregung und Hilfe für Ihre weitere Entwicklung und Vervollkommnung schöpfen. Dann werden Sie über dieses Sie packende und zutiefst intime Erlebnis keine große Rede führen. Sie werden es still in sich zu bewahren wissen als ein gleichsam göttliches Geschenk.

Spezielle Organerkrankungen ⑥⑩

»Die Medizin unserer Zeit hat so gewaltige Fortschritte gemacht, daß es bald keine gesunden Menschen mehr gibt.«
Aldous Huxley (1894–1963)

Beim Deutschen Chirurgenkongreß in München im April 1994 waren folgende Gedanken zu hören[35]:

- Doktor Jörg Rüdiger Siewert von der Technischen Universität München wies darauf hin, daß sich Zentren für ambulante Operationen und Tageskliniken explosionsartig vermehren, seit *die um das Zehnfache überhöhte Zahl junger Chirurgen* mangels Anstellungsmöglichkeiten in Krankenhäusern in die freie Praxis drängt. Er meinte sarkastisch, man könne sich den Bedarf natürlich immer selbst schaffen.

- Doktor Lutz Jani, Orthopäde in Mannheim, beklagte, *viele Patienten glaubten blind an die Technik.* Während es kaum Mühe bereite, sie von der Notwendigkeit einer Arthroskopie zu überzeugen, sei es schon schwieriger, von diesem Eingriff abzuraten. – Verwunderlich sei auch, wenn in einer großen Orthopädischen Universitätsklinik mit viel Erfahrung auf dem Gebiet der *Laserchirurgie von Bandscheibenvorfällen* innerhalb von zwei Jahren 100 solcher Eingriffe vorgenommen würden, während die Zahl in sogenannten Praxiskliniken im gleichen Zeitraum mehr als 20mal so hoch sei. – Er zitierte eine kürzlich von amerikanischen und Schweizer Kliniken vorgenommene Langzeituntersuchung von Patienten nach Kreuzbandrissen: Die nicht – nach welchem chirurgischen Verfahren auch immer – operativ Behandelten bekamen *seltener eine Arthrose als die Operierten*!

In der Tat sind, wie kritische Ärzte heute selbst feststellen, *viele Operationen unnötig.* Kürzlich las ich von einer Kommission angesehener amerikanischer Mediziner, die feststellte, daß 70 % der in den USA vorgenommenen Operationen genau besehen nicht notwendig gewesen seien. Ob die Zahlen in unserem Land günstiger liegen mögen?

Ein Wort zu den Medikamenten: Die amerikanischen Forscher Gowday und Hamilton stellten fest, daß nur für etwa 10 % aller Krankheiten ein spezifisches Heilmittel existiere. Und nach den Forschern Maimon und Morelli haben 35–45 % aller heute verordneten Medikamente keine spezifischen Wirkungen[36].

Und die heutige »Apparatemedizin«, ein Begriff, der sich immer mehr einbürgert? Je mehr sie um sich greift, um so mehr droht das schlicht-menschliche Arzt-Patient-Verhältnis zu veröden. Was übrig bleibt, ist der Mensch als Krankenschein-, als Patientennummer. Die typischen Apparatemediziner haben den Sinn für die oft entscheidende Bedeutung der Patientenbeziehung verloren bzw. sie haben ihn von vorneherein niemals begriffen. Sie sind ja für die Pflege dieser Beziehung auch nicht ausgebildet!

Warum bringe ich hier alle diese im Kern negativen Fakten? Ich tue es nur, um auch an dieser Stelle, wie schon früher, *die so wesentliche seelische, emotionale Komponente für die Erhaltung bzw. Wiedergewinnung unserer Gesundheit* herauszustellen. Denn wenn es an der richtigen Einstellung zum Leben und zur Erkrankung fehlt, ist am Ende doch alles umsonst: Apparate, Operationen und Medikamente. Und leider ist das heute oft der

Fall. Dabei ist doch kein anderer so sehr wie der Arzt
dazu berufen, eben diese richtige innere Einstellung seines Patienten zu wecken, sie nach besten Kräften zu
stärken und ihr über mögliche Rückschläge hinwegzuhelfen. Nur dann ist ja auch der Boden fruchtbar aufbereitet für alle sinnvollen medizinisch-technischen
Bemühungen. Zum Beispiel berichtet uns soeben ein
augenkranker Herr, daß ihm sein Augenarzt bei jedem
Besuch eindringlich versicherte, daß er demnächst
total erblinden würde. Wie einfühlend und hilfreich
kann dies wohl für die Wirkung der eigenen Abwehr-
und Heilungskräfte und die Wirkung der verordneten
medizinischen Maßnahmen sein?

Mit diesen Bemerkungen möchte ich deutlich machen,
von welch entscheidender Bedeutung eigenständiges Denken und Selbstverantwortung für die Erhaltung und gegebenenfalls für die Wiederherstellung der Gesundheit
sind. Es geht jetzt ganz konkret um die Erkrankungen
aller Art, denen wir oder uns nahestehende Menschen
ausgesetzt sind. Selbstverständlich geht jeder vernünftige Mensch bei einer hinreichend ernsten Bedrohung
seiner Gesundheit zum Arzt seines Vertrauens.

Das schließt aber in keiner Weise aus, daß derjenige,
der die nötige Erfahrung in *verantwortungsvollem und
selbstkritischem Pendeln* gewonnen hat, auch jetzt dieses Arbeitswerkzeug zu Hilfe nimmt. Nicht selten treffen gesundheitliche Hinweise geradezu verblüffend
den Nagel auf den Kopf. Jeder Organismus und jedes
Organ hat nun einmal die nur ihm eigene, ganz spezifische Schwingung, die wir in unsere, dem Verstand
nicht zugänglichen unbewußten Schichten aufnehmen und die der Pendel uns erkenntlich macht. Kein
aufgeschlossener Arzt wird sich dagegen wenden. Eine

steigende Zahl von ihnen nutzt dieses so wertvolle Werkzeug ja selbst in der täglichen Arbeit, und diese Ärzte wissen genau, warum. Darauf habe ich schon in der Einführung zu diesem Buch hingewiesen. Wie dort wiederhole ich aus gutem Grund die Warnung, erst recht an die medizinischen Laien, ihre persönlichen Pendelergebnisse nicht überzubewerten und sich von ihnen schon gar nicht einseitig abhängig zu machen. Ganz zu schweigen vom Mißbrauch des Pendels, den ich am Ende des ersten Buchteils bereits beschrieben habe.

Das gesundheitliche Pendeln verlangt, um wirklich treffsicher zu sein, absolute Unvoreingenommenheit, selbstverständlich neben der genauen Beachtung aller anderen Voraussetzungen. Hier liegt das größte Problem. Jede noch so leise und völlig unbegründete Vermutung kann durchschlagen und ein falsches Ergebnis bewirken. Die Lebensschwingungen in uns sind ja allerfeinster Natur. Deshalb darf die Selbstkritik beim Pendeln nie aussetzen. Und wer gesundheitlich für einen anderen pendelt, dem ist dringend anzuraten, daß er sich außer dem ganz allgemeinen Hinweis keinerlei, wirklich keinerlei Einzelheit des besonderen Falles sagen läßt. Jahrzehntelange Erfahrung nicht nur von mir selbst, sondern von anderen erfahrenen Pendlern bestätigt, daß sich gerade dann die erwähnten verblüffenden Ergebnisse einstellen. Daß wir sie trotzdem nicht kritiklos gleich als unfehlbar entgegennehmen, ändert nichts an ihrem oft einzigartigen Wert als Hinweis.

Die Vorteile des gesundheitlichen Pendelns bedürfen kaum vieler Worte: Das Verfahren erfordert keinerlei körperliche Eingriffe. Es vollzieht sich rasch und ausgesprochen kostengünstig. Der Kranke muß nicht einmal anwesend sein. Er muß sich nicht selbst äußern können, was bei Sprech- oder geistig Behinderten oder Kleinkindern von Vorteil ist. Es bedarf keines erkennbaren Symptoms einer Erkrankung: Ihre früheste Entwicklungsstufe ist schon mit veränderter Energieschwingung verbunden und somit dem Pendel erkennbar.

Vorwiegend körperliche Störungen

Das Vorgehen bei der Unzahl der körperlichen Erkrankungen habe ich in meinem ersten Pendelbuch anhand der entsprechenden Tabellen dargestellt. Die Ihnen nun schon geläufigen drei 100%-Skalen haben natürlich auch hier ihre große Bedeutung, weil sie uns solide Vergleichswerte bieten. Ganz besonders trifft das zu für das Schema »Das rechte Maß« ⑩. Für das Ermitteln der organischen Störungen und ihrer Ursachen sind die Tabellen ⑪ bis ⑬, speziell für Skelett, Verdauungsorgane, Drüsen und Kopf ⑭ bis ⑰ zuständig. ⑳ zeigt den aufschlußreichen pH-Wert an. ⑱ und ⑲ sind – wie Sie schon wissen – für die Ernährung zuständig und ㉓ bis ㉕ für die drei Gruppen der Vitalstoffe. Soviel zum traditionellen medizinischen Arbeiten.

Nun möchte ich Ihnen zur Ergänzung noch eine neue und – wie mir scheint – recht praktikable Übersicht ⑥⓪ anbieten: *Welcher der wesentlichen Körperbereiche ist gestört?* Die Tabelle spricht für sich und bedarf insoweit keiner weiteren Erläuterung. Den Hinweis auf die jeweils präzisierende Tabelle des ersten Pendelbuches habe ich bei den dafür zuständigen Stichworten schon eingetragen. Da wir klugerweise immer vom Allgemeinen zum Besonderen hin pendeln, befragen Sie diese Tabelle wegen ihres umfassenden Überblicks über den ganzen Organismus am besten gleich zu Beginn Ihrer gesundheitlichen Befragung. Also noch vor der Tabelle ⑩, die schon wieder mehr in die Einzelheiten geht.

Noch zu den Ziffern ⑦ und ⑧ dieser Übersicht: Von der Funktion des Gehirns her werden unterschieden:

- ⑦. *Das vegetative Nervensystem* (oder *unwillkürliches*, autonomes, automatisches, viszerales – die Eingeweide versorgendes): Es kontrolliert und steuert über Sympathicus und Parasympathicus (oder Vagus) die Funktion der Eingeweide.

- ⑧. *Das animale Nervensystem* (oder somatisches): Diejenigen Teile des peripheren und zentralen Nervensystems, die auf Sinnesreize ansprechen und damit der Regelung der Beziehungen zur Außenwelt dienen. (Es ist übrigens auf allen Ebenen eng gekoppelt mit dem vegetativen Nervensystem.) Ein Teil des animalen ist das *willkürliche Nervensystem*. Es kontrolliert und steuert die dem Willen unterworfenen Funktionen.

Dem Abfragen der Übersicht ⑥⓪ folgt logischerweise *die nächste Pendelfrage*: »Welches besondere Organ im Rahmen dieses angegebenen Bereiches ist gestört?« Das können Sie auf einer der jetzt dafür zuständigen Tabellen ⑪ bis ⑰ erfragen. Wenn das nicht möglich ist, d. h. die entsprechenden Körperorgane dort nicht verzeichnet sein sollten, fragen Sie – wie immer in solchen Fällen – ganz einfach die beiden Zeichnungen ㉙⁄₄ ab. Hier können Sie den genauen Ort und so indirekt das betroffene Organ lokalisieren. Zu diesem Zweck halten Sie Ihren Pendel zuerst zwischen die Unterarme der beiden Zeichnungen von Vorder- und Rückseite des Körpers und gehen dann im Sinne des Schemas »Gesuchtes finden« ㉚ vor.

Sie können das sinngemäß in gleicher Weise auf den *Darstellungen des menschlichen Körpers* und aller seiner Teile und Organe in einem umfassenden Anatomiebuch oder ähnlichen Wiedergaben tun. Es liegt auf der Hand, daß das die Präzisierung der gesuchten Körperstelle sehr erleichtert, besonders wenn die einzelnen Organe klar und im Detail wiedergegeben sind.

Die Erkrankung läßt sich *auch am Körper direkt* feststellen. Hier ist aus ganz praktischen Gründen der Energiesensor (Schwingpendel) dem normalen Pendel entschieden überlegen. Im vorletzten Buchteil werde ich darauf zurückkommen und das dazu erforderliche einfache Verfahren exakt beschreiben.

Im besonderen: Seelisch-geistige Störungen

In meinem ersten Pendelbuch habe ich *mit den Tabellen* ㉑ *und* ㉒ und den zugehörigen Ausführungen auf den Seiten 131/132 eine für die Lebenspraxis *ausgesprochen griffige Übersicht über die seelisch-geistigen Störungen* der Persönlichkeit gebracht. Die Aufgliederung in der Tabelle ㉑ nach Psychosen, Neurosen und Geistesschwäche umfaßt Persönlichkeitsstörungen relativ harmloser, weil alltäglicher Art und reicht bis zu schweren, pathologischen Krankheitserscheinungen. Ob harmlosen oder schwerwiegenden Charakters – sie sind immer verbunden mit weniger oder stärker ausgeprägten Abweichungen vom sozusagen goldenen Mittelmaß des Spannungsausgleichs, der inneren Harmonie, die das Schema »Das rechte Maß« ⑩ aufzeigt. Nehmen Sie dann noch die Frage der ursprünglichen, in die Wiege hineingelegten *Lebenskraft und die Differenz zur jetzt praktisch verfügbaren Lebenskraft hinzu, gemessen auf der 100%-Skala* ②, dann haben Sie sogleich zwei weitere Daten von hoher Aussagekraft: einmal die mehr oder weniger ausgeprägte starke oder geringe Intensität der Lebenskraft, d.h. der psychischen Energie, die die Stärke der Nachhaltigkeit, der Verankerung in der Tiefe der Persönlichkeit kennzeichnet. Und zum anderen gibt Ihnen die steigende Differenz zwischen den beiden Werten sogleich die gesteigerte Gehemmtheit, das gesteigerte In-sich-selbst-Verbohrtsein des betroffenen Menschen wieder.

Natürlich können Sie *die Stärke der vorhandenen Störung* wiederum auf der 100%-Skala ⑧ ablesen, so wie schon bei früheren Gelegenheiten. Dann haben Sie ein klares Bild, ob und wieweit es sich im vorliegenden Fall um Vorstufen oder etwa schon um die voll entwickelte Problematik handelt. Wo immer Sie in Berührung kommen mit sogenannten seelischen oder inneren Konflikten, mit Komplexen und ähnlichen Begriffen, sind Sie auch im Problemkreis dieser seelisch-geistigen Störungen. Sie werden uns in aller Kürze bei den folgenden Betrachtungen zum Selbstgefühl wieder begegnen.

Bei meinen Pendelseminaren hat es mich immer stark bewegt, wenn Ärzte, Psychiater, Psychotherapeuten, psychologisch stark interessierte Lehrkräfte verschiedenster Art aus Hauptschule oder Universität oder aus sonstigen Bildungs- oder Erziehungsstätten geradezu ergriffen waren vom gemeinsamen Durchspielen von

schwierigen, oft nur schwer durchschaubaren Fällen ge-
störter Menschen aus ihrer Praxis bzw. ihrer beruflichen
Arbeit. Erlebten sie doch, wie sich beim systematischen
Durcharbeiten aller jeweils gegebenen Pendelmöglichkeiten die seither oft noch verborgenen oder nur er-
ahnten Zusammenhänge immer klarer herauskristalli-
sierten bzw. wie sie in einer knappen Stunde ein klares
Bild von zuvor unübersichtlich verflochtenen Zusammenhängen vor sich hatten. Das wäre ihnen in ihrer
Alltagspraxis nur nach vielen Monaten, Jahren oder
überhaupt nicht möglich gewesen.

Dabei ist der Grund dafür so einfach: *Die allerfeinsten*
Schwingungen unseres ansonsten verborgenen und wohl-
behüteten Seelenlebens sind nun einmal da, »innen« und
»außen«, sie schwingen in unserer Aura hinaus auf den
Mitmenschen und in die Welt hinein. Warum können
denn hochsensible Menschen zuweilen diese un-
glaublich treffsichere Menschenkenntnis unter Beweis
stellen, die ihre kritische Lebensumgebung staunen
läßt? Unsere im Unbewußten verankerten, uns selbst,
unserem Intellekt völlig unbekannten und nicht
durchschaubaren »Sinne« – wir sagen dazu oft: unser
Instinkt – nehmen sie auf und lassen das Anzeigenin-
strument des Pendels nach seiner Gesetzlichkeit in
ihrem Sinne schwingen. Wer oft Erlebnisse wie die eben
beschriebenen haben darf, der kann es nicht begreifen,
wie intelligente Menschen diese im Kern doch einfachen Zusammenhänge nicht sehen wollen, nicht nach-
vollziehen wollen und können und gar als Unsinn
abtun! Sie halten sich selbst ein Brett vor die Augen,
das sie nicht einmal sehen können.

Selbstverständlich kann hier nicht der Ort sein, *die*

grundlegenden psychosomatischen Zusammenhänge und die Möglichkeiten ihrer Erfassung darzulegen. Darüber gibt es heute eine auch für Fachleute kaum noch zu überblickende Literatur. Sie ergießt sich in kaum endende Aufspaltungen und Spezialisierungen, in denen die entscheidenden Wurzeln oder Fundamente der menschlichen Wesensart oft untergehen. Neben Goethe haben viele andere große Geister des öfteren betont, daß die großen Dinge, daß die wesentlichen Zusammenhänge im Grunde einfacher Natur sind. Diese einfachen Grundgegebenheiten zu erkennen, darauf kommt es an. Wir haben uns bemüht, in einigen unserer Bücher solche einfachen Grundgegebenheiten herauszustellen[37]. Ich weiß, diese Feststellung mag vermessen klingen. Ich hätte nicht den Mut, sie zu wagen, wenn es uns über die Jahre nicht öfters von kritischen Köpfen so gesagt worden wäre.

Manche Menschen führen ihre seelischen Schwierigkeiten und Störungen ausschließlich auf Fehler in ihrer Erziehung, Ausbildung oder auf bestimmte Erlebnisse im Leben zurück, ohne sich der eigenen Verantwortung für ihr Leben bewußt zu sein. Seine eigenen Kräfte kennenzulernen und sich ihrer bewußt zu werden, ist ein wichtiger Schritt zum seelischen Gleichgewicht[38].

Was das alles mit dem Pendeln zu tun hat? Sehr viel. Denn es geht um die Grundlagen der menschlichen Wesensart, mit der der psychologisch Pendelnde ständig zu tun hat.

Im besonderen : Selbstgefühlsstörungen ⑥¹⑥²

Das Selbstgefühl oder das Selbstbewußtsein ist für jeden Menschen von ganz zentraler Bedeutung. Es hat großen Einfluß auf die Gesamtpersönlichkeit und die innere Sicherheit und all ihr Tun. Ein gestörtes Selbstgefühl beeinträchtigt die gesamte innere und äußere Entfaltung. Nur wenn es weitgehend ungestört ist, kann man von seinen Fähigkeiten Gebrauch machen. Natürlich wirkt sich das auch auf den Gesundheitszustand aus. Ich brauche nur den lebensfrohen, selbstsicheren Menschen dem Depressiven, Lebensverunsicherten gegenüberzustellen: Der erste strotzt oft vor Gesundheit, und der zweite füllt die Arztpraxen.

Nicht umsonst habe ich bereits im Kapitel über *die seelisch-geistigen Störungen* darauf hingewiesen, daß uns die Begriffe der seelischen oder inneren Konflikte, der Komplexe und dergleichen bei diesen Betrachtungen über das Selbstgefühl und seine besonderen Störungen wiederbegegnen werden. Zwischen diesen beiden Kapiteln läßt sich keine klare Trennungslinie ziehen.

Ich bevorzuge als *Oberbegriff das Wort »Selbstgefühl«*, obwohl im Lebensalltag auch gern vom Selbstbewußtsein gesprochen wird. Der Grund ist einfach: Der letztere Begriff ist doppeldeutig. Einmal meint er das Selbstbewußtsein im weiteren Sinn und das andere Mal steht er nur für Selbstvertrauen. Das wird sich auf der Stelle klären.

Betrachten Sie die Übersicht ⑥¹. Sie öffnet Ihnen den Blick auf *die zwei Säulen, auf denen sich das individuelle Selbstgefühl (oder Selbstbewußtsein im weiteren Sinn) aufbaut.*

Diese Grundeigenschaft unserer Wesensart ist naturgemäß komplex und schwierig zu durchschauen. Jetzt
hellt sie sich sofort auf. Auf der einen Seite steht das
Selbstwertgefühl, die Basis unseres Selbstvertrauens,
das »selbstbewußten« Menschen zu eigen ist. Jetzt
haben Sie das Selbstbewußtsein im engeren Sinn vor
sich. Und jetzt verstehen Sie sofort, warum dieser Begriff unserer Alltagssprache in sich unklar ist: Er meint
einmal den umfassenden Selbstgefühlskomplex und
das andere Mal nur die eine Säule, auf der sich das
Ganze aufbaut. Das müssen wir kritisch erkennen.
Sonst bekommen wir keine Klarheit.

Die linke Säule der Tabelle ⑥⑦ ist – wie gesagt – *das Selbstwertgefühl*. Das ist die jedem Menschen innewohnende
Instanz für die eigene Bewertung. Das Entscheidende,
im Gegensatz zur rechts dargestellten Säule, ist, daß es
keine Triebfeder, kein Interesse (das immer befriedigt
sein möchte), also keine Antriebskraft ist. Wir haben
viel oder wenig Selbstvertrauen. So ist es – und damit
sind wir's zufrieden. Haben wir gar zuviel davon, dann
sind wir (wie immer bei Übermaß einer noch so guten
Sache) auf der negativen Seite der Selbstüberschätzung
in allen ihren unerfreulichen Erscheinungsformen wie
Selbstgerechtigkeit, Selbstherrlichkeit und Anmaßung.

Ganz anders liegen die Dinge bei *der anderen Säule unseres Selbstgefühls, dem rechts dargestellten Selbstbestätigungsverlangen oder Selbstschätzungstrieb*. Beachten Sie,
daß hier immer wieder die Worte auftauchen: Verlangen, Bedürfnis, Trieb, … geiz … Sie zeigen ganz klar an,
daß wir hier stets angetrieben sind, daß uns ständig der
in uns steckende Stachel reizt, immer noch mehr Selbstbestätigung und Selbstschätzung zu bekommen. Diese

uns dauernd auf Trab haltende Triebkraft ist der wesentliche Unterschied zur linken Seite der Tabelle, zur anderen Säule unseres Selbstgefühls.

Es verbietet sich, hier weiter in die so bedeutsamen und im praktischen Leben oft so rätselhaften, zuweilen widersprüchlich erscheinenden Äußerungsformen des Selbstgefühls hineinzuleuchten. Jeder, der viel mit Menschen zu tun hat, sollte es tun. Ich bin mir sicher, er wird reichen Nutzen daraus ziehen. In meinem Buch »Die vergessene Welt der Gefühle« können Sie alle in diesem knappen Kapitel hier nur angeschnittenen Zusammenhänge genauer auf sich wirken lassen[39]. Nur einen Ausschnitt daraus möchte ich sogleich folgen lassen, weil er unmittelbar die lebenspraktische Seite des Schemas ⑥ ganz plastisch macht.

Das menschliche Alltagsverhalten ist geprägt durch die folgenden Stichworte

bei vorwiegendem Selbstwertgefühl:	*bei vorwiegendem Selbstschätzungstrieb:*
eher unauffällig und still	eher auffällig und laut
mehr sein als scheinen	mehr scheinen als sein: etwas sein wollen
natürlich und echt	wenig ursprünglich, unecht, gemacht
innerlich unabhängig	abhängig von anderen
in sich ruhend	ständiges Schielen nach den anderen
wenig empfindlich, selbst bei ungerechter Kritik, da man seinen Wert in sich selbst trägt	empfindlich gegenüber Lob und besonders Tadel, da man Bestätigung von außen braucht

Betrachten Sie daraufhin kritisch die Menschen Ihrer Lebensumgebung! Sie werden sofort den großen Wert dieser Übersicht ⑥ für Ihre Menschenbeurteilung erkennen. Aber vergessen Sie nicht die Kritik auch sich selbst gegenüber: Wer von uns unvollkommenen Menschen könnte von sich behaupten, er sei frei von Fehlern!

Das Vorgehen mit dem Pendel ist einfach: Sie fragen zuerst, welche der beiden Seiten – und in welchem Maß – stärker ausgeprägt ist. Die markierten Maßstriche geben Ihnen die gleiche Einteilung wie beim AB-Schema ③: 0, 20, 40, 60, 80, 100 %, abzulesen in beide Richtungen. Auch hier gilt: Das Überwiegende ist immer in der angezeigten Richtung, der verbleibende Rest gilt dann folgerichtig für die Gegenseite. Und wenn Sie das jeweils vorherrschende Plus oder Minus der jeweils betroffenen Seite ermitteln wollen, anders ausgedrückt: das summarisch-durchschnittliche Überwiegen der einen oder anderen Seite, dann setzen Sie den Pendel nochmals im jeweils betroffenen äußeren Punkt an und fragen danach. – Sie werden bald erkennen, daß Ihnen auch diese Tabelle sozusagen zu einer kaum zu ersetzenden Schlüsselerkenntnis verhelfen kann.

Eine zweite psychologische Betrachtung ist in diesem Zusammenhang von der größten Bedeutung: Es geht um *den Aufbau bzw. die Zerrüttung des Selbstwertgefühls und damit auch der ganzen Persönlichkeit.* Die Übersicht ⑥ weist Ihnen einen – wie ich getrost sagen darf – »psychologischen Mechanismus« auf, der mit der gleichen Sicherheit wie ein gut konstruiertes Räderwerk abläuft. Ohne fundiertes Selbstvertrauen mit dazugehöriger Selbstsicherheit kann es keine ungehemmte positive

Entfaltung eines Kindes oder eines Erwachsenen, kein wirklich eigenständiges Handeln und damit keine Stei gerung der Leistung geben. Ebenso wie besonders auf der negativen Seite des Selbstschätzungstriebes in der Tabelle ⑥ haben wir auch hier auf der rechten Seite die Quelle von ungezählten inneren Konflikten und »Komplexen«. Nur der Mensch, der in diesem Fundament seiner Persönlichkeit mehr oder minder ungestört ist, kann seine Kräfte und Fähigkeiten im praktischen Lebensalltag sinnvoll und nachhaltig einsetzen. Hier liegt die Wurzel für die Lebenstragik von ungezählten Millionen Menschen vor uns.

Die in dieser Übersicht ⑥ *aufgezeigte psychologische Gesetzlichkeit* spricht für sich. Sie bedarf hier bei der notwendigerweise knappen Darstellung keiner weiteren Erläuterung. In dem bereits erwähnten Werk[39] finden Sie die für die Lebenspraxis so wichtige Ersatzbefriedigung des in seinem Selbstwertgefühl zerrütteten Menschen behandelt, ebenso wie die Situation des Klein- und des heranwachsenden Kindes. Das Kostbarste an ihm ist seine ganz naive Selbstsicherheit als Äußerung seines noch naiv-unbewußten Selbstvertrauens. Dieses Urvertrauen zu bewahren und es nicht zu zerrütten und zu zerstören, ist in den frühen Lebensjahren mit das wichtigste in der Erziehung. Nur so können schwere und schwerste Beeinträchtigungen und Schäden für das ganze Leben vermieden werden.

Das Arbeiten mit dem Pendel ist hier völlig unproblematisch. Die pendlerische Situation entspricht ganz genau der Übersicht ⑥ mit den dortigen Hinweisen.

Nun bleibt mir noch eine dritte psychologische Gesetzlichkeit darzulegen: *die Überkompensation von Persönlichkeitsschwächen, z.B. des vielzitierten Minderwertigkeitskomplexes.* In der Übersicht ⑥ finden Sie diesen Begriff der Überkompensation auf der rechten Seite unter der Überschrift »Geltungsbedürfnis« schon verzeichnet. Was geht hier vor, wie läuft dieser verborgene »psychologische Mechanismus« ab? Trotz aller äußeren Verschiedenheiten, die die unendliche Vielfalt der Lebensverhältnisse mit sich bringt, läuft er im Prinzip ausnahmslos nach dem folgenden 4-Stufen-Schema ab:

(Erste Stufe) Minderwertigkeitsgefühl oder Gefühl einer Unzulänglichkeit im Vergleich mit anderen, vor allem solchen, an denen man ganz unbewußt seinen eigenen Wert »mißt«.

(Zweite Stufe) Verdrängung: Die bewußte Erkenntnis der Schwäche, der Unterlegenheit gegenüber dem Überlegenen ist dem Selbstschätzungsverlangen, der eigenen Eitelkeit, dem eigenen Bedeutungsbedürfnis, dem ICH nur schwer oder gar nicht erträglich. Also darf das für uns nicht wahr sein. Wir verdrängen es durch:

(Dritte Stufe) Selbsttäuschung: Am einfachsten durch eine glaubhafte Entschuldigung, z.B. im Sinne des Märchens »Die Trauben sind ja doch zu sauer« oder »Morgen wird die Gelegenheit sowieso besser sein« usw. Wir gaukeln uns und dann auch anderen eine angebliche Tatsache vor, die uns entlastet und glaubhaft erscheint. In diesen Gedanken retten wir uns und glauben ihn dann bald auch selbst.

(Vierte Stufe) Überkompensation (»Übermäßiger Ausgleich«): Noch besser für unsere Selbstschätzung, wenn wir uns über den in Wahrheit Überlegenen oder gegenüber dem uns unerreichbaren Ziel noch überhöhen dürfen. Dann sind wir ja sogar die Überlegenen! Daher

die stets anzutreffende offene oder versteckte Überhebung/Überheblichkeit (Arroganz):

– *entweder* durch ein irgendwie geartetes Herunterreißen des tatsächlich Überlegenen oder Beneideten (z.B. schon in der primitiven, aber doch wirkungsvollen Form: »Dieser Idiot kann das natürlich nicht begreifen«)

– *oder* durch unechtes Sich-selbst-Herausstellen (Angeberei oder Renommiergehabe in irgendwelcher Form, z.B. »Da habe ich aber etwas ganz anderes zu bieten …«).

Ich habe an der bereits erwähnten Stelle[39] eine ganze Reihe von praktischen Beispielen aus der Vielfalt des Lebens aufgeführt, wo sich in jedem Fall dieses Vier-Stufen-Schema erkennen läßt. Diesen typischen Ablauf zu erfassen, *zu lernen, ihn immer wieder durch die noch so verschiedenen Lebensumstände hindurchschimmern zu sehen* trotz der immer wieder anders gearteten äußeren Situation: Das bedeutet, einen großen Schritt vorwärts zu machen in der Schärfung seiner Menschenkenntnis. Es gilt dabei immer wieder, den kritischen Augenblick zu erfassen. Da ist einer bemüht, einen anderen irgendwie kleiner zu machen, gar herunterzureißen, ihm etwas Negatives anzuhängen oder sich selbst irgendwie herauszustellen, sich bedeutender zu machen, sich aufzuspielen. Jetzt sofort fragen: Warum? Welche eigene Schwäche dem anderen gegenüber will er überspielen und damit verbergen? Worin ist ihm der Herabgesetzte überlegen und warum? Das ist immer der gleiche Schlüssel, um die Tür der Erkenntnis zu öffnen.

Ein nicht unwichtiger Nachsatz: Mit der nötigen Achtsamkeit und Kritik uns selbst gegenüber können wir manchmal das gleiche Vier-Stufen-Schema an Äußerungen von uns selbst erkennen. Luther: »Wir sind allzumal Sünder!«

Kompensation und Überkompensation: Kompensation bedeutet Ausgleich, im vorliegenden Fall Ausgleich für die Rettung unserer Selbstschätzung nach dem Muster: »Auf *dem* Gebiet ist er eindeutig besser als ich, aber auf *jenem* bin ich besser als er. Also bin ich, sind wir, gleichwertig.« Da bleibt kein verborgenes Bedürfnis nach unechter Überhöhung zurück. Da bleibt das Selbstgefühl gesund. Ganz anders natürlich bei der künstlich aufgesetzten Überkompensation, der übertriebenen Überhöhung.

Ein letztes Wort zur Arroganz: In der Tabelle ⑥ steht sie auf beiden Seiten. Die Arroganz aus Überkompensation von eigener Schwäche ist ungleich häufiger anzutreffen als die aus übersteigertem Selbstwertgefühl, die die berechtigten Interessen anderer einfach vom Tisch wischt. Beide Formen werden zumeist in einen Topf geworfen, nicht unterschieden. Wer es lernt, sie auseinanderzuhalten, weil sie ganz andere Wurzeln haben, der wird bald viel schärfer und treffender in seine Mitmenschen hineinschauen können. Gewiß nicht, um sich ihrerseits über sie zu erheben. Er versteht die Menschen und die Welt nur besser. Er wächst an seinen neuen Erkenntnissen. Er wird reicher in seinem Inneren, und sein Leben wird erfüllter.

Wie kann Ihnen der Pendel dabei helfen? Fragen Sie auf der 100%-Skala ②:
- ganz allgemein: »Wie weit verfalle ich, verfällt X, im Durchschnitt des Lebensalltags in den seelischen Pro-

zeß der Überkompensation, bezogen auf die 100 % der totalen Selbsttäuschung?«

- im besonderen Fall: »Wie weit verfiel ich, verfiel X, in dem Erlebnis von vorhin in den seelischen Prozeß … (wie soeben)?«

- im besonderen Fall auf dem AB-Schema ③: »War das überhebliche, das arrogante Verhalten von mir, von X, Arroganz aus Selbstüberschätzung, aus überspannter Selbstsicherheit = A oder aus Überkompensation einer Schwäche = B?«

Für das einfache Festhalten Ihres Pendelergebnisses brauchen Sie nur die sinnvollen Abkürzungen »Swg« für Selbstwertgefühl und »Sstr« für Selbstschätzungstrieb zu benützen und die jeweils angegebenen Prozentzahlen anzufügen.

Der Alterungsprozeß ㉓㉔

»Man ist so alt, wie man sich fühlt.«
Konrad Adenauer (1876–1967)

Im alten Rom galt ein Vierzigjähriger schon als Greis. Caesar war mit 23 Jahren schon Feldherr. Heute: »Das Leben fängt mit 40 an«. In Schwaben kursiert der Nebenvers: »Der Schwabe wird mit 40 g'scheit, die andern net in Ewigkeit«. In der westlichen Welt (nicht in der östlichen) *wird die Jugend verherrlicht* mit der Kehrseite der Diffamierung des Alters. In unserer Leistungsgesellschaft heißt Altwerden – oft fälschlicherweise – minderwertiger werden. Also hat der durchschnittliche Mensch bei uns bewußt oder unbewußt Angst vor dem Altwerden und will es nach Kräften verzögern.

Das Altern ist ein lebenslanger Prozeß, bei dem alle für das Leben wesentlichen Faktoren zusammenspielen. Er ist unaufhaltsam. Die Frage ist nur die Geschwindigkeit seines Fortschreitens. Daher ist zwischen dem kalendermäßigen, dem biologischen und dem psychologischen Alter zu unterscheiden. Die beiden letzteren decken sich oft bis ins hohe Alter hinauf, sie können aber auch mehr oder weniger variieren.

Die Übersicht »Das psychologische Alter« ⑥③ weist wohl alle wesentlichen Faktoren auf, die es bestimmt und an denen es erkenntlich wird. Ich habe sie in den Jahrzehnten meiner psychologischen Ausbildungsarbeit unter Ausnutzung aller medizinischen und psychologischen Untersuchungen aus allen möglichen Ländern so zusammengestellt. Dazu nur wenige erklärende Stichworte, wo sie mir nötig erscheinen:

- Zu Ziffer 1: Lebensfreude, Optimismus, Beschwingtheit, »Hoffnungsgläubigkeit« – eher Unbehagen, Pessimismus, Gedrücktheit, »Furchtgläubigkeit«.
- Zu Ziffer 2: Wer schon mit 45 des öfteren erklärt: »Ich in meinem Alter ...«!
- Zu Ziffer 3: Denken Sie an die bevorzugte Aufmachung der Kleidung, des Heims, an die Lebensgewohnheiten, Freizeit- und Urlaubsgestaltung im Hinblick auf die der jeweiligen Altersstufe gemäße Art.
- Zu Ziffer 5 und 6: Je größer und stärker, desto »jünger«!
- Zu Ziffer 7 und 8: Stichwort die sprichwörtliche Altersfixierung und Alterserstarrung. Shakespeare: »Denn, wie ihr wißt, war Sicherheit des Menschen Erbfeind jederzeit.«
- Zu Ziffer 10: Hier zeigt sich oft besonders gut der noch im Herzen junge oder der schon fast »etabliert« wir-

kende Mensch. Sein Verhältnis zu Anerkennung und Autorität.

Zur Befragung des Pendels:

- Auf dem AB-Schema ③: »Bin ich (Ist X) bezogen auf mein (sein, ihr) tatsächliches Kalenderalter als jünger = A oder als älter = B einzuordnen?«
- Auf der 100%-Skala ②: »Mein Kalenderalter ist … Jahre. Ich bitte die Frage zu beantworten: Wie hoch ist in Anbetracht aller dafür wesentlichen Momente mein biologisches Alter einzuschätzen, einzuordnen?« Dann desgleichen »… mein psychologisches Alter …?«

Sie können den Pendel befragen, bei welchem der zehn aufgeführten Faktoren es bei Ihnen, bei X, bezogen auf das gegebene Kalenderalter besonders hapert: Welche also nur unterdurchschnittlich und umgekehrt welche überdurchschnittlich gut entwickelt sind. Wenn, wie hier zehn Faktoren vorliegen, empfiehlt es sich, in der Reihenfolge ihrer Gewichtung jeweils drei der mangelhaften und drei der durchaus positiv entwickelten abzufragen. Das gibt so gut wie immer ein klares Bild mit ganz direkten Hinweisen.

Können Medikamente, Stärkungspräparate, Junghaltemittel irgendwelcher Art helfen? Auf den Gerontologenkongressen wird von den echten Fachleuten immer wieder festgestellt, daß der Alterungsprozeß durch Medikamente nicht verhindert oder vermindert werden kann. Das trifft auch auf Hormonbehandlung und Procain mit seinen Spaltprodukten zu. Eher treten nachweislich schädliche Nebenwirkungen auf. Sogenannte Erfolge sind zumeist psychologischer Natur, zum Beispiel bei Milieuwechsel auf psychosoziale Einflüsse zurückzuführen.

In unserem Unbewußten liegen gewaltige Reserven an Lebensenergie für die Gesunderhaltung unseres Körpers verborgen und für den bereit, der sie für die Aufrechterhaltung und Stärkung seines Organismus zu aktivieren versteht. Sie sind von unschätzbarem Wert, weil sie uns den Mut und die Kraft zum Anpacken und Überwinden der größten Schwierigkeiten geben können. Sie tragen den, der sie bewußt oder unbewußt zu mobilisieren weiß, in der Tat vorwärts. Sie tragen das in sich, was die Gerontologen die Selbstmedikation nennen, also die Eigenhilfe des alternden Menschen, seine Verantwortung für sich selbst, für das, was in ihm ruht. Ich komme sogleich darauf zurück. Schon im Kapitel über die Lebenseinstellung, habe ich gerade im Hinblick auf den Alterungsprozeß darauf hingewiesen.

Ein Wort von Marie von Ebner-Eschenbach: »*Man bleibt jung*, solange man noch lernen, neue Gewohnheiten annehmen und Widerspruch vertragen kann.«

Nun zum Alterungsprozeß: Die Übersicht »Die wesentlichen Faktoren des Alterungsprozesses« 64 ist in den meisten der sechs Punkte eigentlich nur eine Zusammenfassung dessen, was in diesem Buchteil zur Gesunderhaltung schon aufgeführt wurde. Deshalb verweise ich in der Tabelle auch auf die jeweils zuständigen Kapitel. Ich tue das um so lieber, als der mit der Tabelle Arbeitende dann eher angehalten ist, gelegentlich wieder in den Text hineinzuschauen. Dann wird er den ganzen bedeutungsschweren Inhalt des rasch so obenhin gelesenen Schlagworts entschieden besser vor seinem geistigen Auge haben. Hier nur die notwendigen Ergänzungen:

- *Zu Ziffer 4. Kein Konfliktstreß (Disstreß):* Diese negative Streßform sollte man gut unterscheiden vom durchaus positiven Leistungsstreß (Eustreß). Eine gesunde Dosis davon braucht jeder. In jedem Fall geht es darum, das für den Konfliktstreß so typische Gehetztsein abzubauen. Im übrigen habe ich an anderer Stelle den Teufelskreis des Stresses anhand eines einfachen Schemas aufgezeigt, und wie wir diesen verderblichen Teufelskreis aufbrechen können[40]. Darauf möchte ich gerade in diesem Zusammenhang aufmerksam machen.

- *Zu Ziffer 5. Positives Verhältnis zur Umwelt:* Vor allem im mitmenschlichen Bereich ist dies sehr wichtig, damit sich keine Erscheinungen der Senilität einstellen. Das Gefühl und die Überzeugung, ein noch immer wertvolles Mitglied der Gemeinschaft zu sein, gebraucht zu werden, nützliche Arbeit zu leisten und anerkannt zu werden. Typisch ist die ihre Enkel versorgende Oma, ohne die »es gar nicht ginge«, wie man so sagt: Sie wird bei guter Gesundheit alt und älter. Sie hat eben eine Aufgabe. Siehe auch den nächsten Punkt, Ziffer 6! – Wie oft läßt sich das gegenteilige tragische Bild beobachten: Der alte Mensch wird als Last empfunden, beiseite geschoben, und so reagiert er mit ständiger Enttäuschung, Hoffnungslosigkeit, Rückzug auf sich selbst, Vernachlässigung seiner Person und steigende Egozentrik. Den Adenauer-Satz »Man ist so alt, wie man sich fühlt« kann man treffend ausfüllen: »Man ist so alt, wie man sich aufgrund der Einstellung seiner menschlichen Umgebung zu einem selbst fühlt.«
- *Zu Ziffer 6. Geistige Aktivität:* Immer mehr erkennt man ihre große Bedeutung für das »Jungbleiben«. »Meine Arbeit hält mich jung« sagen viele geistig bis ins hohe Alter schöpferisch arbeitende und dabei ge-

sund bleibende Menschen. »Gehirntraining ist das beste Mittel gegen vorzeitiges Altern« ist bei jedem Gerontologenkongreß zu hören. Geistige und körperliche Fitneß gehen Hand in Hand, wie Untersuchungen auf breiter Grundlage bestätigen.

Nun kommt das große Aber: *Der Mensch muß lebendige Interessen in sich tragen,* die befriedigt sein wollen. Das wird sehr oft gar nicht gesehen und ist doch das Entscheidende. Ohne sie hat er nicht den Antrieb zu geistiger Aktivität und zum »Gehirntraining«. Dann verödet er sozusagen in seinem Inneren, das Leben wird sinnlos und entsprechend verlischt es in seinem Körper. Die »Pensionitis«, der psychogene Tod, der so oft relativ rasch nach dem Zwangsende der Berufsarbeit eintritt, ist der beste Beweis dafür. Er trifft immer die in den Ruhestand Getretenen, die keine weitergreifenden Interessen haben oder die sie im langen einseitigen Berufsleben erstickten. In meinem schon erwähnten Buch »Die vergessene Welt der Gefühle« habe ich diesem wahrhaft fundamental wichtigen Zusammenhang ein eigenes Kapitel gewidmet: »Der Primat der Interessen: Die zentrale Bedeutung der Motivation«[41].

Zur Arbeit mit dem Pendel:
- »Welcher dieser sechs Faktoren des Alterungsprozesses ist bei ... nur mangelhaft ausgebildet?«
- »Welcher ist bei ... positiv zu beurteilen?«
- »Bei welchem der sechs aufgeführten Faktoren kann ... am raschesten möglichst viel von dem seither Versäumten nachholen?«
- Sie können die Reihenfolge der negativen ebenso wie der positiven Gewichtung exakt abfragen.

Zum Abschluß dieses Kapitels möchte ich von der *Er-forschung der Lebensweise von 40 000 über 100 Jahre alten Menschen* auf der ganzen Welt berichten. Sie hat in knappster Form für deren Lebensführung folgendes ergeben [42]:

1. Viel körperliche Arbeit und entsprechende körperliche Ertüchtigung (ohne sie können sich die inneren Organe nicht normal entwickeln und nicht gesund bleiben).

2. Gute Luft (keine chemische Verunreinigung welcher Art auch immer) und gute äußere Umgebung (kein besonderer Lärm, keine optische Überreizung).

3. Kein Konfliktstreß (wenig Ärger und Aufregung), aber eine gesunde Portion Leistungsstreß.

4. Vorwiegend vegetarische Ernährung: frisches Gemüse, Kräuter, Honig (echter, kein Zuckerhonig), Milch und Quark als feste Nahrungsbestandteile.

5. Von besonderer Bedeutung: Das Verhältnis der Menschen zur Umwelt in Gestalt eines aktiven Kontakts mit der Gemeinschaft:

a) Täglich nützliche Arbeit, meist körperlicher Art, für die Familie, das Dorf, den Stamm.

b) Anerkennung der Älteren durch die Jüngeren, vor allem durch deren Ratsuche.

c) Sämtliche besonders Alten: Führung einer glücklichen Ehe und eines aktiven Sexuallebens.

Wesentliche Schlußgedanken

Am Ende dieses Buchteils, der sich mit der Erhaltung unserer Gesundheit befaßt, möchte ich noch *hinweisen auf die alternative Medizin mit ihren verschiedenen Richtungen,* die immer weitere Verbreitung findet. Zum Teil baut sie auf altbewährten Hausmitteln auf, die in der Zeit der einseitigen Überschätzung der Chemie in hohem Maße vergessen wurden. Heute werden sie als ein vieltausendjähriges Erbe der Menschheit wieder entdeckt. In den Übersichten im letzten Teil des Buches werden verschiedene aufscheinen. In diesem Zusammenhang weise ich nochmals auf mein erstes Pendelbuch hin: auf die heute bei Mensch und Tier (!) vielbewährten Bachblüten ㉖, auf die immer mehr aufkommende Erkenntnis von der Wirksamkeit der Farben mit der zugeordneten Farbtherapie ㉘ und schließlich auf das sogenannte geistige oder energetische Heilen ㉙. [43] Schließlich ist für den Gesundheitsgedanken im ganzheitlichen Sinn indirekt auch in dem nun folgenden Buchteil viel enthalten, weil hier die Tiefe der Persönlichkeit mit ihren verankerten Grundüberzeugungen und -haltungen zur Debatte steht. Sie können ja aus unseren unbewußten Schichten heraus nicht ohne Einfluß auf unsere innere und äußere Gesundheit bleiben.

Hier kann ich mir nicht versagen, an die vermeintliche Selbstverständlichkeit zu erinnern, daß *die Medizin* mit ihrer heute so großartigen Technik dazu da ist, den Menschen zu helfen. *Sie ist gewiß nicht dazu da, den Menschen sinnlos zu quälen.* Warum läßt man den Menschen nicht sterben, wenn seine natürliche Lebenszeit um ist? Selbst wenn er das will, wird es ihm im Namen der ärztlichen Berufsaufgabe verwehrt. Gestern durfte er es noch. Es war selbstverständlich. Erst heute wird der Mensch oft im Namen des sogenannten wissenschaftlich-technischen Fortschritts langsam und mit System zum Sterben hingequält. Es fehlt nur noch die Befriedigung der Beteiligten, dann wäre die Perversion perfekt. Kann das richtig sein?

Wenn wir das Leben, das uns von der Natur und ihrer großen Ordnung geschenkt ist, annehmen, müssen wir dann nicht *auch den Tod ebenso wie die Krankheit annehmen*, die doch auch nur Teil der Natur sind? Was hat es für einen Sinn, einseitig *gegen sie* anzukämpfen? Lösen wir im Sinn der richtigen Lebenseinstellung unsere Gedanken davon und wenden sie der großen, »göttlichen« Schöpfungs- und Heilungskraft zu. Sie ist – wie wir gesehen haben – allgegenwärtig, rings um jeden von uns. Ja, sie hüllt uns ein, ohne daß wir es merken würden. Sammeln wir unsere Gedanken hin auf sie, haben wir Vertrauen zu ihr! Wenn wir uns ihr öffnen, uns von ihr ganz erfüllt wissen, dann strömt sie in uns ein, und füllt unsere angeschlagenen Glieder und läßt sie gesunden. Natura sanat: Die Natur heilt.

Nun möchte ich zum Abschluß dieses Buchteils noch *einen Gesichtspunkt herausstellen, der in der heutigen Übergangszeit von der alten körperlich orientierten zur neuen ganzheitlich ausgerichteten Medizin viel zu wenig gesehen wird.* Unsere offizielle Medizin geht von der statistisch erhärteten körperlichen Reaktion auf die einzelnen Heilmittel aus und sieht dabei viel weniger die seelisch bedingte, immer wieder anders ausgeprägte Individualität eines jeden Patienten.

Bei der alternativen Medizin steht sie dagegen ganz anders im Vordergrund. Von demnächst sechs Milliarden Menschen gleicht nun einmal seelisch-geistig nicht einer ganz dem anderen, auch wenn sie alle körperlich gleich gebaut sind. Die individuellen Schwingungsmuster sind immer wieder verschieden. Und das ist der Ansatzpunkt für den Wert der Radiästhesie, besonders des Pendels und des Schwingpendels (Energiesensor), für das Problem der Gesunderhaltung und selbstverständlich auch der Wiederherstellung der Gesundheit. Hier wird der Kranke nicht nach dem vielzitierten »Schema F« behandelt, sondern seine Therapie ist ausschließlich von den ganz spezifischen Schwingungen seines eigenen Organismus her auch nur auf diesen abgestellt. Darum bemüht sich ja auch die Homöopathie. Die richtige Arbeit mit den radiästhetischen Werkzeugen stellt das sicher. Jetzt kann übrigens auch der hinreichend geschulte Patient ungleich mehr für sich selbst tun: Seine eigene Verantwortlichkeit ist aufgerufen! Das alles ist ein fundamentaler Unterschied zur konventionellen Medizin von gestern, die heute ja noch vorherrscht. Dieser Gesichtspunkt kann kaum überschätzt werden. Er wird mit der langsamen Auflösung der heute noch wirksamen Vorurteile das Gesicht der Medizin von morgen immer mehr prägen.

Lebenserfüllung: Erfassen ihrer vielfältigen Voraussetzungen

»Die Ärzte stecken so sehr im Sumpf von Krankheit und Medizin, daß sie keine Zeit mehr haben, sich der eigentlichen Frage nach der Gesundheit zu widmen.«

J. I. Rodale

Der dritte Teil dieses Buches führt uns in das zentrale Problem, das viele Menschen in ihrer letzten Lebensphase beschäftigt und nicht wenige geradezu quält: Hat sich mein Leben gelohnt? Was habe ich erreicht? Was bleibt mir am Ende meiner Tage? Habe ich ein im Grunde leeres, nichtssagendes oder ein erfülltes Leben gelebt? *Das erfüllte Leben bedeutet immer, daß etwas Bestand hat,* daß man fast mehr in der geistigen als in der materiellen Welt etwas hinterläßt, was fortlebt und fortwirkt. Sei es auch nur in ganz bescheidenem Rahmen beim hinterbliebenen Lebenspartner, bei Kindern, Freunden, irgendwelchen menschlichen Gruppierungen, mit denen man im Leben zu tun hatte. Denken wir an das Gegenteil des erfüllten, an das leere Leben: Da bleibt nichts oder so gut wie nichts in den Herzen anderer zurück. Da ist es bald so, als hätte man eigentlich gar nicht wirklich »gelebt«.

Lebenserfüllung: Begriff und Voraussetzungen (LE) ⑥⑤

»Natura non facit saltus.«
(»Die Natur macht keine Sprünge«)
Carl von Linné
(Schwed. Naturforscher 1707–1778)

Wenn wir dieser Frage nach der Erfüllung unseres Lebens nachgehen, dann stoßen wir auf *einige uns normalerweise verborgene Gesetzlichkeiten, die unser Leben regieren.* Die Art, wie wir uns mit ihnen auseinandersetzen oder auch nicht, bestimmt in hohem Maße das, was wir als gelungene oder als mißglückte Lebenserfüllung empfinden. Ich glaube, wir können ihren Kern in wenigen Punkten zusammenfassen.

1. Die Tatsache vom ständigen unaufhörlichen Wandel ist eine Grundgegebenheit allen Geschehens in dieser Welt. Heraklit: »Alles fließt.« Nichts, nichts ist beständig. Das gilt für alle materiellen Vorgänge, für alle körperlichen und alle geistigen Prozesse. Ausnahmslos. Nicht umsonst ist es das erste der drei buddhistischen Kennzeichen des Seins: »anicca«[44]. Der ständige Wandel begegnet uns in dem dynamischen Evolutionsprozeß der Natur: der ganzen »materiellen« Schöpfung und der Unzahl lebendiger Geschöpfe von den Mikroorganismen bis zu den heute ausgestorbenen Dinosauriern, in den unaufhörlichen politischen, wirtschaftlichen, gesellschaftlichen, kulturellen, technischen und anderen Veränderungen. Die unbewußte Seele rumort in uns mit der nie ganz versiegenden Frage: Wo stehe ich in diesem nicht endenden Wandel, ihm hilflos preisgegeben oder mit eigenem Gestaltungswillen, sei er im großen Geschehen noch so klein und unbedeutend?

2. Der bohrende Erkenntnistrieb, der dem Menschen und nur ihm innewohnt und nie zur Ruhe kommt. Er steht ja auch hinter dem ständigen Wandel, soweit er vom Menschen bewirkt wird. Jakob Burckhardt: »Der Geist ist ein Wühler.« Er gibt sich nicht zufrieden und bohrt immer weiter. Er treibt den ständigen Wandlungsprozeß vorwärts, je nach dem geschichtlichen Zeitgeist jeder Epoche in die ihm eigene Richtung, z.B. unseren sogenannten »Fortschritt«. Ludwig Klages betont eine andere Seite: »Der Geist als Widersacher der Seele«, d.h. der emotionalen Gefühlswelt des gleichsam noch unberührt-unschuldigen Menschen, die er nach seinen eigenen Gesetzen jederzeit zu vergewaltigen bereit ist und es bedenkenlos tut. Und der Mensch selbst? »Homo homini lupus«, »der Mensch ist dem Menschen Wolf«, d.h. sein eigener größter Feind. Wiederum rumort es in unserer unbewußten Seele, die ihren Standort in diesem Lebenswirrwarr wissen möchte: gleichgültig, ob das Leben sie vielleicht übel beutelt oder ihr gerade eine Ruhepause gewährt. Und da sind wir bei dem dritten und letzten Punkt, den ich ungeschminkt herausstellen möchte.

3. Die Tatsache vom Leiden in dieser Welt. Es ist allgegenwärtig und kann jeden Augenblick jeden von uns in einer seiner tausend Formen treffen: Tod, Krankheit, Schmerzen, Unfall, Verbrechen, Katastrophen. Nicht umsonst ist das die zweite der drei buddhistischen Kennzeichen des Seins: »dukkha«[44]. Die unaufhörliche Weiterentwicklung verläuft nicht wertneutral oder vielleicht gar nur zum Positiven hin. Sie verläuft ganz nach ihrer eigenen Zwangsläufigkeit, bei der uns unüberblickbaren Verflechtung von Ursachen und Wirkungen, so, wie sie will und muß, und damit oft genug ins

Negative – wie wir kleinen Menschen es empfinden – hin zum Schicksalsschlag, zur Katastrophe. So bietet uns die Wirklichkeit des Lebens immer wieder von Hoffnung getragene Möglichkeiten und Chancen und zugleich öffnet sie uns tiefe Fallgruben, in denen wir uns die Knochen brechen können und Not und Verzweiflung ausgesetzt sind. Und auch jetzt fragt die Unruhe unsere Herzen, was sich hinter all dem verbergen mag und warum wir uns gerade wohl da befinden oder da herumgeworfen werden und was das Ganze eigentlich soll.

In diesem Spiel des Lebens stehen wir winzigen Figürchen, die wir uns so groß vorkommen. *Die unbewußte, die sozusagen unsterbliche Seele möchte Klarheit haben.* Schon eingangs des zweiten Buchteils über die Gesunderhaltung habe ich darauf verwiesen, wie wichtig gerade auch für sie die Überzeugung des Menschen ist, daß *sein Leben in einen größeren Zusammenhang eingebettet* ist und daß sein ganzes Erleben einen erkennbaren Sinn hat im Rahmen seines Lebensplanes. Im Laufe der Jahre zeichnet er sich immer deutlicher ab. In den bald folgenden Ausführungen über den Sinn unseres Lebens werde ich darauf zurückkommen. Hier bloß der Hinweis, daß letztlich nur diese Grundüberzeugung uns das Vertrauen zur Schöpfung und zu ihrer großen Ordnung geben kann, ohne die wir in dem aufgezeigten leidvollen Wirrwarr des Lebens verloren sein müßten. In dieser unserer Einbettung in die große Gesetzlichkeit der Schöpfung ist auch unser Lebensplan enthalten. In einer stillen Stunde oder blitzartig in einer uns tief ergreifenden Eingebung mag er uns aufdämmern oder plötzlich bewußt werden.

Dann erhellt sich uns die dunkle Frage nach der »Erfüllung« unseres Lebens. Dann fangen wir an zu begreifen – um es so auszudrücken –, was ein wirklicher Lebensvollzug ist. Immer setzt er ein ganz bewußtes Leben, ein erhöhtes Lebensbewußtsein voraus:

- Es vollzieht sich in geistiger Wachheit, in steter Achtsamkeit.
- Es erkennt wesentlich schärfer und kritischer die Wertigkeit von Mensch und Umwelt und aller für uns wichtigen Lebensverhältnisse.
- Es legt uns dann auch moralische Gebote und Pflichten auf, denen wir nicht mehr so leicht ausweichen können.
- Es enthebt uns aus dem mehr oder minder unbewußt-dumpfen Dahintreiben von der Geburt zum Grab.
- Es läßt unsere Persönlichkeit wachsen und reifen.
- Es gibt uns »die Erfüllung des Lebens«.

Randbemerkung: Wieder sind wir bei der »Achtsamkeit«. Auf ihre fundamentale Bedeutung für den Erfolg, für die Treffsicherheit unserer Pendelarbeit mußte ich schon im einleitenden Teil dieses Buches nachdrücklich hinweisen. Das ist kein Zufall. Dahinter steht dort wie hier die Tatsache, daß nur sie, die Achtsamkeit, die gesamten inneren Kräfte unserer Seele und unseres Geistes restlos zu sammeln, zusammenfassen und so zu aktivieren weiß für das, worum sich unser Geist bemüht, was er erstrebt.

Zum Schluß dieser Einleitung *der praktische Pendelhinweis.* Erfragen Sie auf der 100%-Skala ②, *wie weit die Achtsamkeit* Ihr eigenes Leben bzw. das von anderen Personen wirklich kennzeichnet, mit anderen Worten, *wie weit Sie oder andere wirklich bewußt leben?* Beim durchschnittlichen Menschen unserer Zeit brauchen Sie als Richtmaß wie ich bereits im Kapitel Eniergiefluß und Achtsamkeit ausgeführt habe allerdings nicht mehr als 45 % anzusetzen. Als Kurzzeichen für Ihre Notiz bei systematischem Pendeln empahl ich Ihnen schon dort die zwei Buchstaben BL = Bewußtes Leben (in Achtsamkeit), also z.B.

BL 65.

Diese Zahl bringt schon ein gutes Stück bewußtere Lebensführung als die des Durchschnittsbürgers zum Ausdruck, ist aber noch weit entfernt von dem, was wir erstreben sollten. *Diesen Wert BL können wir getrost als einen Schlüsselwert* für die Betrachtung und Einschätzung eines Menschen bezeichnen.

An dieser Stelle halte ich es für meine Pflicht, unmißverständlich auch hier den Appell an Sie zu richten, den ich im ersten Pendelbuch in mehrfacher Form wiederholt habe. Die Worte von Thomas Carlyle (1795–1881) drücken ihn aus:

>»Wir wollen das Geheimnis einer Persönlichkeit mit Achtung behandeln. Rennet doch nicht ehrfurchtslos in eines Menschen innerstes Heiligtum.«

Ich wiederhole einige Sätze aus meinem früheren Buch: Kaum etwas ist widerwärtiger (und spricht von recht geringer Lebenskultur), als einem Dritten gegenüber über Dinge zu sprechen, die in den höchstpersönlichen, *in den intimen Bereich eines anderen Menschen gehören.* Sein Inneres ist in der Tat so etwas ähnliches wie ein Heiligtum, das ganz und gar nur ihm selbst gehört ... und wenn uns zu unserer eigenen Weiterentwicklung und manchmal zu unserer eigenen Läuterung ein Blick in dieses Innere eines anderen gewährt wird, dann

sei das unser Geheimnis, das wir zu bewahren wissen
… Jeder hat das Recht, da zu sein, wo er sich befindet,
auch das Recht auf seine eigenen Fehler und Un-
zulänglichkeiten. Bin ich selbst etwa fehlerlos?

Und ich füge das Wort von Hermann Löns (1866–1914)
an, das ich 1936 auf einer Wanderschaft durch die Lü-
neburger Heide auf seinem Gedenkstein in der Nähe
von Fallingbostel eingeschrieben fand. Es hat mich bis
heute begleitet und nie losgelassen:
»Lass Deine Augen offen sein,
geschlossen Deinen Mund,
und wandle still: So werden dir
geheime Dinge kund.«
Ganz ungeschminkt möchte ich diesen Appell been-
den mit der Feststellung: Wem es nicht gegeben ist, sich
an diese Worte von Carlyle und Löns zu halten, der
möge das Pendeln aufgeben oder besser damit nicht
beginnen. Vielleicht kann er auf eine bessere Zeit für
sich selbst warten. Tut er es nicht, kann er sicher sein,
daß er bösen menschlichen Schaden stiftet, der an ihm
haften bleibt. Außerdem kann er darauf warten, daß
sich die Pendelkräfte ihm versagen.

Die Übersicht Voraussetzungen eines erfüllten Lebens ⑥⑤
gibt Ihnen den Überblick über die drei Grundgruppen, in die ich die vielfältigen Erscheinungsformen
oder Kriterien eines erfüllten Lebens gliedere. Ich habe
mich viele Jahre lang, da ich immer mit Menschen
zu tun hatte, bemüht, für mich selbst Klarheit darüber zu gewinnen. Hier sehen Sie das Ergebnis. Selbstverständlich läßt sich diese komplexe Problematik, in
der so viele Faktoren in wechselseitiger, kaum zu

überblickender Weise miteinander verflochten sind, wie immer in solchen Fällen auch anders angehen und anders betrachten. Ich bin indessen für meinen Teil davon überzeugt, daß Sie mit dieser Aufgliederung eine klare und hinreichend folgerichtig aufgebaute Übersicht vor sich haben. Sie faßt all die verschiedenen Gesichtspunkte zusammen und bleibt für die praktische Arbeit damit doch noch recht handlich und »griffig«.

Diese drei Hauptgruppen sind

1. Die Momente, die *unsere Lebensgrundlage* in dieser Welt ausmachen. Sie sind uns in die Wiege gelegt oder sie entwickeln sich in der Hauptsache in der Kindheit bis zur späten Jugendzeit.

2. Die Gesichtspunkte, die es uns erlauben, *unser Leben zu bewältigen* mit seinen Problemen und Schwierigkeiten. Das mehr oder weniger gut. Sie kennzeichnen besonderes die lange Phase unseres Arbeitslebens.

3. Die tiefergehenden *Fragen nach dem Sinn unseres Lebens,* die sich aus dem eigentlichen Menschsein ergeben. Sie stellen sich zumeist mit Beginn der zweiten Lebenshälfte und verlangen eine Antwort.

Die pendlerische Arbeit mit dieser Übersicht ist einfach. Diese Fragen, die Sie sinngemäß erweitern können, geben Ihnen rasch einen tiefen Einblick:

- »Welche dieser drei Hauptgruppen der Voraussetzungen für ein wirklich erfülltes Leben ist bei … (derzeit) am stärksten ausgeprägt?«

- (Der Pendel rückt nach.) »Und welche der vier Kriterien oder Erscheinungsformen innerhalb dieser Hauptgruppe ist bei … (derzeit) am stärksten ausgeprägt?« – »Welche kommt an zweiter Stelle?«

- Wie die erste Frage: »… am wenigsten ausgeprägt?«
- (Der Pendel rückt nach) Wie die zweitgenannte Frage »… am wenigsten ausgeprägt?« – »Welche ist an zweiter Stelle am wenigsten ausgeprägt?«

Als knappe Aufzeichnung genügt LE (Lebenserfüllung) mit Ihrer persönlichen Kurznotiz des Ergebnisses.

Jetzt kommen wir zu den drei Tabellen ⑥⑥ *bis* ⑥⑧, *die die Voraussetzungen eines erfüllten Lebens im einzelnen aufzeigen.* Gemeinsam ist ihnen die Art der Aufmachung:

- Sie erlaubt Ihnen, *das Maß der Ausprägung* sowohl auf der Plusseite wie auf der Minusseite bei jedem der insgesamt zwölf Stichworte auf der Stelle ablesen zu können. Auf jeder der beiden Seiten haben Sie nämlich eine vereinfachte 100%-Skala, die durch die vier Ihnen nun längst geläufigen Teilstriche gekennzeichnet ist. Von innen nach außen bedeuten sie 20, 40, 60, 80 %, und die voll ausgezogenen Striche sind dann natürlich das Höchstmaß von 100 %. Sie ersparen sich so jedesmal den weit umständlicheren Weg über die Tabelle ⑩ »Das rechte Maß«.
- Sie können in einem *Ihnen kritisch erscheinenden Fall* selbstverständlich die Frage auf dem Schema »Das rechte Maß« ⑩ wiederholen, indem Sie im Geist die beiden Seiten des jeweils abgefragten Stichworts der Tabellen ⑥⑥ bis ⑥⑧ auf die linke und rechte Seite bei »zuviel« und »zuwenig« plazieren: Jetzt können Sie eine Ihnen vorher unklar erschienene Angabe auf den beiden exakt ausgefüllten 100%-Skalen ganz sauber ablesen.
- *Beachten Sie bitte: Der Ausschlag des Pendels genau in die Mitte, also auf Null,* bedeutet immer das menschliche Durchschnittsmaß. Es ist das gleiche wie beim

Schema »Das rechte Maß« ⑩, das bei Null den richtigen Mittelwert, den Ausgleich zwischen den beiden Seiten, anzeigt (es ist hier also anders als beim AB-Schema ③, wo die auf der überwiegenden Seite – auf die der Pendel zeigt – verbleibende Differenz zu 100 % immer für die Gegenseite gilt). Hier bedeutet also z.B. bei »Lebenskraft« der Ausschlag des Pendels nach links auf 20 %, daß die Lebenskraft im vorliegenden Fall 20 % über dem Durchschnitt liegt.

- *Setzen Sie die Höhe der Prozentangabe des Pendels sinngemäß* in den Bedeutungsgehalt der angegebenen Stichworte um, um Übertreibungen ebenso zu vermeiden wie Mindergewichtungen. Zum Beispiel kann bei »Selbstgefühl« 15 % Ausschlag nach rechts nicht schon ausgeprägte »Lebensangst« bedeuten, da wären etwa schon 50–60 % oder noch mehr nötig, je nach Ausrichtung der Gesamtpersönlichkeit.

- *Zur Erinnerung: Seien Sie höchst kritisch beim Pendeln über sich selbst.* Da kann kaum jemand völlig vorurteilsfrei sein. Lassen Sie einen anderen, einen erfahrenen Pendler die Fragen über Ihre Person stellen. Das ist allemal sicherer. Kontrollieren Sie Ihr eigenes Ergebnis wenigstens auf diese Weise!

Lebensgrundlage ⑥⑥

Die Tafel Lebensgrundlage ⑥⑥ gibt den Überblick über die vier dafür wichtigsten Voraussetzungen: Lebenskraft, Gesundheit, Selbstgefühl und die innere Einstellung zur materiellen Lebensbasis. Die Stichworte zu beiden Seiten sprechen für sich. Sie bedürfen kaum einer besonderen Erläuterung, daher nur wenige Bemerkungen dazu.

Die Lebenskraft ist die in unserer Zeit am wenigsten verstandene Kraft. Ihre wahrhaft zentrale Bedeutung, die sich am Ende in allem und jedem kundtut, was einen Menschen ausmacht, wird großzügig übersehen. Oft wird sie der Sexualkraft gleichgesetzt, was nur eine und nicht die wichtigste ihrer Erscheinungsformen ist. Oft wird sie mit dem zweifelhaften Begriff des Willens verwechselt, was nur zu falschen Schlußfolgerungen führen kann[45]. Schon früher wies ich darauf hin, daß das Vorhandensein von Urenergie, der »vis vitalis«, heute nicht mehr bestritten werden kann. Der Anteil des einzelnen Lebewesens, auch des Menschen, an ihr ist seine individuelle Lebenskraft.

Mit der Erhaltung unserer Gesundheit und ihren Hintergründen haben wir uns im zweiten Teil dieses Buches gründlich befaßt. Dort ist auch oft von der Lebenskraft die Rede. Mit das Gefährlichste sind die unbewußten Energieblockierungen, worauf ich nur noch einmal hinweisen möchte.

Wir meinen immer, die Ernährung sei das wichtigste für die Erhaltung unserer Lebenskraft. Ungleich wichtiger ist die Luft, die wir unausgesetzt atmen und nur wenige Minuten entbehren können, und dann das Wasser, ohne das es kein Leben gibt, das wir nur wenige Tage entbehren können. Vor allem *der richtigen Atmung* wird bei weitem nicht die nötige Aufmerksamkeit geschenkt!

Zum Selbstgefühl: Seine für das Leben außerordentlich wichtigen Störungen mit ihrem psychologischen Hintergrund haben wir schon in einem eigenen Kapitel betrachtet anhand der Pendeltafeln ㊽ und ㊾. Darauf mache ich hier nochmals aufmerksam.

Die beiden Pole des Selbstgefühls schwingen beim innerlich gelösten Menschen (Schlagwort: »Der Träumer«) zwischen Stolz und Demut; bei dem, der überwiegend auf der Spannungsseite liegt (Schlagwort: »Der Täter«) zwischen Selbstvertrauen und Selbstzweifel. Sie können das gut bei Menschen beobachten, die sich im großen Durchschnitt in der Mitte zwischen Spannung und Lösung ihrer Lebenskraft befinden (Schema ⑩!), und die je nach den Forderungen der Umwelt das eine Mal ihre Kräfte bewußt zusammenfassen müssen (Spannung, Yang) und sich dann wieder ganz entspannt der Muße zuwenden können (Lösung, Yin).

Angst und ihre Überwindung: Ein gewisses Maß an Angst ist ganz normal und läßt sich in allen Altersstufen und gewissen Situationen nicht vermeiden. Helfen kann nur Ehrlichkeit sich selbst gegenüber und der Mut, Schritt für Schritt die Angst wegzuarbeiten. Das kann und muß geübt werden. Es baut neues Selbstvertrauen auf[46]. Ein seelisches Gesetz: Angst und Furcht ziehen das Gefürchtete wie ein Magnet an. Die wenigsten körperlichen ebenso wie seelischen Krankheiten sind schicksalsgegeben. Wir müssen sie nicht passiv hinnehmen. Auch wenn der Anlaß von außen kommt: Angst, Hemmungen, Ärger liegen *in uns.* Sich über sie zu stellen, das ist eine Sache der Einstellung. – Die Eutonie als die Technik der Wiedergewinnung des ganz unverklemmten Körpergefühls hat über die tiefgreifende Auswirkung auf Seele-Geist schon viele Menschen von ihren Ängsten befreit[47]. Sie kann ein neues Selbstgefühl von seinem Fundament her aufbauen.

Lebensbewältigung 67

Die Tafel Lebensbewältigung 67 zeigt die vier Momente auf, die gerade für diese lange Phase unseres Lebens besondere Bedeutung haben: unser Sozialverhalten, die Produktivität, unsere Bewährung und Erfüllung im Beruf und in der Lebenspartnerschaft. Auch hier bedarf es nicht vieler Anmerkungen.

Zum Sozialverhalten: In unserem Leben haben wir es immer wieder einmal mit bestimmten Menschengruppen und Gruppierungen zu tun, ob es uns gefällt oder nicht. Da kann uns der Pendel helfen festzustellen, ob wir zu unserem Besten den Kontakt mit ihnen auf das nötige Minimum beschränken oder ob wir ihn noch ausbauen sollen; zu welchen besonderen Gliedern dieser Gruppen und dergleichen. Bei anderen Gruppen (Vereine, Hobbyzusammenschlüsse, Musik-, esoterische Gruppen, private Arbeits-, Weiterbildungsgruppen verschiedenster Art) wissen wir nicht so recht, sollen wir uns anschließen oder nicht. Dann die Pendelfrage auf der 100%-Skala 2:

- »Wie ratsam für meine Gesamtentwicklung (im geistigen Sinn) ist es in Anbetracht aller Umstände für mich, mit dieser Gruppe ... in Verbindung zu treten?«
- Ähnliches gilt natürlich auch für engere Beziehungen zu guten Bekannten oder sogenannten Freunden. Dann vergesse man nicht, von Zeit zu Zeit der Sache erneut nachzupendeln. Denn das Leben steht niemals still, und die Dinge können sich rasch wandeln.

Gerade auf dem Gebiet der menschlichen Beziehungen zu

159

wem auch immer kann der Pendel eine durch nichts zu ersetzende Lebenshilfe sein. Achten Sie immer auf eine saubere Motivation, frei von negativer Eigensucht! Diese ist offensichtlich von so niedrigen Schwingungen getragen, daß die höher angesiedelten Kräfte erst gar nicht angesprochen werden. Dann kommen seltsame oder systematisch falsche Antworten zustande. – Oft ist es übrigens klug, seine Fragen zunächst nur im Hinblick auf erste Maßnahmen oder Teilschritte auf einem zur Debatte stehenden Weg zu stellen. Dann zeigt es sich in der Realität der Welt bald, ob es der richtige ist.

Beachten Sie in diesem Zusammenhang die Veränderungen, die jeder Mensch im Fortgang der Zeit erlebt. *Mit dem Alter wachsen:*
- neben der Arbeits- und Berufserfahrung im allgemeinen die positive Einstellung dazu,
- Routine in allen Fertigkeiten,
- Auffassungsvermögen und geistige Kombinationsgewandtheit,
- Selbständigkeit und Dispositionsgabe,
- Gewandtheit des Sprechens und des menschlichen Umgangs,
- menschliche Reife und Urteilsfähigkeit,
- Verantwortungsbewußtsein und Zuverlässigkeit,
- Beständigkeit und innere Ausgeglichenheit.

Wie sich diese und andere Eigenschaften an sich selbst oder bei anderen Personen entwickeln (oder auch nicht), können Sie auf der 100%-Skala ② sehr schön über die Zeit hinweg beobachten. Sie können es auch im Rückblick auf die vergangene Zeit tun und sich so einen oft sehr hilfreichen Überblick verschaffen. Zum Beispiel: »Als wir vor vier Jahren in diese Stadt zogen und ich mit meiner Arbeit bei der Firma begonnen habe, wie hoch war damals meine Arbeits- und Berufserfahrung?« (Wie immer bei solchen Fragen stillschweigend bezogen auf die 100 % des zumeist nur theoretisch absoluten Maximums.) So können Sie sich alle Entwicklungen, Fortschritte, Rückschritte usw. ganz klar machen, um daraus neue Erkenntnis zu gewinnen. Sie erinnern sich an die Stichworte Akasha-Chronik, Buch des Lebens! Diese allerfeinsten Schwingungen aus jenen Tagen schwingen auch heute noch im Äther. Sie brauchen Sie nur abzurufen.

Der Begriff der Produktivität meint eigentlich die eigenpersönliche schöpferische Gestaltungskraft. Im allgemeinen Sprachgebrauch wird er jedoch in hohem Maß mit der Leistungsfähigkeit schlechthin gleichgesetzt.

Als Hilfe für das Berufsleben kann der Pendel große Bedeutung bekommen. Ist die Wahl oder der Wechsel eines Berufes problematisch, verfasse man eine möglichst umfangreiche Liste aller Möglichkeiten, die sich irgendwie aufzutun scheinen, auch der zunächst durchaus abwegig beurteilten. Dann pendle man auf dieser Übersicht in einer stillen Stunde bei totaler Sammlung:

- Welche der hier aufgeführten Möglichkeiten kommt für mich, für X, in Anbetracht aller dafür wichtigen Umstände auf lange Sicht gesehen als Beruf ernsthaft in Betracht?
- Ermitteln Sie drei bis fünf der vom Pendel angegebenen und fragen Sie auf der 100%-Skala ② jeweils nach dem Prozentsatz, der für jede dieser Möglichkeiten auf der Basis der persönlichen Eignung, der

sachlichen Berufssituation und der realistischen Verwirklichungschance gegeben ist.

- Wie auch sonst bei solchen lebenswichtigen Fragen empfiehlt es sich, das Ganze nach gehörigem inneren Abstand einige Tage später nochmals zu wiederholen.

Ich kenne Fälle, wo sich eine zunächst ganz unerwartete Berufstätigkeit herausstellte, die sich dann später hervorragend bestätigte.

Für nebenberufliche Tätigkeiten, Hobbies mit oder ohne Aussicht auf späteren Zusatzverdienst und dergleichen, die einem tiefinnere Befriedigung geben können (Erweiterung des Horizonts, Hilfe für Hilfsbedürftige usw.) gilt im Prinzip das gleiche. – In so vielen Menschen stecken so viele Möglichkeiten, von denen sie selbst nur noch nichts wissen, weil das Leben sie diesbezüglich bisher noch nicht gefordert hat! Ein Geheimnis der Motivation in der Menschenführung: Menschen fordern, ihr Selbstverwirklichungsstreben, ihren Selbstbestätigungsdrang und ihr Selbstvertrauen sich zum Bundesgenossen machen, indem man deutlich Vertrauen zeigt, sie seien der Aufforderung gewachsen: Das weckt verborgene Kräfte und Fähigkeiten! Und sich selbst in dieser Weise fordern bewirkt das gleiche!

Zum Problem der Partnerschaft: Die Leser meines ersten Buches kennen aus seinem Text meine diesbezüglichen Ausführungen zu diesem Thema der ehelichen oder beruflichen Partnerschaft. Inzwischen bin ich öfters gebeten worden, sie zur leichteren Handhabung in der Pendelpraxis in die Form einer übersichtlichen Tabelle zu bringen. Weil ich jedoch die Abfolge der Pendeltafeln zum jetzt vorliegenden Thema Lebenserfüllung nicht durchbrechen möchte, werde ich sie danach anschließend sozusagen als Nachtrag unter der Tafelnummer ⑥⑨ anfügen.

Lebenssinn ⑥⑧

»Zu manchen Zeiten, an manchen Orten glaubst du, etwas sei wahr. Wenn du zu sehr daran festhältst, wirst du, wenn die wirkliche Wahrheit an deine Tür klopft, nicht öffnen.«

Buddha

Dieses Wort Buddhas möchte ich diesem vielleicht wichtigsten Kapitel des ganzen Buches voranstellen. *Die Tafel Lebenssinn ⑥⑧ führt uns ausgesprochen in den seelisch-geistigen Bereich, in die tieferen Schichten unseres Lebens und Seins ein.* Es geht hier um den schillernden Begriff der »Bildung«, um die Antriebskräfte des menschlichen Tuns und Lassens, die wir vorzugsweise als Interessen bezeichnen, um die heute so viel besprochene Selbstverwirklichung und schließlich um die weltanschaulich-religiöse Einstellung des Menschen. Ich bin mir bewußt, daß hier in der Tat eine wiederum sehr komplexe, vielschichtige und für unsere Existenz grundlegende Problematik angesprochen wird. Es liegt auf der Hand, daß uns hier eine Reihe von schon früher dargelegten Gedanken wieder begegnet.

Wir Menschen, die wir mit einem abstrahierenden, begrifflich denkenden Verstand ausgestattet sind, *können zu uns selbst auf geistigen Abstand gehen.* Die anderen Lebewesen können das nicht. Wir können uns gleichsam aus dem Spiegel heraus betrachten, kritisch betrachten. Das legt uns eines Tages unweigerlich die Frage nahe, warum wir wohl gerade da sind, wo wir sind, und warum wir überhaupt da sind. Schon sind wir bei der

Frage nach dem Lebenssinn. Ich sagte schon bei früheren Gelegenheiten, daß wir zu der Erkenntnis neigen, daß unser Leben in einen größeren Zusammenhang eingebettet ist und daß unsere Erlebnisse und Erfahrungen einen erkennbaren Sinn haben mögen im Rahmen dieses größeren Zusammenhangs. Wir können ihn nicht genau erkennen, aber wir spüren, daß wir ihm irgendwie ausgeliefert sind.

So fragen wir, warum sind wir überhaupt auf dieser Welt? Diese Frage kann sich uns nur stellen, weil wir mit dem begrifflichen Denken, diesem Werkzeug des Geistes, begabt sind. Es ist der Vorrang des Geistes, der in uns lebt. Nicht umsonst betonen die Weisheitslehrer aller Völker und Zeiten, daß das Geistige, das Spirituelle, das Primäre ist und nicht die Materie:

- *Für den Schamanen* ist der eigentliche Sinn des Daseins, seine »Seele« zu finden, d.h. den Weg zu seiner geistigen Heimat wiederzufinden.
- *Die Indianer* sprechen vom Großen Geist, der in allem lebt und wirkt, dem alles Existierende untergeordnet ist, den es zu verehren gilt.
- *Buddha* lehrt die Befreiung aus dem fortlaufend sich drehenden Rad der Begierde, der Aggression und des Nicht-Wissens um die wahren Zusammenhänge unseres Lebens, damit wir die volle geistige Kraft erlangen, damit wir selbst Buddha, ein Erleuchteter werden.
- *Jesus* sagt, eher ginge ein Kamel durch ein Nadelöhr als ein Reicher, das heißt einer, der sich nur vom Reichwerden und Reichsein leiten läßt, in das Himmelreich, d.h. in den inneren Frieden, in die »Erlösung«, in die geistige Welt.
- *Auch der abendländische Humanismus* weist – wie ich

schon einmal erwähnte – nicht anders als die alten Heilslehren auf die tragende Kraft des Maßhaltens hin, also auf die große Bedeutung und den großen Wert, seine Ich-Ansprüche zu bescheiden und sich der geistigen Kraft zu öffnen.

Wir sind also auf dieser Erde, um zu erkennen, was wir und wer wir in Wahrheit sind: geistige Wesen. Weil wir uns dessen nicht mehr bewußt sind, liegt es an uns, diese Erkenntnis neu zu gewinnen, um sie dann im Geist und in der Tat »zu besitzen«, sie zu leben. Unser Dasein hier ist die Schule, in der wir zur Erkenntnis aufgeweckt werden sollen, was der Sinn unseres Lebens sei: Wozu bin ich hier, was ist meine Aufgabe? Sich neu zu besinnen auf diese zentrale Frage, kann ungeahnte Kräfte in uns wecken und uns zu neuen Menschen machen.

Jenseits aller Dinge dieser Welt, die wir jemals lernten oder noch lernen, *jenseits allen unseren Wissens vibrieren die geistigen, die geistig-spirituellen Schwingungen unaufhörlich im Raum.* Wer hinreichend an seiner Persönlichkeit arbeitet und sich auf dem geistigen WEG befindet, der kann sich ganz auf sie einstimmen. Dem eröffnen sich diese Schwingungen. Er kann sie mit der Hilfe dieses großartigen Werkzeugs, seines Pendels, erkennen und erfahren. In meinem ersten Pendelbuch habe ich in den Pendeltafeln ④ und ⑤ eine umfassende und eine detaillierte Aufgliederung des WEGES gebracht, auf dem wir uns alle befinden. Sie können uns einen intimen Einblick in die verschiedenen Abschnitte oder Wegstrecken, in die vielen Stufen geben, die wir auf dieser langen Wanderung durch die Zeiten hindurch zu passieren haben. Sie uns bewußt zu machen, sie in unserem tiefen Inneren für unser eigenes

Weiterkommen auszuwerten, um daran zu reifen und zu wachsen, kann uns mit Demut und Ehrfurcht diesem unendlichen Geist gegenüber erfüllen, der über allem steht, was da geschaffen ist.

Nun einige klärende Gedanken zu den vier Begriffen der Pendeltabelle ⑱*:*

Zur »Bildung«: Es gibt bald nicht mehr zu zählende Definitionen für diesen Begriff, der in seiner Substanz offensichtlich schwer zu fassen ist. Bildung im eigentlichen, tieferen Sinn ist gewiß nicht nur bloße Schul- oder Fachbildung. Denn sie verlangt durchaus eine persönlich-eigenständige Auseinandersetzung mit dem, was einem der äußere Bildungsgang vermittelt. Er muß sozusagen souverän verarbeitet werden. Am besten gefällt mir die Definition: »Bildung ist das, was übrig bleibt, wenn man das Gelernte vergessen hat.« So können Spötter zu Recht sagen, wir lebten heute in der Zeit der hochgebildeten Ungebildeten oder umgekehrt der ungebildeten Hochgebildeten. Denn die von den höheren Schulen bezogene Bildung im engeren Sinn bewirkt noch lange nicht diese wahre Bildung im tieferen Sinn. Umgekehrt zeigen manche Menschen mit nur einfachster Schulbildung einen hohen und höchsten Grad dieser echten Bildung. Nicht umsonst sagt der große Denker Ludwig Klages, die kostbarste – und leider nicht allzu häufig anzutreffende – Gabe des Menschen sei die Fähigkeit des selbständigen Denkens. Sie liegt der wahren Bildung immer zugrunde.

Demgemäß verwechseln viele einen hochentwickelten Verstand, eine brillante Intelligenz schon mit hoher Bildung. Der wertfreie Intellektualismus ist gewiß fern davon.

Ein Wort zu den Ideologen aller Richtungen: Sie haben sich mit einer ganz bestimmten Anschauung so identifiziert, daß sie darauf absolut fixiert sind und selbst ganz klar auf der Hand liegende, dagegensprechende Tatsachen und Argumente unter keinen Umständen gelten lassen. Wir finden diese Ideologen auf allen Gebieten. So auf nationalem (Nationalismus, Chauvinismus), religiösem (Unfehlbarkeitsanspruch, die christliche Inquisition mit ihren Scheiterhaufen, die jüdischen Orthodoxen, die islamischen Fundamentalisten), auf rassischem (etwa die Überlegenheitsfanatiker der »nordischen« oder der weißen Rasse), auf dem partei- oder gesellschaftspolitischen Gebiet (Einparteiensystem, Nationalsozialismus, Kommunismus, Marxismus, Sozialismus), ja auch auf wissenschaftlichem Gebiet: Was »wissenschaftlich« – bei aller Zweifelhaftigkeit dieses Begriffes – nicht »nachweisbar« ist, ist Unsinn und unabänderlich falsch. Ich zitiere nochmals Albert Einstein: »Wissenschaftliche Beweisbarkeit ist eine solch komplexe Frage, langweilen Sie mich nicht damit.« Alle diese Ideologen sind unbewußt blockiert. Sie sind gar nicht offen für Überlegungen anderer Art. Sie sind nicht einmal offen für die offen zutage liegende Realität. Wenn sie Macht in der Hand haben, vergewaltigen sie ebenso besessen wie konsequent das Leben und sind noch stolz darauf. Sie dünken sich ja die Vertreter der reinen Lehre und beziehen ihre zerstörerische Kraft aus der Illusion ihrer Unfehlbarkeit. Aber: Auf die Dauer ist das Leben immer stärker und geht daher mit fortschreitender Zeit stets über sie hinweg. – In etwas gemilderter Form sind sie für jeden psychologisch interessierten Menschen und Pendler eine Fundgrube von Erkenntnis über das oft so eigenartige Wesen Mensch!

Zu den »Antriebskräften«: Wir bezeichnen sie im Alltag, wie ich schon in der Einleitung zu diesem Kapitel sagte, zumindest als die Interessen eines Menschen. Wir können auch von den Motiven, den Triebfedern, dem Streben, den Neigungen sprechen. Es ist gewiß kein Zufall, daß unsere Sprache dafür so viele treffende Namen entwickelt hat. Ich fasse sie seit langem gern unter dem Wort Antriebskräfte zusammen. Das aus dem einfachen Grund, weil dieses Wort unmittelbar zum Ausdruck bringt, worum es geht: Sie treiben uns an. Besser gesagt: Wir werden von ihnen angetrieben. Wir sind ihnen preisgegeben. Wir sind nicht die aktiv Tuenden, nein, wir »werden getan«. Schon einige Male habe ich auf die ganz entscheidende Bedeutung dieser Antriebskräfte oder Interessen für jedes menschliche Tun und Lassen hingewiesen, so zum Beispiel bei Besprechung des Alterungsprozesses, der durch sie ganz wesentlich verlängert, manchmal möchte man den Eindruck haben, zeitweise fast aufgehoben wird. Dort gebrauchte ich auch das Schlagwort vom »Primat der Interessen«, das seine erstrangige Bedeutung so gut kennzeichnet. Wie ich in der Anmerkung 41 schon darauf hinwies, habe ich diesen für jegliche Erziehung wie für jegliche Menschenführung geradezu entscheidend wichtigen Zusammenhang in einem eigenen Buchkapitel praxisnah behandelt. Daher kann ich es hier trotz seiner Wichtigkeit dabei bewenden lassen.

Zu einer geistigen Antriebskraft von größter Bedeutung einige Worte: dem Gewissen. Vielen erscheint es heute fast so etwas wie ein altmodischer, antiquierter Begriff. Dabei ist es in jedem von uns. Es ist – wie der Philosoph sagt – a priori, d.h. von allem Anfang an in unser Wesen hineingelegt: die Idee des absolut Vollkommenen in Gestalt des Wahren, des Schönen und des sittlich Guten. Platon hat das in seiner Ideenlehre so treffend ausgeführt. So unvollkommen sie sich von uns unvollkommenen Menschen in dieser Welt verwirklichen läßt, so sehr ist sie doch in unserem Geist als ständig lebendige Richtschnur fundiert. Ihre Stimme meldet sich wieder und wieder. Wir können sie zeitweise zu ersticken versuchen, auf die Dauer gelingt es keinem. Diese Stimme des Gewissens ist jenseits des rationalen Denkens verankert. Wir sind ihr als einer im stillen wirksamen, aber auf die Dauer doch unüberhörbaren wahrhaften Antriebskraft geistiger Art ausgeliefert, wie ich etwas zugespitzt sagen kann.

Der sogenannte moderne Mensch von heute ist geprägt durch die vielgepriesene Freiheit des Individuums mit ihrer für frühere Begriffe weitgehenden Aufweichung fester sittlicher Grundsätze und Bindungen. Trotzdem ist diese geheime sittliche Steuerungskraft des Gewissens in ihm noch immer lebendig. Die Aufrechterhaltung tiefer menschlicher Bindungen allen Schwierigkeiten zum Trotz, auch ohne religiöse oder juristische Verankerung etwa in der formalen Ehe oder der lebenslangen Partnerschaft und dergleichen, zeigt es deutlich. Aus dem Unbewußten heraus regt sich nach wie vor immer wieder die Frage nach dem »Wozu«, nach dem Sinn des Ganzen, und diese geheime Zwiesprache mit der inneren Stimme gibt dem Leben Sinn und seinen Forderungen die nötige Kraft der Durchsetzung. Mögen oberflächliche Menschen sie überhören wollen, die tiefer fundierten haben an ihr noch immer ihren Halt. Und nach dem unerbittlichen Gesetz von der Wiederherstellung der gestörten Harmonie werden die ersteren darüber ihr Glück nicht finden und die zweiten reifen und wachsen an der Bewältigung ihrer Problematik.

Lernen Sie, auf Ihre innere Stimme zu horchen! Es wird Ihnen helfen, auf dem WEG weiterzukommen, und zwar ohne unnötige Umwege. *Ihr Pendel kann Ihnen entscheidende Hinweise geben.* Nur als Beispiele einige mögliche Fragestellungen dazu:

- Auf der 100%-Skala ②: »Wie weit habe ich in den letzten zwölf Monaten bei Entscheidungen von einiger Bedeutung für die Zukunft auf meine innere Stimme gehört?«
- Auf dem AB-Schema ③ in einem konkreten Fall: »Bin ich bei dieser Entscheidung geleitet gewesen von mehr idealistischen Gesichtspunkten = A oder von mehr egoistischen = B?«
- Auf einer Übersicht aller Möglichkeiten, auch der zunächst noch so unwahrscheinlich erscheinenden: »Welche der hier aufgeführten Möglichkeiten kann mir die beste Förderung für meine weitere innere Entwicklung geben?«
- Desgleichen: »In welchem Lebensbereich soll ich meine Kräfte und Fähigkeiten einsetzen, um anderen Menschen dadurch am besten, wie auch immer, zu helfen?«

Zur Selbstverwirklichung des heutigen Menschen: Sie ist das Ergebnis seines Freiwerdens von den früheren Bindungen: der Großfamilie, der Dorf- oder Wohnortgemeinschaft, dem Kaiser oder König oder herrschenden Fürsten, dem Vaterland, der Religion; warum nicht auch von den Mindestanforderungen des Gesetzes und des Anstands? Das ist die andere Seite der gepriesenen Freiheit: der Verlust an seelischer Bindung und damit an Geborgenheit in den bindenden Beziehungen zum Übergeordneten mit seinem schützenden Dach, das alle überspannt. Dieser Verlust macht innerlich leer, seelisch obdachlos und einsam. Die Einsamkeit drängt wieder nach der lebendigen Erfahrung der bergenden Gemeinschaft: Siehe den Zusammenhalt der von der »Gesellschaft« geächteten Gruppen sogenannter Radikaler oder Chaoten. Und in dieser Gruppe findet man dann die rundum versagte lebensnotwendige Anerkennung und Selbstbestätigung. Je radikaler, je zerstörerischer, je chaotischer man sich gebärdet, um so mehr. Das ist dann die extreme Selbstverwirklichung der negativen Art.

Das Wesentliche ist hier der Verlust an richtunggebenden Werten, die eine klare Lebensorientierung mit sich bringen. Was indessen immer bleibt, ist das ICH, das es schrankenlos zu verwirklichen gilt, koste es was es wolle. Selbstverständlich auch auf Kosten des Nächsten (»Was geht mich das an?«), wenn er einem in die Quere kommt.

Die menschlichen Antriebskräfte, also sämtliche Interessen und Motive, können wir in drei Gruppen zusammenfassen, was beim praktischen Arbeiten mit ihnen aus der verwirrenden Vielzahl von einzelnen Momenten heraushilft und klare Übersicht gibt. Wir können sie uns sozusagen in Gestalt von drei Pfeilern vorstellen, die zusammen obenauf die menschliche Persönlichkeit tragen:

- *den Selbsterhaltungstrieb* (Selbstbehauptungsdrang, Durchsetzungsverlangen),
- *das Selbstverwirklichungsstreben* (Selbstentfaltungsbedürfnis),
- *das Selbstbestätigungsverlangen* (Bedeutungsbedürfnis: Streben nach Bejahung und Anerkennung, Geltungsbedürfnis, Eitelkeit).

Sie sind natürlich stark miteinander verwoben und wechselseitig auch voneinander abhängig. Diese Betrachtung kann uns in der Praxis leichter den gesuchten Ansatzpunkt finden lassen bei der Frage: Was tun, wenn einer der drei Pfeiler geschwächt ist, die ganze Konstruktion und damit der obenauf sitzende Mensch in akute Gefahr gerät?

Fragen Sie den Pendel, welche dieser drei Gruppen unserer Antriebskräfte bei Ihnen, bei X, derzeit und/oder zu einem früheren wichtigen Zeitpunkt die am stärksten wirksame, welche die am wenigsten wirksame ist bzw. war. Das Ergebnis ist oft sehr bedeutsam und aufschlußreich.

Zur Weltanschauung: Zu Beginn dieses Kapitels haben wir uns unsere Gedanken gemacht über den Lebenssinn, und wir kamen zu dem Ergebnis, daß er sich vielfältig formulieren läßt. Indessen gilt es in jedem Fall, *unsere Aufgabe in diesem Leben zu erkennen,* und darüber hinaus, daß wir in Wahrheit geistige Wesen sind. Und wir stellten fest, daß jenseits unseres verstandesmäßigen Wissens die geistigen, die geistig-spirituellen Schwingungen überall im Raum vibrieren. Erinnern Sie sich bitte (oder lesen Sie es besser noch einmal nach), was ich gleich zu Beginn des ersten Teils dieses Buches im Zusammenhang mit der energetischen Grundlage von allem Existierenden über unsere »Seele«, unseren »Geist« ausgeführt habe. Für viele sind das reichlich verschwommene Begriffe. Dabei liegen sie doch, wenn wir sie nur vom richtigen Standpunkt der Schöpfung her betrachten, klar vor uns. Unsere Seele ist gleichsam nur eine Leihgabe, ist nur der Tropfen Wasser aus dem unendlichen Ozean des uns in seinen Dimensionen unfaßbar gewaltigen Geistes. Er lebt und wirkt als die uns unermeßliche, allgewaltige Schöpfungskraft des Kosmos: des Himmels und der Erde. Wir sahen, daß wir je nach unserem Blickpunkt sprechen können von der Urenergie, von Gott, vom Geist, vom höchsten Bewußtsein – es sind immer nur andere Namen für ein- und dieselbe alles schaffende und alles nach ihrer Gesetzlichkeit lenkende »große Kraft«.

Es sind die schöpferischen kosmischen Schwingungen, es ist der große Geist, die von den Religionen betonte Allgegenwart Gottes. Es ist die gleich der atomaren Kraft alles durchdringende und erfüllende »göttliche« Gegenwart, die uns wahrhaftig von allen Seiten einhüllt. So wie für Meister Eckehart und alle tief empfindenden Mystiker das Gebet das wortlose Einssein ist mit dem Göttlichen: In ihm sind Leben und Tod überwunden, sind beide doch gleichermaßen nichts anderes als göttliche Erscheinungsformen.

Es ist das Ideal des harmonischen Einsseins mit diesem »Göttlichen«: der Harmonie mit mir selbst, meiner Umwelt und der Erfüllung meiner Aufgabe. In dieser Harmonie mit mir selbst sind Körper, Seele, Geist im ausgewogenen Gleichgewicht der in sich geschlossenen Ganzheit. Da gibt es keine einseitige Hingabe der Seele

173

an den Körper und an die materiellen Lockungen der Welt. Und doch bleibt sie auf dem Boden der Realität: Sie kann nicht abschweben und sich verlieren in unechte Geistigkeit und illusionäre spirituelle Höhen. Da bleibt auch der mächtige Selbstverwirklichungsdrang bewahrt vor bloß egozentrischer Selbstbefreiung. Denn dieser ganzheitliche Mensch bleibt zu jeder Zeit getragen in seiner Einbindung an den kosmischen, den göttlichen, den geistigen Ursprung.

Deshalb klagt er auch »Gott« nicht an wegen des Schlechten und Bösen in dieser Welt, das genauso Teil ist der großen Ordnung und sicherlich nicht ohne Grund. Ich wiederhole: Die Tatsache vom Leiden (»dukkha«) ist in der Lehre Buddhas eine der von uns Menschen zu akzeptierenden Grundlagen unseres Seins. Im gleichen Sinn spricht die jüdisch-christliche Bibel von den Dornen und Disteln dieser Welt und vom Schweiße unseres Angesichts beim Essen unseres Brotes. Das ist uns nun einmal auferlegt. Das ist unser Schicksal. Wir können es ablehnen, weil es uns nicht gefällt: Hilft es uns? Wir können es nur annehmen als Teil der großen Ordnung, auch wenn wir kleinen Menschlein mit unserem bißchen Verstand es nicht begreifen. Und nur so können wir innerlich wachsen und reifen und uns um Vervollkommnung bemühen, bis wir wieder ganz vom großen Geist getragene Wesen sein dürfen. Bis wir wieder ganz in unsere »uralte Heimat« (wie der französische Denker Baudelaire so schön gesagt hat) zurückkehren dürfen, aus der wir auch hervorgegangen sind.

Jeder von uns muß seinen WEG gehen. Denn er ist für sich selbst nur ganz allein verantwortlich. Kein anderer als nur er selbst muß von sich aus den für ihn richtigen

WEG finden. So wie jeder nur seinen eigenen einmaligen Tod erleben kann, der immer verschieden ist von dem aller anderen, so ist der WEG eines jeden einmalig und immer verschieden von dem aller anderen Menschen. Auch nicht zwei Wege können sich ganz gleichen. Da braucht keiner einen Vermittler und keinen menschlichen »Stellvertreter« der so unermeßlich hoch über uns stehenden großen Kraft. Wo immer wir im Leben stehen, ob ganz unten oder ganz oben nach der Rangordnung dieser Welt – wir haben alle miteinander nur eines zu tun: in höchster Achtsamkeit unsere Aufgabe im Dienste unserer Mitmenschen, für die wir tätig sind, nach besten Kräften zu erfüllen. Unsere kleinlichen irdischen Rangunterschiede gelten gewiß nicht in der geistigen Welt. Da kann nur der innere Wert zählen.

Ein jeder von uns hat die Buddha-Natur, heißt es im Buddhismus. Ein jeder von uns hat den göttlichen Funken in sich, heißt es im Christentum. Buddha-Natur oder göttlicher Funke: Sie sind die Wegweiser, die die große Ordnung in unsere Seele gelegt hat. Buddha lehrt: »Was du denkst, das wirst du.« Und Augustinus sagt: »Was die Seele liebt, dem wird sie gleich.« So verlangt Buddha von seinen Schülern unmißverständlich: »Ihr sollt nicht den Buddha verehren, ihr sollt selbst zu einem Buddha werden.« Und ebenso unmißverständlich fordert Jesus seine Jünger auf, ihm nachzufolgen nach seinem Beispiel. Buddhaschaft oder Christusbewußtsein – gibt es einen besseren WEG zu einem wirklich erfüllten Leben?[48]

Pendelfragen auf diesem Gebiet sind immer höchst persönlich-intimer Art. Dazu brauche ich nach meinen früheren Hinweisen hier nichts mehr zu sagen. Die dafür in Frage kommenden Pendeltafeln kennen Sie mittlerweile.

Nachtrag: Eheliche und partnerschaftliche Übereinstimmung (EÜ/PÜ) ⑥⑨

Am Ende des vorletzten Kapitels über die Lebensbewältigung wies ich darauf hin, daß ich die an sich dorthin gehörende spezielle Pendeltabelle zur Übereinstimmung in Ehe und Partnerschaft erst nach den Betrachtungen zum Lebenssinn bringen möchte. Es ging mir darum, die drei Übersichts-Pendeltafeln zum Hauptthema der Lebenserfüllung nicht auseinanderzureißen. Jetzt ist nun der Ort für diese besondere Problematik.

In meinem ersten Pendelbuch kam ich im Rahmen des Kapitels über die Männlichkeit und Weiblichkeit schon auf die eheliche und partnerschaftliche Übereinstimmung (EÜ/PÜ) zu sprechen. Da brachte ich im laufenden Text die knappe Zusammenfassung der sieben Kriterien, nach denen ich seit nunmehr über 40 Jahren unzählige Partnerschaftsgespräche ehelicher oder berufsmäßiger Art geführt habe. Ich brauche sie hier nicht zu wiederholen. Inzwischen bin ich des öfteren darauf angesprochen worden, ich möchte sie doch in eine pendlerisch leichter verwertbare Form bringen. Deshalb nutze ich die Gelegenheit, sie in Gestalt einer regulären Pendeltabelle mit den nötigen Hinweisen in diesem Buch zu wiederholen.

Die eheliche bzw. partnerschaftliche Übereinstimmung ist durchaus nicht so sehr ein Geheimnis oder ein stets

vorhandenes Risiko, wie manche Menschen meinen.
Das gedeihliche Zusammenleben bzw. Zusammenarbeiten von zwei Menschen verlangt auf gewissen Gebieten ausreichende Gleichartigkeit und auf anderen
wechselseitige Ergänzung. Das gilt nicht nur für Mann
und Frau, sondern auch für Personen des gleichen Ge-
schlechts, die etwa beruflich oder geschäftlich oder auf
einem besonderen Hobbygebiet auf enge Zusammen-
arbeit angewiesen sind. Mir begegnete dieses Problem
in der Wirtschaft vor allem in vielen Büros und in
hohen Führungspositionen. Übrigens kann diese Betrachtung auch für das Lehrer-Schüler-Verhältnis, besonders (aber nicht nur) im Erwachsenenbereich, im
Hinblick auf den erstrebten Lernerfolg manchmal wertvolle Hinweise geben.

Die hierher gehörige Pendeltafel ⑥⑨ führt diese schon erwähnten sieben Beurteilungspunkte aus meinem ersten Pendelbuch übersichtlich auf. Ich habe bei jedem
Punkt der Klarheit halber gleich das nötige Stichwort
zur Kennzeichnung der wünschenswerten oder erforderlichen Gleichartigkeit bzw. Ergänzung angefügt. Insoweit brauche ich das nicht zu wiederholen. Ich
möchte hier nur einige ergänzende Hinweise geben,
die mir wichtig erscheinen. Einige habe ich schon im
ersten Buch gebracht. Ich möchte die Darstellung verständlicherweise hier aber nicht zerreißen.

1. *Das allgemeine Kultur- und Geistesniveau* soll so sein,
daß beide etwa »in den gleichen Welten leben«. Das
gilt besonders auch für die Ausbildung der charak-
terlichen Seite, d.h. wie weit die innere Ausrichtung
der beiden Menschen von den Werten geprägt ist,
die für sie bestimmend sind. Die erwähnten »gleichen Welten« hängen viel weniger von der genosse-

nen Schulbildung ab als von den brennenden Interessen, diese Welt in ihren vielen Aspekten sich geistig zu erobern. Schulmäßig zurückliegende Partner, besonders zusätzlich als Spätentwickler, können bei dieser Voraussetzung oft in erstaunlich kurzer Zeit einen hier vorausliegenden Partner ein- oder gar überholen. Bezüglich des Wertes der durchlaufenen Bildungsstätten verweise ich auf meine Darlegungen zur »Bildung« im letzten Kapitel.

2. *Intelligenz, als Verstand im engeren Sinn:* Das einigermaßen ausgeglichene Gesamtniveau schließt nicht aus, ja macht es wünschenswert, daß in der Intelligenz eine gewisse Ergänzung gegeben ist. Auch wenn extreme Gleichheitsfanatiker das nicht wahrhaben wollen: Das Denken der durchschnittlichen Frau ist eher konkret, am Denkgegenstand haftend, also mehr lebenspraktisch-realistisch, während das Denken des durchschnittlichen Mannes mehr abstrakt ist, also in seiner Gedankenfolge eher in die Ferne schweifend (und sich dort möglicherweise verlierend), folgerichtiger, prinzipieller. Die Frau denkt und handelt viel mehr aus ihrer stärkeren persönlichen Ausrichtung, der Mann mehr aus der sachgebundenen. Der Frau geht es mehr um das tatsächliche Leben, dem Mann mehr um das Prinzip als solches. Der Volksmund läßt den Mann oft zu einer Frau sagen: »Du mit Deinem kurzen Verstand!« und die Frau einem Mann gegenüber: »Du mit Deiner langen Leitung«. Dem liegt ein wahrer Kern zugrunde: Es ist die Minusseite der vorwiegend positiven Ausrichtung. Aber bitte: Nicht jeder Mann und jede Frau ist typisch, außerdem korrigiert die heute gleichwertige geistige Ausbildung der Frau dieses Bild zu einem Teil. Diese gewisse wechselseitige Ergänzung

ist in der Lebenspraxis oft ein wichtiges Korrektiv für beide Teile. Das ändert aber nichts daran, daß das Intelligenzniveau insgesamt einigermaßen ausgewogen sein sollte.

3. *Das Temperament* ist der Grad der inneren Erregbarkeit: Zwei Hitzköpfe müssen sich über Gebühr oft »in die Haare kriegen«, zwei ausgesprochen Ruhig-Bedächtige drohen in Langeweile zu ersticken. Das ist natürlich überformuliert. Das ausgesprochen lebhafte und das ruhige Temperament ergänzen sich auf die Dauer am besten.

4. *Bei der Willensartung* ist das ähnlich: Der mehr aktiv zupackende Wille verträgt sich auf die Dauer am besten mit einem mehr ruhig-geduldig-beständigen Willenseinsatz.

5. *Ein Mindestmaß an echter seelischer Hingabefähigkeit,* also in der vollen Öffnung dem anderen Teil gegenüber, ist unerläßlich. Der allzu sehr in der Behauptung seines ICH Befangene macht das Leben für den anderen Teil auf die Dauer unerträglich.

6. *Speziell im sexuell-intimen Bereich* sollten die Triebkräfte beider etwa ausgeglichen sein. Hier lauert immer die zusätzliche Gefahr, daß ausgeprägte Sexualkraft als Begleiterscheinung einer besonderen Vitalstärke in Konflikt kommt mit ausgeprägter Empfindsamkeit/Empfindlichkeit der anderen Seite.

7. *Die Liebe* ist unberechenbar: Ist sie relativ oberflächlich oder wirklich tief? Nur die wirklich tiefe Liebe mit viel Verständnis für den anderen (Ziffer 5!) kann starke Spannungen auf die Dauer verkraften und ausgleichen.

– Hier noch ein Wort zu *anfänglich starker Antipathie* zwischen zwei Menschen, weniger hinsichtlich ehelicher als der partnerschaftlichen Verbindung:

Ist sie allzu sehr wesensmäßig bedingt, wird sie sich kaum je überwinden lassen. Ist sie genau besehen mehr situationsbedingt, wie nicht selten im Berufs- oder Geschäftsleben, läßt sie sich bei hinreichender Gesinnungs- und Lebenskultur beider im Laufe der Zeit zuweilen total ausräumen. Dafür gibt es viele Beispiele.

Zum Pendeln: Auf der 100%-Skala ② stellen Sie am besten die Gesamtfrage: »Wie hoch ist die eheliche bzw. partnerschaftliche Übereinstimmung bei den beiden Partnern X und Y?« 100 % wäre das nur ganz selten zu erreichende Optimum. 50 % ist das absolute Minimum für eine gerade noch erträgliche Gemeinsamkeit. Unter 50 % kann von ihr insgesamt gesehen keine Rede mehr sein. Bei etwa 75 % können wir von einer durchschnittlich guten Ehe sprechen. Diese bewährten Richtwerte dürften hier völlig genügen. – Für die Kurzform von Notizen empfiehlt sich ganz einfach z.B.

EÜ 85 oder PÜ 55.

Diese Zahlen besagen also eine überdurchschnittlich gute Ehe bzw. ein gerade noch erträgliches Zusammenarbeiten, das immer wieder durch allerlei Spannungen beträchtlich getrübt wird.

Wie können Sie mit der Pendeltafel ⑥⑨ *arbeiten?* Zur Anregung einige Beispiele, auch für daraus folgende weitere Pendelfragen:

- »Bei welchem der hier aufgeführten sieben Kriterien herrscht in meiner Ehe, in der Partnerschaft von X und Y, die beste, die zweitbeste, die geringste, die zweitgeringste Übereinstimmung?«
- »Bei welchem besonderen Punkt soll ich, soll X in

der Partnerschaft mit Y, wegen akuter Gefährdung besonders aufpassen, besonders bedachtsam sein?«

- Dann und bei einem Schwachpunkt: »Sind die Differenzen so, daß sie noch eine realisierbare Möglichkeit der Überbrückung haben, ja oder nein?«

- Bei einer konkreten Störung: »In welchem Bereich der sieben aufgeführten Punkte liegt die Ursache dieser Störung unserer Übereinstimmung?«

- Auf dem AB-Schema ③: »Liegt die Ursache dieser Störung vorwiegend auf der männlichen Seite = A oder auf der weiblichen Seite = B oder außerhalb der beiden (z.B. Arbeitsplatz, weitere Familie, Freunde, Wohnort usw.) – dann bitte direkt auf mich zuschwingen –?« (Eine solche Dreierfrage ist auf diesem Schema immer möglich, solange nicht Zwischenwerte zwischen A und B gefragt werden.)

- Im Anschluß können Sie etwa den letztgenannten dritten Fall durch weitere Fragen vertiefen oder auch auf der 100%-Skala ② nach dem Prozentsatz der Ursachenbeteiligung fragen.

Der ganzheitliche Mensch: Das umfassende Persönlichkeitsbild

»Mens sana in corpore sano«
(Ein gesunder Geist in einem gesunden Körper)
Altrömische Sentenz

Als wir uns bisher mit den verschiedenen Voraussetzungen eines erfüllten Lebens auseinandersetzten, da stand vorwiegend das alltägliche praktische Leben in seinen verschiedenen Abläufen im Vordergrund. In diesem Kapitel geht es nun um einen anderen Aspekt der Lebenserfüllung: um das mehr grundsätzliche Persönlichkeitsbild des Menschen, d.h. des inneren Aufbaus seiner vielschichtigen Wesensart. Hier mehr Klarheit zu gewinnen, kann bei der täglichen Bemühung um ein sinnvolles Leben nur hilfreich sein.

Der Begriff des ganzheitlichen Menschen macht in den letzten Jahren immer mehr von sich reden. Auch in dieser Veröffentlichung habe ich ihn schon mehrfach gebraucht. Was ist der sogenannte ganzheitliche Mensch? Es ist der in sich geschlossene Mensch ohne nennenswerte innere Widersprüche, in dem alle seine Wesensschichten oder Seiten oder Teile in vorwiegend harmonischer Weise ineinander verwoben sind. Meist wird dabei nur an eine einzige gedacht. Ein Musterbeispiel ist die herkömmliche Medizin, oft abwertend »Schulmedizin« genannt, für die nur der Körper existiert. Im Gegensatz dazu steht die immer stärker werdende Richtung in der Medizin von heute und morgen, die sich bezeichnenderweise »Ganzheitsmedizin« nennt. Sie sieht den menschlichen Organismus immer als Ganzes, d.h. in der Einheit von Körper, Seele und Geist[49]. Sie hat eben erkannt, daß sich der Mensch nur als Ganzes wandeln kann, daß die körperliche Erkrankung in hohem Maß nur die Folge der vorausgegangenen seelischen »Erkrankung«, Kränkung ist und daß folglich nur deren Behebung auch die körperlichen Krankheitserscheinungen wieder beseitigen kann.

In der Tabelle ⑤ haben Sie die vier prinzipiellen Persönlichkeitsschichten des Menschen vor sich. Wenn Sie einen Blick hineinwerfen, können Sie sehen, daß *auch die Ganzheitsmediziner von heute oft* die sogenannte Ganzheit des Menschen nur im innigen Verwobensein von Körper und Seele-Geist sehen und dabei *das Geistig-Spirituelle außer acht lassen.* Es ist ja nicht so leicht, es zu »fassen«. Viele Menschen wollen heute aus der ihnen anerzogenen Überheblichkeit des bloßen Verstandes davon ja auch gar nichts wissen. Also läßt man es weg. Im Gegensatz dazu fühlt sich der geistig-spirituell entwickelte Mensch eingebettet in den großen Zusammenhang der Schöpfung und weiß sich von ihr getragen, was ihm auch immer im Leben an »Gutem« und »Schlechtem« begegnet: Er hat die größte Chance, körperlich überhaupt nicht ernsthaft zu erkranken. Er ist wahrhaft ganz in der Ganzheit, eins mit der Ganzheit der Schöpfungskräfte. Er weiß eben – wie die noch unverfälschten Indianer wußten und wissen –, daß »der Große Geist, der in allem lebt und wirkt«, auch in ihm selbst lebt und wirkt und ihn trägt. Dieser wahrhaft ganzheitliche Mensch ist im weiten, tiefgreifenden Sinn des Wortes wirklich gesund.

Das auch dann, wenn er ein Gesundheitsproblem hat, das ihn trifft. Er akzeptiert es, er nimmt es an. Er verbraucht seine Kräfte nicht im sinnlosen Kampf dagegen. Er macht es sich zu eigen als einen Teil seiner selbst, von dem er weiß, daß auch er seinen Sinn für ihn hat. So erhebt er sich über sein Leiden, er transzendiert es aus der körperlichen Ebene in die höhere Sphäre seiner Seele und seines Geistes: Auch jetzt ist er eins mit sich. Und: Seine Heilungschancen sind beträchtlich größer!

Betrachtung nach der Persönlichkeitsschichtung (Plk) ⑦⓪

Jetzt sind wir schon in einer ersten, im Prinzip sehr einfachen Betrachtung des Menschen in seiner Ganzheit. Wir brauchen diese soeben nochmals genannten vier grundsätzlichen Schichten oder Seiten des menschlichen Wesens nur in Beziehung zu bringen zum alltäglichen Leben. Dann ist unsere Betrachtung ein gutes Stück lebenskonkreter und damit für den praktischen Gebrauch um so hilfreicher und wertvoller. Die Voraussetzung dafür ist in jedem Fall, daß wir ein umfassendes Bild der menschlichen Gesamtpersönlichkeit gewinnen, an dem nichts fehlt, was wirklich wesentlich für sie ist.

Wenn es auch nur wenige Begriffe sind: Es müssen solche sein, *die unsere menschliche Wesensart in ihrer Wurzel umfassend kennzeichnen.* Von diesen das Grundsätzliche prägenden Wurzeln her können wir dann relativ leicht in die Einzelheiten hineinforschen, die aus ihnen herauswachsen. Streben wir aber nach noch so vielen, zumeist nur von außen her erkennbaren Einzelzügen eines Menschen, so mögen diese alle zunächst richtig sein. Aber notwendigerweise fehlt das tragende Gerüst, die Gesamtkomposition, es fehlt »das geistige Band«, wie Goethe so schön sagt. Dann haben wir doch eher nur ein derzeitiges Erscheinungsbild vor uns statt des stabilen, die Persönlichkeit in jeder Lebenslage tragenden Gerüsts, das, kaum veränderlich, immer dasselbe bleibt. Können wir uns dann auf ein derart gewonnenes Bild noch wirklich verlassen in einem Leben der unaufhörlichen Wandlungen? Die sich in unserer Zeit noch dazu so schnell vollziehen, daß uns der Überblick verloren zu gehen droht?

Betrachten Sie nun die Pendeltafel »Der ganzheitliche Mensch in seiner Persönlichkeitsschichtung« ⑦⓪*:* Sie verbindet die vier prinzipiellen Persönlichkeitsschichten, die Sie von der Tabelle ⑤① aus ihrer Beziehung zu Erkrankungen schon kennen, mit den drei Hauptgruppen der Voraussetzungen für die rechte Lebenserfüllung. Sie verbindet also in gewissem Sinn die vorwiegend im Inneren verborgene Persönlichkeitsstruktur mit ihren mehr nach außen hin die Lebensgestaltung mitprägenden Auswirkungen. Beachten Sie dabei:

- Zeigt bei Ihrer Frage der Pendel mehr in die untere Hälfte der Tabelle, so ist die betreffende Person wohl mehr durch ihre inneren Vorgänge und Prozesse gekennzeichnet; wenn mehr in die obere Hälfte, dann wirken die Impulse aus dem Inneren wohl mehr erkennbar nach außen hin.

- Wenn es für ein detaillierteres Ergebnis ratsam erscheint, dann pendeln Sie nach dem Hinweis auf eine der drei Hauptgruppen der Lebenserfüllung (obere Hälfte) auf der betroffenen Tabelle ⑥ bis ⑥⑧ nach den dort aufgeführten Einzelheiten.

- Beachten Sie ein Grundgesetz der Lebenskraft: Ihre Energien müssen sich ausleben können. Werden sie daran gehindert, führt das so gut wie immer zu verhängnisvoller Entwicklung; wenden sie sich nach innen, führt das zu den (uns mittlerweile in diesem Buch öfter begegneten) Blockaden, Stauungen im Energiefluß mit zumeist verhängnisvollen Auswirkungen. Wenden sich die gespannten/überspannten Kräfte zu sehr nach außen, dann schießen sie zumeist ins Negative, ins Zerstörerische.

- Und ein anderes Grundgesetz der Lebenskraft: das Gesetz von der begrenzten Energie. Wer zuviel seines Kraftpotentials nur in *einen* ganz bestimmten Lebensbereich einsetzt, vielleicht übermäßig einsetzt, läuft akute Gefahr, die anderen Bereiche verkümmern zu lassen. Hier steckt die Wurzel für eine weitreichende Problematik vieler Menschen.

- Die bereits besprochene Achtsamkeit ist der Schlüssel zur positiven Weiterentwicklung in allen Bereichen. Je bewußter man die eigenen Überlegungen, die eigenen Reaktionen auf äußere Einflüsse wachsam registriert, um so mehr schärft sich der Blick auch in der Beobachtung anderer Menschen. Und um so mehr hilft uns das in der Folge zu einer selbständigen und aktiven Lebensgestaltung. Denn die seelisch-geistigen Erkenntnisse helfen uns, unseren Weg richtig zu steuern.

- Nicht der Körper ist der Kern des Menschen, sondern seine Seele: ihre Gefühle, ihr Gefühlsreichtum. Beobachten Sie: Sie spüren in sich »Ich habe das Gefühl, ich sollte …, ich müßte …, ich könnte doch …«, und schon ist »es« in Ihnen lebendig geworden. »Es« treibt Sie dann – irgendein Interesse, eine Neigung, ein Pflichtgefühl. Nächster Schritt: Sie denken darüber nach. Nächster Schritt, der früher oder später kommt: Sie handeln entsprechend. Nicht umsonst ist die Herausstellung dieser Abfolge vom harmlos erscheinenden Gefühl bis hin zum Tun ein Kernstück der buddhistischen Lebensregel: Sei immer wachsam! (Achtsamkeit!)

Zur praktischen Pendelarbeit mit dieser inhaltsschweren Tabelle ⑳:
Frage: »Welcher der hier aufgeführten Punkte ist derjenige, der meine Persönlichkeit mehr prägt als jeder andere?« Antwort zum Beispiel: Lebenssinn. Jetzt 100%-Skala ②:
Erste Anschlußfrage: »Wie hoch ist die Intensität meiner Beschäftigung damit (hier: dem Lebenssinn), wenn das Höchstmaß einer ganz intensiven Auseinandersetzung damit 100 % ist?« Antwort: 85 %. – Sie

können eine erste kurze Notiz machen: Lebenssinn 85.

Zweite Anschlußfrage: »Welcher Prozentsatz meiner Gesamtpersönlichkeit wird speziell von diesem Punkt (hier: die Auseinandersetzung mit dem Lebenssinn) in Anspruch genommen und somit geprägt?« Antwort: 55 %. – Sie erweitern Ihre kurze Notiz: Lebenssinn 85/55.

Dritte Anschlußfrage: »Wie weit fließt die hier (in dieser Auseinandersetzung mit dem Lebenssinn) gebundene Energie konfliktfrei, harmonisch, ganz glatt ohne Hemmung?« Antwort: 95 %. – Sie erweitern Ihre Kurznotiz mit der dritten Zahl hinter dem zweiten Schrägstrich: Lebenssinn 85/55/95.

Bemerkung: Je größer bei dieser letzten Frage die Differenz zu 100 ist, um so mehr ist die innere Auseinandersetzung damit noch gestört. Es kann auch sein, daß sie von vorneherein nicht ganz echt, also nicht wirklich aus dem Inneren her motiviert ist, sondern ein Stück nur vom bewußten Denken her »aufgesetzt« wurde. Dieses Ergebnis

Lebenssinn 85/55/95

würde bedeuten, daß es sich um einen relativ weit gereiften Menschen handelt, wie jede dieser drei Zahlen übereinstimmend zum Ausdruck bringt. Aber: Wenn Sie das über sich selbst pendeln sollten, seien Sie kritisch, wie schon mehrfach betont!

- Ich habe jetzt die Form »mein« nur der einfacheren Formulierung wegen gewählt. Sie können natürlich mit dem nötigen inneren Abstand und nur, um selbst an Erkenntnis zu gewinnen, auch über andere Personen solche Fragen stellen.
- Selbstverständlich können Sie anschließend fragen, wenn das sinnvoll ist: Welcher Punkt ist der zweit-

wichtigste, welcher der am wenigsten, am zweitwenigsten bedeutsame bei mir, bei X oder Y?

- Sie können diese Fragen auch für einen früheren Zeitpunkt, der exakt zu benennen ist, stellen. Das ist oft sehr interessant und wertvoll, weil sich so ein Stück Entwicklung, ein Stück inneren Werdegangs zur Reifung hin oder natürlich auch in die Richtung nach rückwärts auftut. Die Lockung der äußeren materiellen Welt mit Geld und Besitz, Geltung und Macht ist ja allgegenwärtig.

Betrachtung nach den Kerneigenschaften (KE) ⑦

Diese zweite Betrachtung des ganzheitlichen Menschen baut auf seinen – wie ich sie nenne – Kerneigenschaften auf. Sie ist den Lesern des ersten Buches mit der Tabelle ⑦ und dem verhältnismäßig gründlichen, wenn auch noch immer knappen Text auf den Seiten 99–102 schon bekannt. Warum ich sie hier im Grunde wiederhole? Weil ich in den letzten Jahren feststellte, daß psychologisch nicht vorgebildete Leser einige Schwierigkeiten mit ihrer praktischen Pendelauswertung haben. Das liegt weniger am Pendeln als am Aufbau dieser Übersicht ⑦, die auf den ersten Blick verwirrend erscheint, obwohl sie es, in Ruhe betrachtet, gar nicht ist. So möchte ich jetzt eine sozusagen verbesserte, leichter zu lesende Übersicht dieser so außerordentlich wertvollen Betrachtungsweise bringen.

Ihr besonderer Wert liegt darin, daß sie für den praktischen Lebensalltag und für jegliche Menschenbetrachtung und Menschenbeurteilung alle Momente aufweist, *die erst in der Summe ein wirklich umfassendes Persönlichkeitsbild ausmachen.* Es fehlt nicht ein einziger Wesenszug, der wesentlich ist. So bleibt die Betrachtung nicht, wie so oft, nur Stückwerk. Man kann sich darauf verlassen, daß man so vor späteren Überraschungen bewahrt bleibt, natürlich sofern man korrekt mit dieser Übersicht arbeitet. Es ist ja hier die Schwierigkeit und die Gefahr – der viele zum Opfer fallen–, daß nur irgendwelche besonders auffallenden Teilaspekte einer Persönlichkeit erfaßt und ausgeleuchtet werden. Und das, ohne der Frage nachzugehen: Sind diese oberflächlicher oder wirklich tief begründeter Natur, und sind sie tatsächlich *wesentlich* für den Menschen, um den es geht? Damit sind wir bei dem Problem: *Was sind eigentlich die wesentlichen Grundzüge eines Menschen,* so daß auch nicht einer fehlt? Denn darin liegt die Wurzel für oft bittere und teuer bezahlte spätere Enttäuschungen.

Damit habe ich *das Problem der meisten Typologien* angesprochen, von denen es eine beachtliche Menge gibt. Im vorliegenden Zusammenhang scheint mir der Klarheit wegen ein Wort dazu ratsam. Sie gehen nicht wirklich in die Tiefe der Persönlichkeit. Sie verallgemeinern einen besonders hervorstechenden Zug und konstruieren dann den mit Nummern gezeichneten »Typ«: »Das ist der Typ 1«, und dem wird alles untergeordnet. Den einfachen Grund habe ich eben schon angesprochen: Oberflächliche Schichtungen werden überschätzt, und die tiefen Quellen, aus denen heraus die Persönlichkeit genährt wird, werden nicht oder kaum bedacht. Um es so auszudrücken: Eine Folgeeigenschaft wird als eine Kerneigenschaft betrachtet, obwohl sie ja nur die Folge von einer oder mehreren Kerneigenschaften ist. Und diese existieren für diese Typologien gar nicht! Folge: Wenn der betroffene »Typ 1« nun in andere Lebensumstände kommt, dann verliert er rätselhafterweise seine alte und entwickelt eine »neue Wesensart« und wandelt sich eben zum »Typ 4«. So einfach ist das! Als ob ein Mensch seine *wahre* Wesensart verändern und noch dazu so rasch verändern könnte! Der in seinem Wesen zum Beispiel wirklich charakterstarke oder vorausschauende Mensch ist in allen Lebenslagen, den angenehmsten und den schlimmsten, immer charakterstark oder vorausschauend. Das kann er gar nicht ändern oder er wäre es von vorneherein nicht. Und schließlich noch das Problem der Typologien: Als ob man etwa die unendliche Vielfalt des Menschen in z.B. neun Typenmuster hineinzwingen könnte! Wo bleibt bei dieser noch so interessant erscheinenden Gedankenspielerei das wirklich umfassende Persönlichkeitsbild? Wo wirklich nichts *Wesentliches* fehlt, ob es zum jetzigen Zeitpunkt gerade aufscheint oder auch nicht?[50]

Bei einer Betrachtung, die von den Kerneigenschaften des Menschen ausgeht, kann es keine rätselhaften »Charakteränderungen« geben. Hier gibt es nur die Reaktionen der im Kern immer gleichen Wesensart auf die geänderten Umweltanforderungen. Das Problem ist nur: Was sind denn solche Kerneigenschaften? Wie ich schon in meinem ersten Pendelbuch schrieb, kenne ich dafür keinen besseren Ausgangspunkt als die sechs »Stammbegriffe« der menschlichen Persönlichkeit von Ludwig Klages. Die Betrachtung geht von der »Grundkonstruktion« ausnahmslos eines jeden Menschen aus: Zum ersten sind wir ein die Welt mehr passiv aufnehmendes »sensorisches« oder »rezeptorisches« und zugleich ein die Welt aktiv gestaltendes »motorisches« Wesen. Und zum anderen leben wir in den drei Ebenen Leib, Seele

und Geist. In jeder dieser Ebenen müssen sich die erstgenannten Seiten des Aufnehmens und des Gestaltens
kundtun. In diesen sechs Stammbegriffen ist der ganze
Mensch in seiner Grundnatur enthalten.

*Betrachten Sie nun die Pendeltafel »Der ganzheitliche
Mensch in seinen Kerneigenschaften«* ⑦. Dann finden Sie
im unteren Bereich eben diese sechs Stammbegriffe zusammen mit einigen klärenden Bezeichnungen aufgeführt. Und die darüber stehenden fünf weiteren Begriffe? Es sind dieselben wie die in der alten Tabelle ⑦,
aber jetzt in der pendelmäßig vereinfachten Form: Wie
in sämtlichen anderen Pendeltafeln vergleichbaren
Aufbaus können Sie jetzt alle sechs plus fünf = elf
Punkte auf ihr Vorhandensein und ihre Gewichtung
hin auspendeln. Die Zweiteilung der Tabelle ⑦ ist ver-
schwunden und damit die gewisse anfängliche Unü-
bersichtlichkeit und die doppelte Art des Abfragens.
Dazu noch einige Bemerkungen:

• Die zusätzlichen fünf Begriffe *im oberen Teil* haben
   sich mir in den Jahrzehnten meiner Ausbildungs-
   tätigkeit in Unternehmen sozusagen aufgedrängt.
   Wohl sind sie in den sechs Stammbegriffen versteckt
   enthalten, aber eben nur versteckt. Weil sie jedoch
   für die Erfassung der Wesenszüge eines Menschen
   von entscheidender Bedeutung sind, habe ich sie diesen sechs noch hinzugefügt und kam so auf die Ge-
   samtzahl elf der Kerneigenschaften. Sie beinhalten
   ganz lebenspraktisch gesehen in der Tat den ganzen
   Menschen. Vor Jahren habe ich sie in meinem Buch
   »Die Sprache des Körpers – Menschenkenntnis für
   Alltag und Beruf« aufgeführt und, wo nötig, noch
   etwas mehr aufgegliedert[51]. Ich darf getrost anfügen,
   daß sich diese Betrachtung seit langem in der Praxis

hervorragend bewährt, und das in der Hand vieler verantwortungsbewußter Menschen.

- Es kann hier nicht der Ort sein, das alles zu wiederholen, was ich an der bereits erwähnten Stelle *im ersten Pendelbuch* zu dieser Problematik schon ausgeführt habe. Der Interessierte kann es dort nachlesen.

- Den Lesern, die schon mit dem ersten Pendelbuch arbeiten, hier nur die kurze Erklärung für *die vermeintlichen Verschiedenheiten* zwischen ⑦ und ㉗: Die Stichworte Charakter, Selbstgefühl und Stabilität waren dort in der starken und der schwachen Ausprägung gesondert aufgeführt. Wie schon gesagt, muß die Minusseite genausowenig wie bei den unten aufgeführten Begriffen und in allen vergleichbaren Tabellen extra dastehen. Als selbstverständliches Gegenstück zur Stabilität entfällt die Labilität natürlich ebenfalls. Ebenso können auch die Stichworte Verstandesbestimmtheit und Gefühlsbestimmtheit weggelassen werden: Sie sind ja im unteren Tafelbereich durch die gleichen Begriffe Verstand und Gefühl schon vertreten. Diese im Leben häufige Gegensätzlichkeit ergibt sich beim Abfragen mit dem Pendel, also auch ohne die Wiederholung im oberen Teil.

Zum *Selbstgefühl:* Ich erinnere an die besonderen Ausführungen zu diesem schillernden, anfänglich schwer durchschaubaren Begriff im Kapitel Lebenserfüllung/ Lebensgrundlage.

- Beachten Sie bitte bei den Begriffen *Antrieb* und *Ausdruck* den klaren Unterschied: Beim starken Antrieb mit seinem Aktivitäts- und Tatendrang geht es um die Befriedigung dieser fundamentalen Antriebskraft um ihrer selbst willen. Das ist die Antriebskraft an sich. Da gibt es kein besonderes Ziel, auf das sie sich etwa richten würde. Und eben das, aus der seelischen Wurzel kommend, kennzeichnet den Schaffensdrang, das Gestaltungsbedürfnis des »Ausdrucks«.

Pendelhinweise besonderer Art brauche ich hier wohl nicht zu geben. Das Vorgehen ist hier nicht anders als bei allen anderen ähnlich aufgebauten Pendeltafeln. Nur einige Bemerkungen dazu:

- Im Vordergrund steht immer die Frage: Welcher der aufgeführten Gesichtspunkte bestimmt das Wesen dieses Menschen X am stärksten, welcher am zweit- (oder dritt-)stärksten, welcher am wenigsten, am zweitwenigsten?
- Dann ist die Frage auf der 100%-Skala ② oft sehr ergiebig: Wieviel Prozent der Gesamtpersönlichkeit wird durch diesen Punkt geprägt? Das ist bitte kein bloß quantitatives Zahlenspiel: Der einfühlsame Betrachter kann es leicht und treffend sozusagen auf die qualitative Seite des Wesens übertragen.
- Das Schema »Das rechte Maß« ⑩ gibt, wenn Sie seine Benützung für ratsam halten, für jeden befragten Punkt das genaue Maß von viel oder zuviel, von wenig oder zuwenig genauso wie das richtige Mittel- oder Durchschnittsmaß an.
- Für die Aufzeichnungen über das Pendelergebnis halte ich hier besondere Abkürzungen nicht für zweckmäßig; es sind zu viele Gesichtspunkte. Deshalb sind knappe Notizen nach dem persönlichen Geschmack immer noch das Beste.

Die Chakren als Zentren der Lebenskraft

»Die Dinge des Lebens können nicht auf den Seziertisch unseres beschränkten Verstandes gelegt werden.«

Daisetz T. Suzuki

Ebenso wie bei dem soeben abgeschlossenen Kapitel über den ganzheitlichen Menschen, betrachtet nach seinen Kerneigenschaften, habe ich in meinem ersten Pendelbuch auch schon die Chakren oder Energiezentren behandelt. Die Tabelle ⑥ bringt ihre Übersicht und der laufende Text auf den Seiten 97–99 die notwendigsten Erklärungen für ihre Verwertung beim Pendeln. Auch hier mußte ich in den letzten Jahren feststellen, daß zahlreiche nicht hinreichend sachkundige Pendler diese so wertvolle Hilfe für die Persönlichkeitserfassung nicht richtig auszuwerten wissen. Daher möchte ich diese Tabelle ⑥ durch eine beträchtlich erweiterte Übersicht ㉒ für die praktische Pendelarbeit noch wertvoller machen. Sie bringt nun mehr Einzelheiten und auch ganz praxisnahe Stichworte.

Unser dynamischer Energieleib

Allerdings kann sie auch jetzt dem ernsthaft Interessierten nicht *die gründliche Beschäftigung mit dieser Jahrtausendealten Lehre* ersparen, die seit Jahren bezeichnenderweise auch in der westlichen Welt und auch bei ernsthaften Medizinern mehr und mehr Beachtung findet. In dem einleitenden Teil des Buches meiner Frau, »Die Welt der Chakren – Praktische Übungen zur Seinserfahrung«, finden Sie knapp und übersichtlich alles Wesentliche darüber.[52]

Wer sich diese so bedeutungsvolle Lehre einmal erarbeitet hat, dem öffnen sich *vielfache Einsichten über die unserem Bewußtsein normalerweise verborgenen Zusammenhänge* in der Ganzheit unseres Organismus. Denn die Ganzheit von Körper und Seele-Geist begegnet uns bei der Betrachtung der Chakren auf Schritt und Tritt. Bestimmen die Funktionen dieser sieben Energiezentren doch in großem Umfang mit ihren körperlichen Auswirkungen auch unsere geistig-spirituelle Einstellung und damit unser ethisch-moralisches Verhalten. Ich kann ihre Gesamtheit getrost als unseren dynamischen Energieleib bezeichnen.

Was sind die Chakren? Sie sind die Aufnahmeorgane für die kosmische (oder göttliche oder geistig-spirituelle) Energie in unserem materiellen Leib, also für unsere individuelle Lebenskraft (oder »Seele«). Sie steuern den Energiefluß in allen Teilen und Organen unseres Organismus und strahlen beim geistig hochentwickelten Menschen diese Energie auf die umgebende Welt aus. Sie sind gekennzeichnet durch ständige Bewegung, durch das ständige Fließen und Schwingen dieser Energie. Beim erwachten Menschen strahlen sie unaufhörlich hellstrahlendes Licht und das in lebendiger Farbenpracht aus. Beim geistig noch nicht Erwachten erscheinen sie gleichsam dumpf und ohne besonderes Leben.

So können wir die Chakren als Energiezentren bezeichnen, die sich relativ dicht entlang dem zentralen Organ der Wirbelsäule (Rückenmark!) befinden, also in dem noch sozusagen materiell ausgerichteten Teil unseres feinstofflichen Energiekörpers, zumeist Aura genannt. Sie sind, wie gesagt, gewissermaßen die Träger unserer individuellen Lebensenergie. Nur wenn sie frei durchgängig sind, kann diese frei und ungehindert in ihnen fließen und von daher unseren ganzen Körper durchfluten und sozusagen in Schwung halten. Die Chakren binden unseren materiellen Körper ein in die gewaltigen Energieschwingungen von Erde und Kosmos: Hier ist die wesensmäßige Einheit allen Lebens und allen Seins mitbegründet.

Von alters her werden sieben dieser Energiezentren unterschieden, die bezeichnenderweise jeweils den körperlichen Steuerorganen, *den endokrinen Drüsen,* zugeordnet sind. Das betrifft ihren lokalen Sitz ebenso wie ihre Funktion für ganz bestimmte körperliche Organe. Das ist es, was die Chakren auch für den Mediziner so interessant macht. Nun hat jedes Chakra im Rahmen des Gesamtchakrenverbandes seinen eigenen Schwingungsbereich. Bei gestörtem, behindertem, blockiertem Energiefluß ist die Tätigkeit der betreffenden Drüse gestört: körperliche oder seelische Krankheit ist die Folge. Die Energie fließt jetzt nicht mehr harmonisch-gleichmäßig in diesem unserem Chakren-Energieleib, und so fällt der ganze Mensch aus seinem Gleichgewicht.

Was das in der Praxis bedeutet, läßt sich heute oft an der einseitigen Chakrenentwicklung beobachten: Beim *Sexbesessenen* ist das unterste Chakra als das Zentrum für die Sexualkraft vergleichsweise überentwickelt auf Kosten der oberen. Oder es führt umgekehrt das zu frühe einseitige Arbeiten mit den obersten, den geistigen Chakren, zum *Abheben von der Realität dieser Welt,* wie wir das bei manchen falsch gepolten und damit überspannten »Esoterikern« unserer Zeit sehen können. Da fehlt die Harmonie in der Entwicklung aller Energiezentren. Da fehlt der Unterbau der Persönlichkeit. Viele seelische Störungen haben hier ihre Ursache. Zuerst müssen nun einmal die unteren Chakren als das menschliche Fundament mindestens ausreichend entwickelt sein, bevor wir mit den oberen sinnvoll arbeiten können. Kann man ein solides Haus etwa in fließenden Sand hinein bauen? Können wir etwa bei einem noch schwächlichen Kleinkind große geistige Leistungen erwarten?

Erfassen und Entwicklung der Chakren (Ch) ⑫

Betrachten Sie nun bitte aufmerksam die Übersicht ⑫. Aus gutem Grund ist sie, wie einleitend schon angedeutet, im gleichen Sinn *aufgebaut* wie die Tabelle ⑥ meines ersten Buches. Im innersten Kreis stehen *die Zahlen von 1 bis 7* in der seit jeher geübten Anordnung entsprechend der natürlichen Entwicklung vom vitalen Unterbau der Persönlichkeit hin zu ihrem geistigen Überbau, um es so auszudrücken. Viele empfinden die Gewöhnung an den Gebrauch der Ziffern als eine Erleichterung in der praktischen Arbeit mit den einzelnen Chakren.

Im nächsten Kreis folgen die *Farben*, die für jedes Chakra typisch sind: Bezeichnenderweise finden Sie das Farbspektrum des Regenbogens von Rot bis Violett. Wer mit der Chakrenlehre noch nicht vertraut ist, mag zunächst mit der *Farbe Grün für das Herzzentrum* nicht zurechtkommen. Er erwartet analog des vom roten Blut durchpulsten Herzens und im Sinne der traditionellen christlichen Darstellung der Herzen Jesu und Mariens dies in roter Farbe. Es bedarf einiger Gewöhnung, bis

197

man die Tatsache erkennt und voll akzeptiert, daß Grün die Farbe des Ausgleichs, der Harmonie ist, die Farbe der Mitte zwischen den Extremen. So wie ja auch das Herzzentrum die Mitte der Chakren darstellt zwischen den Extremen von Wurzel- und Scheitelzentrum. Grün – nicht Rot! – ist die Farbe des Aufblühens und des fließend-harmonischen Lebens in der Natur. Gehen wir einen Schritt tiefer ins Psychologische: Die ichlose Zuwendung zu Mitmenschen und Welt, die wir gern »Liebe« nennen, soll ja nicht nur emotional sein. Es geht dabei vielmehr um das ganzheitliche Mitgefühl, um ein sozusagen kühles Wohlwollen allen Wesen und ganz besonders unseren Mitmenschen gegenüber, um diese Güte des Herzens mit der aktiven Hilfsbereitschaft der tätigen Liebe.[53]

Der dann folgende schmale Kreisbogen gibt Ihnen die *üblichen altindischen Sanskritbezeichnungen der sieben Chakren,* die Ihnen bei der Lektüre anderer Quellen hilfreich sein können. Und der daran anschließende breite Gürtel zeigt ihre graphisch herausgestellten *deutschen Bezeichnungen* und gibt zugleich in der knappsten Form *Stichworte für ihr Wesen und ihre Bedeutung.* Haben Sie bitte Verständnis dafür, daß breitere Darlegungen darüber im Rahmen dieses Buches nicht möglich sind. Diese finden Sie in dem eingangs dieses Kapitels erwähnten Werk (Anmerkung 52) und dann eine Folge von praktischen Übungen. Ich werde sogleich darauf zurückkommen.

Nun bleibt mir nur noch der Hinweis auf den äußeren Randstreifen der Tabelle ⑦: Er zeigt den engen Zusammenhang zwischen den sieben Chakren und *den sieben wichtigsten Drüsen des endokrinen Systems.* Die Chakren steuern diese jeweils aufgeführten Drüsen, die ihrerseits mit ihren Hormonausscheidungen die Lebensvorgänge in unserem Körper in einer wunderbar anmutenden Weise regeln. Diese Zusammenhänge sind es, die seit Jahren auch mehr und mehr westliche Mediziner veranlassen, sich intensiv mit der jahrtausendealten Chakrenlehre zu beschäftigen.

Zurück zu meinem Hinweis auf die praktischen Übungen. Sie können uns eine wesentliche Hilfe bei *der Entwicklung der Chakren in unserem Organismus* sein. Sie sind es seit Jahren bei nicht wenigen Menschen, die ihre Wirksamkeit an sich erlebten und erleben. Selbstverständlich erhebt sich jetzt nach den bisherigen Betrachtungen die Frage, wie wir die Energiezentren in uns entwickeln, sie aufwecken und zu harmonischem Schwingen, zu höchster Aktivität bringen können. Ihre Entfaltung hängt in der Tat von nichts anderem ab als von der geistigen Entwicklung, vom persönlichen Reifungsprozeß des einzelnen. (Bei der Entwicklung der Pendelkraft ist das ja nicht anders!) Das Ziel ist immer das gleichmäßige, das harmonische Erwecken aller sieben Energiezentren. Da sie in unserem dynamischen Energieleib alle miteinander verbunden sind, beeinflußt die Entwicklung eines einzelnen sicherlich die Entwicklung aller anderen mit.

Das wichtigste ist die Basis, das solide Fundament, auf dem sich alles aufbaut. Das ist die Standfestigkeit, die ruhevolle Kraft oder die kraftvolle Ruhe, das tief verwurzelte Vertrauen in den Sinn der Schöpfung und allen Geschehens. Auch wenn wir Menschen mit unserem so kleinen Verstand es oft nicht verstehen können. Arbeiten Sie daher in der ersten Zeit vor allem

mit den unteren Chakren: dem Wurzel- und Sakral-
zentrum im Hara-, im Bauch-Becken-Raum. Denn die
nach oben hin liegenden, immer geistiger werdenden
Zentren brauchen die vitale Energie im soliden Un-
tergrund, um im wirklich guten, positiven Sinn wirken zu können. Genauso wie sie umgekehrt diese vitalen Zentren kontrollieren, sie steuern und sie im
Zaum halten müssen. Denn nur dann ist eine hohe,
echt geistige Entwicklung und Entfaltung in wirklicher Harmonie möglich.

*So bestimmt unsere Lebensführung die innere Entwicklung
im wesentlichen mit:* Wie wir uns zu unseren Mitmenschen und Mitgeschöpfen verhalten, ob egoistisch oder
in tätiger Zuwendung und Liebe. Ob wir unseren vergänglichen Körper als den Wesenskern unserer Natur
betrachten oder die uns belebende Seele, diesen Tropfen Wasser aus dem unendlichen Ozean des unsterblichen Geistes. Ob wir uns aus der Tiefe unseres Wesens
vertrauensvoll dieser geistigen, kosmischen, göttlichen, dieser allgewaltigen Schöpfungskraft überlassen
können ohne die intellektuelle Zersetzung allen Lebens
und Erlebens aus aufgeblähter Kopflastigkeit. Und vergessen wir dabei nicht unsere Lebensumgebung und
die ganze Lebensatmosphäre: Wie könnte sich in negativer, spannungsreicher oder gar feindlich gesonne-
ner, in einer sozusagen stickigen Umwelt das Gute
leicht entfalten! Aber: Der göttliche Funke, die Buddha-
natur, ist in jedem Menschen. Wir müssen sie nur erkennen und ihr Raum geben zu ihrer Entfaltung, zu
ihrem Aufblühen. Das dürfen wir bei allem niemals
außer acht lassen.

Wie gehen Sie hier mit dem Pendel vor? Was ich im ersten

Pendelbuch dazu auf S. 98/99 ausführte, ist nach wie vor das einfache und schon mehrfach geübte Verfahren des Abfragens – jetzt der Tabelle ⑫ – nach dem am stärksten, am zweitstärksten, am schwächsten ausgebildeten Chakra und der Wertigkeit jedes einzelnen auf der 100%-Skala ②, zusammen mit dem Hinweis auf die knappste Art des schriftlichen Festhaltens bei systematischer Pendelarbeit.

Eine andere Methode geht von 100 % als der Summe der Aktivierung aller sieben Chakren aus und fragt, wieviel Prozent davon auf jedes von 1–7 entfällt. Dabei sollten im Idealfall alle sieben Energiezentren in harmonischem Gleichgewicht schwingen, also jedes etwa knapp 15 % anzeigen. Natürlich werden so gut wie immer mehr oder minder kleine Differenzen auftreten. Bei größeren Unterschieden jedoch gilt es, das ausgesprochen ernst zu nehmen. Denn es handelt sich hier um eine Kernaussage, die für die ganze Persönlichkeit, für die körperliche Gesundheit ebenso wie für das seelische Wohlbefinden, große Bedeutung hat. Dann gilt es, die noch schwächer entwickelten Chakren mit Hilfe der praktischen Übungen in dem jetzt mehrfach erwähnten Buch anzusprechen und sie systematisch zu stärkerer Entfaltung zu bringen. Auch die zuletzt besprochene geistige Arbeit wird in jedem Fall ein Stück Korrektiv sein können.

Sehr oft sind eines oder mehrere Chakren nicht in ausreichendem Gleichgewicht. Das bedeutet immer mehr oder weniger Disharmonie in der Persönlichkeit mit allen ihren Folgen. Wie das Sprichwort sagt: »Gleich und gleich gesellt sich gern«, so zieht der betreffende Mensch sehr gern eben das an, was er selbst an Schwingung aussendet. Das Ergebnis kann nur der sattsam bekannte Teufelskreis sein, besser gesagt die Teufelsspirale, die das schon vorhandene Übel im Lauf der Zeit unaufhaltsam verstärkt. Deshalb heißt es, ihm Einhalt zu gebieten. Sollte sich nämlich dieser disharmonische Prozeß immer weiter entwickeln, sich fort und fort verstärken, muß mit gefährlichen Fixierungen und Verhärtungen gerechnet werden. Entsprechende Persönlichkeitsprobleme bis zu psycho-physischen Erkrankungen können die natürliche Folge sein.

Noch ein letztes Wort zu den Pendelbemühungen auf diesem sehr intimen Persönlichkeitsgebiet. Es liegt auf der Hand, daß der Pendler selbst eine ausreichend hohe innere Entwicklung durchlebt haben muß, bevor er hier mit sicheren Ergebnissen rechnen darf. Darauf habe ich ja schon im einleitenden Teil dieses Buches hingewiesen. Wer als Pendler selbst nicht gewissermaßen »über der Sache steht«, sondern in seiner eigenen Problematik befangen bleibt, kann schwerlich damit rechnen, daß er in der Lage ist, diese allerfeinsten Schwingungen aufzunehmen. Der ernsthaft Strebende wird indessen Schritt um Schritt vorwärtskommen und immer treffendere Resultate erzielen. Wenn er nur im richtigen Geist an sich arbeitet und auch im richtigen Geist mit seinem Pendel arbeitet, wird er bald den Fortschritt in seiner eigenen Reifung erfahren und sich in stiller Bescheidenheit darüber freuen können.

Werfen Sie am Ende dieses Buchteils bitte noch einmal einen Blick zurück auf seinen Inhalt und damit auf die Frage, die jeden tiefer blickenden Menschen besonders in seiner zweiten Lebenshälfte mehr und mehr bewegt. Lebe ich mein Leben so, wie es meiner Bestimmung gemäß ist? Meiner Bestimmung, die sich aus den Gaben ergibt, die die Natur in mich gelegt hat, und aus dem, was ich in meinem Leben daraus gemacht habe? Wer möchte rückschauend am Ende seiner Tage diese Frage nicht heiteren Gemüts mit einem klaren Ja beantworten können: Ich habe ein erfülltes Leben gelebt, ein Leben, das mir seine Höhen und gewiß auch seine Tiefen geschenkt hat, ein Leben, in dem ich gleichermaßen durch innere Freude und Glück wie gewiß auch durch manche innere Not und manches Leid reifen durfte zu vollem Menschsein.

Die Grundlagen seines Lebens zu erkennen und voll auszukosten, in seiner Bewältigung im Alltag die Ganzheit des vollen Menschseins zu erfahren und alle seine Energiequellen voll auszuschöpfen – das war und ist und wird immer die Voraussetzung dafür sein, den Sinn seines Lebens zu finden. Mögen wir das frühzeitig erkennen und unser Leben danach richten! Dann wird uns in der Tiefe unseres Herzens reicher Lohn erwarten: die Gewißheit eines wahrhaft erfüllten Lebens.

Bewährte Hilfen zur Selbsthilfe

»Wer mit 30 nicht sein eigener Arzt geworden ist, dem hilft keiner mehr.«

Goethe

Die Aufgabe dieses Buches ist es, der oft schwierigen Frage nachzugehen, wie wir als unvollkommene Geschöpfe in dieser für uns unvollkommenen Welt ein volles Menschsein leben können. Normalerweise ist das nur möglich, wenn wir unsere körperliche Gesundheit zu erhalten und unser seelisches Wohlbefinden durch ein wirklich erfülltes Leben zu sichern wissen. Das ohne Niederbrüche und ohne Rückfälle zu erreichen, dürfte kaum jemandem in vollem Umfang möglich sein. Daher scheint es mir unerläßlich, daß wir uns als für uns selbst verantwortliche Menschen den einfachen Hilfen zuwenden, die uns allen zur Verfügung stehen, wenn wir in körperliche oder in seelisch-geistige Nöte kommen.

Eine Vielzahl einfacher Hilfen

»Hilf Dir selbst, dann hilft Dir Gott.«

Altes Sprichwort
(Nur dem, der sich bemüht, kommt die große Kraft zu Hilfe.)

Seit Anbeginn der Menschheit hat sich ein konkretes Wissen um diese einfachen Hilfen aus der praktischen Alltagserfahrung herausgebildet. Von einer Generation zur anderen wurde es weitergegeben und wenn möglich bereichert. In der neueren Zeit ist dieses Wissen durch die Überschätzung der modernen chemisch-pharmazeutischen Medikamente zu einem guten Teil in Vergessenheit geraten. Ein Glück, daß es seit einigen Jahrzehnten nun mehr und mehr wieder entdeckt wird. Dabei verhelfen uns die hochentwickelten chemisch-biologischen Erkenntnismöglichkeiten nicht nur zu Korrekturen und zu kritischer Auslese, sondern genauso zu Bestätigung und Festigung vieler alter Erkenntnisse.

Das ist alles um so bedeutungsvoller, als von kompetenter Stelle mehrfach aufgrund von gründlichsten Untersuchungen festgestellt wurde, daß zum Beispiel ein erschreckend hoher Prozentsatz der heute in der gesamten westlichen Welt vorgenommenen Operationen eigentlich unnötig ist: Ich wiederhole diese Feststellung mit ihrem im Grunde ungeheuerlichen Hintergrund hier bewußt noch einmal. Daß *das medizinische Versorgungssystem und das heutige Krankenhauswesen* ihre eigene Gesetzlichkeit entwickelt haben, die bei weitem nicht immer zum Wohl und zur Gesundung des Patienten beiträgt, ist mittlerweile bald allgemeine Klage. Um so notwendiger ist es, sich mit den selbstheilenden Kräften des Organismus auseinanderzusetzen, um sie im Fall des Falles auch entsprechend einsetzen zu können. Ist der goethesche Satz, den ich diesem Kapitel vorangestellt habe, auch ein gutes Stück überformuliert, so dürfte doch jeder wache Zeitgenosse den Kern der Wahrheit erkennen, der in ihm steckt.

In diesem Sinne habe ich mich bemüht, die Tafel ㉗ meines ersten Pendelbuches mit *ihrer weit gespannten Übersicht über die vielen einfachen Hilfen zur Selbsthilfe in dieser Veröffentlichung übersichtlicher aufzugliedern,* um das praktische Arbeiten damit möglichst zu erleichtern. Einige weniger bedeutungsvolle Punkte konnte ich streichen und dafür auf der anderen Seite eine ganze Reihe weiterer von hinreichender Bedeutung aufnehmen. Daraus sind nun nicht weniger als zehn neue Übersichten mit einigen weiteren ganz speziellen Themen geworden. In strenger Anlehnung an diese Pendeltafeln ab Nr. ㉓ werde ich einen Punkt nach dem anderen abhandeln. Das aber nur, soweit es nötig ist, d.h. der Klarheit halber angezeigt erscheint. Sonst würde der vielfältige und reiche Inhalt dieser Tafeln ein dickes Werk notwendig machen. Daher werde ich häufig auf Spezialliteratur hinweisen.

Nehmen Sie bitte diese Vielzahl von Hilfen zur Selbsthilfe *nicht gleich als ihr selbstverständliches »Handwerkszeug«* entgegen. Verstehen Sie sie vielmehr als Anregung dazu, daß Sie sich die aufgeführten Mittel und Möglichkeiten Punkt für Punkt, Schritt um Schritt selbst erarbeiten. Nur dann können Sie auch überzeugt mit ihnen arbeiten und sie da einsetzen, wo es nötig ist.

Und halten Sie diese Übersichten auch nicht für vollständig. Sie können wahrscheinlich die vielen altbewährten Hausmittel und dazu die neuentstandenen Möglichkeiten, deren Zahl sich ständig vergrößert, zunächst nicht ausschöpfen. Ist Ihnen eines der aufgeführten Mittel unbekannt, oder suchen Sie noch ein weiteres, dann fragen Sie bitte einen Arzt oder Apotheker oder eine andere auf dem betreffenden Gebiet erfahrene Fachkraft, die sich im besonderen den Naturheilmitteln widmet. Deshalb brauchen Sie ja die Beschäftigung mit den traditionellen medizinischen Mitteln nicht zu vernachlässigen. Natürlich können Sie alle diese Tabellen nach Ihrer eigenen Erfahrung noch vervollständigen oder für Ihren persönlichen Gebrauch sonstwie erweitern.

Das möchte ich unmißverständlich klarstellen: *Alle diese Hilfen zur Selbsthilfe können im Zweifelsfall den Arzt nicht ersetzen.* Wenn heute noch viele Mediziner, besonders der älteren Generation, aus ihrer sogenannten wissenschaftlichen Höhe auf viele alternative Heilmethoden allgemein und auf die ganzheitliche Betrachtung herabschauen, so fehlt es auf der anderen Seite nicht an den »Alternativen«, die jegliche medizinische Betreuung verächtlich als Schulmedizin ablehnen. Sie ziehen es vor – ein Fall von vielen, über die ich berichten könnte –, etwa einen komplizierten Unterarmbruch selbst zu »heilen«, mit dem Ergebnis schwerer Komplikation und Behinderung für das ganze weitere Leben. So wie uns umgekehrt von nicht wenigen Patienten nach vieljähriger vergeblicher schulmedizinischer Behandlung berichtet wird, daß sie sich aus Verzweiflung darüber und mit letzter Hoffnung der ganzheitlich orientierten psychologischen Medizin zuwandten und hier die ersehnte Hilfe fanden und finden: wenn nicht vollständig, so erfuhren sie doch wesentliche Erleichterung ihrer Leiden.

Zurück zum Pendeln: Bei Gesundheits- und Therapieproblemen ist die Radiästhesie und besonders der Pendel ein höchst bedeutungsvolles Instrument, dessen Wert mehr und mehr neben Heilpraktikern auch Ärzte erkennen und in ihrer täglichen Arbeit zum Wohl ihrer Patienten ebenfalls einsetzen. Die konventionelle Diagnostik und die radiästhetische ergänzen sich harmonisch in der wechselweisen Anregung und Kontrolle. Weist der Pendel doch in der Hand des hinreichend Erfahrenen in aller Kürze den allgemeinen Gesundheitszustand, den genauen Ort der Gesundheitsstörung sowie die Stärke der Störung auf. Welche andere Methode könnte das bieten? Und nicht geringer – oft geradezu verblüffend – ist die Hilfe des Pendels bei der Suche nach der bestmöglichen Therapie.

Um die gesuchte einfache Hilfe zur Selbsthilfe zu finden,
- *fragen Sie als erstes* auf der Tafel ⑦ *nach der Tabelle, die Ihnen den Weg weist,* um in Anbetracht aller Umstände das für Sie hilfreichste Mittel zu erkennen. Der Pendel wird jetzt des öfteren zunächst auf die Tabelle ⑭ deuten, wo Sie die gleiche Frage wiederholen.

- Die erste oder die zweite Antwort gibt Ihnen diejenige der folgenden Übersichten an, die Ihnen auf Ihre dort gestellte Frage hin das gewünschte Mittel aufzeigt.

- Es ist immer *ratsam, nach weiteren Hilfsmöglichkeiten zu fragen,* am besten nach dem Ihnen nun geläufigen Muster: »Wenn noch eine weitere Hilfe für mich (für X) von nennenswerter Bedeutung sein sollte, so bitte ich jetzt anzuzeigen, wo ich diese finde«, das natürlich wiederum auf der Tafel ⑦. Der Einfachheit halber fahren Sie gleich fort: »Wenn nicht (eine solche weitere Hilfe gegeben sein sollte), bitte Linksdrehung (= kann ich nicht beantworten« bzw. die für Sie gültige Antwortform Ihres Pendels). Des öfteren werden Sie dieses Verfahren mehrmals wiederholen, bis am Schluß die verneinende Antwort kommt.

- Nun sollten Sie sicherheitshalber, wenn Sie mehrere Antworten bekommen haben, *die Rangordnung der Wichtigkeit der einzelnen Hilfen* nochmals überprüfen, ggf. mit Hilfe der Tabelle ③. Die dazu nötigen einfachen Fragen brauche ich hier nicht zu wiederholen. Dieses Kontrollfragen ist deshalb wichtig, weil sich die Rangordnung der Bedeutung jetzt zuweilen verschiebt. Die Erklärung ist einfach: Die geistigen Kräfte, die den Pendel führen, brauchen auch ihre gewisse Zeit, um die für den Fragenden wichtige Reihenfolge der Bedeutung selbst genauer als schon bei der ersten Frage zu erkennen.

• Jetzt fragen Sie, falls nötig, für jede der angegebenen Hilfen je nachdem auf der Tabelle ③, ⑤ oder ② *die Länge der Zeit* in Sekunden, Minuten oder Stunden, also wie lange Sie die Hilfe jedes Mal anwenden sollen, und dann, *wie lange über die Zeit hinweg* – Tage oder Wochen – das geschehen soll.

• Nach einigen Tagen oder Wochen oder auch schon nach kurzer Zeit, je nach der gegebenen Situation, empfiehlt sich die Frage nach einer gewissen *Verschiebung oder Änderung des Verfahrens*. Das ist zuweilen aufgrund der Durchführung mit ihren tatsächlichen Folgen angezeigt. Die einfache Frage z.B. »Ist es richtig, daß ich auch weiterhin ...?« öffnet Ihnen diese Überprüfung. – Der Pendel kann ja immer nur die für den jetzigen Zeitpunkt richtige Antwort geben!

• Zu guter Letzt ist es nie falsch, eine *Kontrollfrage* zu stellen, z.B.: »Ich soll also ..., ist das richtig: Ja oder nein?«, oder summarisch auf dem AB-Schema ③: »Ist der vom Pendel soeben aufgezeigte Weg (kurze Zusammenfassung des Wichtigsten) für mich tatsächlich der hilfreichste = A, oder ergibt sich doch noch eine Änderung oder Ergänzung = B?«.

Mit diesem Verfahren, das natürlich bei mehreren aufgezeigten Hilfen seine Zeit und damit einige Geduld erfordert, können Sie aus der so großen Zahl von Hilfsmöglichkeiten relativ rasch und sicher die gesuchte(n) Hilfe(n) herausfinden.

Übersicht: Einfache Hilfen zur Selbsthilfe ㉓

Die Tafel ㉓ gibt Ihnen *die grundlegende Aufgliederung der rund 150 Selbsthilfemittel in neun Grundgruppen.* Sie erleichtert zum einen das präzise Auffinden des oder der gesuchten Hilfsmöglichkeiten. Zum anderen nötigt sie mit dem kleinen Umweg von der psychologischen Seite her dazu, sich mit dem zu findenden Hilfsmittel und seinem Hintergrund innerlich stärker zu beschäftigen. Das kann für die Auffindung der bestgeeigneten Hilfe oft nur förderlich sein. Die innere Gesetzlichkeit, nach der sich der Pendel in Bewegung setzt, bringt das nun einmal mit sich. Die praktische Erfahrung hat mir das oft bestätigt.

Selbstverständlich sind neben der von mir gewählten Aufgliederung durchaus auch andere Unterteilungen möglich. Indessen sind nach der Natur der Sache gewisse Überschneidungen und Eingliederungsschwierigkeiten bei jeder Lösung unvermeidlich. Wenn Sie auch nur kurze Zeit mit der hier gewählten Lösung gearbeitet haben, stellt sich der nötige Überblick gewiß rasch ein.

Grundsätzliches ㉔

Wie bereits schon angedeutet, kann Ihnen diese Pendeltafel *mehr den prinzipiellen, den grundsätzlichen The-*

rapieweg aufzeigen oder auch deren zwei oder gar drei, die Sie nebeneinander gehen können. Die Frage »Warum wohl gerade dieser Weg und kein anderer?« ist oft recht hilfreich, um den Hintergrund der Erkrankung und der besonderen Schwierigkeit besser zu erkennen.

Nun einige Hinweise zu besonderen Punkten, die dem einen oder anderen Leser hilfreich sein mögen. *Die eingefügten Nummern der Pendeltafeln* ① *bis* ㉝ verweisen selbstverständlich auf die Pendeltafeln und ggf. die dazugehörigen Ausführungen im laufenden Text meines ersten Pendelbuches.

Phytotherapie ist der Begriff, der sich in den letzten Jahren mehr und mehr für die natürlichen Heilmethoden mit Pflanzen, Blüten und dergleichen einbürgert. In diesem Buch ergänze ich die Bachblütentherapie aus dem ersten Buch ㉖ mit der umfangreichen Auflistung der vielen Kalifornischen Blütenessenzen ㊻. Die Praxis der letzten Jahre hat oft gezeigt, daß die Auswertung beider ausgezeichnete Ergebnisse bringt. Schon jetzt der Hinweis: Beachten Sie bitte den »Verteiler« auf der Tafel ㊻. Im konkreten Fall sollten Sie ihn zuerst befragen, weil er Ihnen sofort anzeigt, ob Sie nur eine oder beide Blütenessenzen auswerten sollten.

Die Verwertung der Heilkraft von Pflanzen ist die Grundlage der Volksheilkunde aller Völker. Ihr Heilwert liegt ja nicht nur in der chemischen Zusammensetzung, sondern darüber hinaus im besonderen in ihrer ursprünglichen biologischen oder Lebenskraft. Die praktisch wichtigste Seite der Pflanzenheilkunde ist die Verwertung der Heilkräuter. Und das besonders bei der Zubereitung von Teemischungen. In dem Kapitel Heilkräuter ⑦ werde ich auf den Einsatz des Pendels zurückkommen.

Farbtherapie: Dieses wichtige Kapitel habe ich im ersten Buch so gründlich behandelt, wie das unter den gegebenen Umständen möglich ist (S. 155–158). Die Handhabung der zwei Tabellen ㉘ ist dort genau beschrieben. Bewußt möchte ich hier nur nochmals hinweisen auf die Bedeutung, welche *die Farbauswahl der Kleidung* für die Person hat, die sie trägt. Hier liegt eine sanfte, dabei aber ständige Einwirkung auf das Unbewußte eines jeden Menschen vor. Die wenigsten wissen das in ihrem alltäglichen Leben zu ihrem Vorteil und Heil auszuwerten. Dasselbe trifft zu für die Farben, auch für die Fasermaterialien und Muster, mit denen man seine alltägliche Lebensumgebung ausgestaltet.

Bedenken Sie bitte, *welche Energie im Licht und seinen Farben stecken muß:* Mit der uns unvorstellbaren Geschwindigkeit von dreihunderttausend Kilometern pro Sekunde strömen die Lichtphotone der Sonne auf unsere Erde zu. Beim Auftreffen auf unsere Kleidung spalten sie sich in Farben auf und damit in ganz bestimmte Schwingungsbereiche. Diese dringen durch unsere Haut bis zu 1 1/2 cm tief in die Gewebe unseres Körpers ein, wo sie auf seine biochemischen Prozesse, auf die Regulierungsstoffe wie Hormone und Enzyme einwirken. Wer ist sich dieser wahrhaft gewaltigen biologischen Energiewirkung und -entfaltung schon bewußt?

Hier noch der Hinweis auf *die Farben der Chakren oder Energiezentren* ⑦: Ihr Verständnis kann sich wesentlich vertiefen, wenn Sie die in den einzelnen Chakren vorwaltenden Farben in Ruhe durchdenken. Sie finden sie dort verzeichnet.

Das Wesentliche über Eutonie und über Meditation ⑨ finden Sie in unserem Buch »Lebenskraft« im dritten bzw. vierten Buchteil mit allen so bedeutungsvollen Folgen für unseren Organismus aufgeführt.

Die Akupunktur ist heute auch in unserer konventionellen Medizin in hohem Maß anerkannt. Sie wird von vielen Ärzten und Heilpraktikern oft mit großem Erfolg angewendet. Noch vor einigen Jahrzehnten wurde sie von den Vertretern der Schulmedizin als »unwissenschaftlich« und wirkungslos abgetan. Der Kern der Lehre sind die »Meridiane«: die Energiebahnen, die unseren ganzen Körper durchziehen und ihn steuern. In ihr stecken viele hundert Jahre Erfahrung der chinesischen Medizin. In der ganzen Welt ist heute Dr. Voll, der Entdecker der Elektro-Akupunktur, ein oft zitierter Name. Bekannt geworden ist auch die altchinesische Moxa-Therapie, die einen eigenen Zweig innerhalb der Akupunktur darstellt. Jede gute Buchhandlung bietet über deren weites Feld reichlich Literatur.

Die Medizin der Hildegard von Bingen ist ein nicht unwichtiger Zweig der Naturheilkunde, von dem gar manche Therapeuten überzeugt sind. Die deutsche Mystikerin Hildegard (1098–1179) gründete das Kloster Rupertsberg bei Bingen, wo sie neben religiös-mystischen und historischen Schriften die zwei Bände ihres großen Naturkundewerks verfaßte. Es gibt einen hervorragenden Überblick über das gesamte Naturheilwissen des frühen Mittelalters. Auch heute noch lassen sich daraus viele in Jahrhunderten gewachsene und bewährte volksmedizinische Hilfen entnehmen, wenngleich – verständlicherweise – manches umstritten ist.

Beachten Sie bitte: Zu den Hilfen in der Übersicht ⑦④ und den folgenden, die ich in diesem Textteil jedoch nicht besonders erwähne, finden Sie in meinem ersten Pendelbuch auf den Seiten 152–155 kurze Erklärungen. Auch soweit die Stichworte in den Pendeltafeln keiner Erläuterung bedürfen, bleiben sie hier unerwähnt.

Wasseranwendung ⑦⑤

Der Begriff *»Bäder«* meint hier selbstredend eine Folge von regelmäßigen Bädern mit wirksamen Zusätzen aller Art bis zu systematischen Badekuren unter fachmedizinischer Aufsicht.

Die Adresse der Firma, die für wirkungsvolle *ansteigende Fußbäder* zuständig ist, lautet jetzt: Fritz Schiele, Arzneibäderfabrik GmbH, Industriestraße 16 b, D-25462 Rellingen bei Hamburg, Tel. 04101/34239).

Einnahmen – Wickel – Umschläge – Einreibungen ⑦⑥

Auf Quarkwickel, Kohlwickel und Zwiebelumschläge möchte ich besonders hinweisen. In vielen Fällen haben sie eine hervorragende Wirkung. Sie können unserem Körper allerhand chemisch-pharmazeutische Produkte mit ihren Nebenwirkungen ersparen. So ist Quark ein natürlicher Penicillinträger, was viel zu wenig bekannt ist.

Vitawasser, Vitasalbe ist wegen der ebenso einfachen wie wirkungsvollen Anwendung oft eine verblüffende Hilfe. Deshalb möchte ich nicht versäumen, hier noch-

mals darauf hinzuweisen (siehe erstes Pendelbuch,
S. 220–224 und 228).

Meeresalgen werden heute nach natürlicher Verarbei-
tung in verschiedenen Präparaten angeboten. Die Algen besitzen die höchst wichtige Fähigkeit, die Sonnen-
energie durch Photosynthese in chemisch nutzbare Energie umzuwandeln.

Diese sogenannte Primärproduktion ist die Basis von
jeglichem tierischen Leben im Wasser. Ein großer Wert
der Algen liegt darin, daß sie durchschnittlich 30 % Eiweiß enthalten und dazu einen hohen Gehalt an Vit-
aminen und Spurenelementen aufweisen. Übrigens:
Daß die Japaner durchschnittlich das höchste Lebens-
alter von allen Völkern erreichen, wird mit auf den dortigen täglichen Konsum von Meeresalgen zurückgeführt.

Der Eigenharn (Urin) ist in der letzten Zeit in seiner Eigenschaft als beachtliches Heilmittel wiederum einer
breiten Öffentlichkeit bekannt geworden, vor allem
durch einige Fernsehsendungen. Früher war das eine
selbstverständliche Erkenntnis in allen Völkern. Noch
in meiner Kindheit (in den 20er Jahren) behandelte
man Wunden ungeniert mit dem eigenen Urin und be-
strich sie damit ebenso wie Hautausschläge aller Art,
auch Warzen und dergleichen, zwecks schnelleren Ab-
heilens. In der Tat ist die Heilwirkung oft ganz erstaunlich. Der Eigenharn kann im Grunde niemandem
schaden, denn die in ihm enthaltenen Giftstoffe stam-
men ja aus dem gleichen Körper und nicht aus einem
anderen.

Neben dieser äußeren Behandlung wird von den An-
hängern der Eigenharn-Therapie *auch das tägliche Trin-*

ken des frischen Morgenurins (aus dem sogenannten Mittelstrahlbereich) empfohlen. Er ist reich an überschüssigen lebenswichtigen Substanzen aus der Nahrungsverwertung (Hormone, Mineralstoffe, Vitamine, Aminosäuren, Zucker, Antikörper und Antigene, Enzyme, antibiotische Stoffe[54]). Er wirkt auch wegen der in ihm enthaltenen feinsten Spuren von Giftstoffen ähnlich wie ein homöopathisches Mittel. Viele Inder trinken ihn täglich, so zum Beispiel auch der langjährige indische Ministerpräsident Desai noch in höchstem Alter und bei voller Gesundheit. Der anfängliche Ekel beim Trinken verliert sich rasch, und nicht wenigen Menschen wird die tägliche Einnahme geradezu zum Bedürfnis, weil sie in ihrem ganzen Körper die heilsame Wirkung davon verspüren.

An Literatur darüber empfehle ich das Buch von Carmen Thomas »Ein ganz besonderer Saft – Urin«, Verlagsgesellschaft Köln, das vor allem eine Vielzahl von Erfahrungsberichten bringt, und besonders das mehr systematisch aufgebaute übersichtliche Werk von Ingeborg Allmann »Die Heilkraft der Eigenharntherapie«, Ariane Verlag Königstein/Ts., sowie das Buch von Hans Höting »Lebenssaft Urin – Die heilende Kraft«, Goldmann Taschenbuch 13783.

Heilkräuter ⑦

In der Pendeltafel ⑦ finden Sie 46 Heilkräuter aufgeführt, die vor allem als Tees verwertet werden. Vielfach werden sie auch als Kompressen und Umschläge gebraucht, wobei man sie in Säckchen abfüllt oder in ähnlicher Weise verwendet. Selbstredend kann diese Liste nicht vollständig sein. Sie können sie jederzeit erweitern oder auch Ihre eigene Übersicht ganz nach Ihren persönlichen Bedürfnissen und Erfahrungen erstellen. Lassen Sie sich von einem diesbezüglich erfahrenen Menschen beraten. Oder suchen Sie Rat aus einem der zahlreichen guten Bücher, die Sie sich in einer wohlsortierten Buchhandlung kritisch auswählen können.

Zur Arbeit mit dem Pendel:

- Er kann Ihnen nicht nur den für Sie bestgeeigneten Tee bzw. die Teemischung auswählen, sondern auch auf der 100%-Skala ② den Wert für Sie angeben, sei es in frischem oder getrocknetem Zustand;
- ebenso die Mengen- und die Wertbestimmung eines bestimmten Tees aus der Teemischung.
- Dasselbe trifft natürlich für das Mischungsverhältnis der verschiedenen Heilkräuter zu.
- Sie können auch nach der Heilwirkung für eine bestimmte Person bei einer bestimmten Beschwernis fragen (100 % ist dann, wie Sie längst wissen, als Maßstab für die Antwort des Pendels das absolut mögliche Höchstmaß an Heilwirkung).
- Außerdem empfiehlt sich oft der Vergleich eines bestimmten Tees bzw. einer bestimmten Teemischung mit einer anderen oder auch einer anderen Heilmethode: Sie setzen auf der Skala ② den Wert der einen gleich 100 % und erbitten die Angabe des Wertes der anderen im Verhältnis zu diesen 100 %. Deshalb habe ich ja die Skala bis 200 erweitert, um solche denkbar einfachen Vergleiche nach unten wie nach oben hin möglich zu machen. Sollte 200 noch zu niedrig sein, dann setzen Sie den Meßwert gleich 10: Dann haben Sie für die Anzeige »die Luft« bis zur 20fachen Größe.
- Schließlich erfragen Sie die zu trinkende wirkungsvollste Tagesmenge des Tees, die Häufigkeit der Ein-

nahme pro Tag und wie viele Tage oder Wochen lang das geschehen soll.

- Ein anderes Vorgehen fragt nach der einzunehmenden Flüssigkeitsmenge pro Tag, etwa gemessen in Litern oder Bruchteilen davon.

- Am Ende dieser »Kur« können Sie die effektive Hilfe erfragen, die sie Ihnen gebracht hat, nach dem Muster: »Wenn mein Gesundheitszustand (oder z.B. der Zustand meiner Leber) zu Beginn der regelmäßigen Einnahme dieses Tees ... vor 3 Wochen gleich 100 % geschädigt (in der Funktion behindert) war, dann bitte ich um Auskunft, wie hoch sich die Schädigung (die Behinderung) derzeit ausnimmt, bezogen auf diese 100 % vor 3 Wochen.«

- *Diese hier noch einmal zusammengefaßten Anregungen* dürften völlig genügen, um die reichen Anwendungsmöglichkeiten des Pendels zu demonstrieren. Sie gelten selbstverständlich sinngemäß für alle möglichen vergleichbaren Fälle in anderem Zusammenhang.

Bestrahlung ⑦⑧

Diese Tabelle ⑦⑧ gibt Ihnen wiederum einige wirkungsvolle Heilmethoden an, die da, wo sie angezeigt sind, ausgesprochen hilfreich sein können. Das fängt bei der einfachen Sonnenbestrahlung (in der richtigen Begrenzung) an, die für unsere Gesundheit ja so wichtig ist, und geht bis zum Einsatz von einigen modernen Geräten. Die folgenden technischen Hilfsmittel können sich besonders bei lang dauernder gesundheitlicher Beeinträchtigung, deren Ursache nicht so recht zu klären ist, von beachtlichem Wert erweisen.

Negative Ionengeneratoren werden immer wichtiger für nur noch künstlich belüftete Büroräume (Klimaanlagen) und auch für schlecht belüftete Wohnräume, besonders in Ballungsgebieten. Die mit den lebenswichtigen negativen Ionen angereicherte Luft, wie wir sie nach einem befreienden Gewitterregen, im Gebirge oder an der See erleben, hat hier Seltenheitswert, wenn sie überhaupt noch je auftreten sollte. Die Lösung sind negative Ionengeneratoren, wie sie heute in verschiedener Größe und angepaßt für alle Räume und besondere Zwecke angeboten werden.

Die Orgon-Strahler, von dem bekanntgewordenen Arno Herbert in langen Jahren entwickelt, erlauben die gezielte Bestrahlung des Körpers bzw. bestimmter Körperteile in den dafür optimalen Frequenzen. Eine steigende Zahl von Heilpraktikern und Ärzten arbeitet mit diesen Geräten, und bei vielen Gesundheitsstörungen und Erkrankungen erzielen sie gute, zuweilen verblüffende Erfolge. Genaueres bei: Bioaktiv-Produkte, D-91598 Colmberg (Nähe Ansbach), Tel. 09803/560.

Das Medica-Galvano-Heilstromgerät bewirkt je nach den gewählten Kontaktpunkten von Anode und Kathode die Durchströmung des ganzen Körpers oder bestimmter Teile mit mikroelektrischen Strömen. Es bringt in vielfacher Hinsicht Heilungs- oder Besserungseffekte. Im Herbst 1995 soll eine weiter verbesserte Ausführung auf den Markt kommen. Genaueres bei: Ritter-Verlag, Monatshauser Str. 8, D-82327 Tutzing, Tel. 08158/8022.

Auch das luftelektrische Gleichfeld ist für unsere Gesundheit auf die Dauer recht wichtig. Sie können sich darüber von Bestrahlungsfachleuten, z.B. auch von Herstellern von Ionengeneratoren, beraten lassen.

Noch ein Wort zur Höhensonne: Sie wird zuweilen mit dem Solarium verwechselt oder gleichgestellt. Davor muß man sich hüten. Das Solarium hat sich nach der anfänglichen Begeisterung inzwischen als in mancher Hinsicht gesundheitsgefährdend herausgestellt, wie eine Reihe von Untersuchungen aufgezeigt haben. Ganz anders liegen die Dinge beim richtigen Gebrauch der Höhensonne, die sehr viel UV-Licht ausstrahlt, das ebenso wie das natürliche Sonnenlicht die lebenswichtige Vitamin-D-Gruppe im Körper aufbaut und wohldosiert zur Heilbehandlung z.B. bei Rachitis oder Blutarmut wichtig ist.

Kreislaufstärkung ⑦⑨

Bei der heutigen Fülle von Veröffentlichungen zu diesem Fragenkomplex sowohl in Zeitungen und Zeitschriften als auch in leicht verständlich geschriebenen Büchern erübrigen sich hier besondere Hinweise zu sämtlichen Stichworten der Pendeltafel ⑦⑨. Zum *Liegen auf schiefem Brett* habe ich schon im ersten Pendelbuch das Nötigste gesagt (S. 153).

Entschlackung, Blutreinigung ⑧⓿

Im Grunde trifft das gleiche für diese Übersicht ⑧⓿ zu. Hierzu nur einige knappe Anmerkungen:

Kartoffelkur: Siehe das erste Pendelbuch, S. 154. Für den Interessierten lohnt es sich sehr, den dortigen Abschnitt darüber nachzulesen.

Die Wacholderbeerkur nach Pfarrer Kneipp ist so etwas Ähnliches wie die ideale Blutreinigung. Heutzutage bieten sich dafür gewisse Heilpflanzentabletten an aus gemahlenen Wacholderbeeren, ausleitenden Heilpflanzen sowie den Säurewert stabilisierenden Mineralsalzen. Für den großen Wert einer systematischen Kur damit (Multiplasan H 33) setzt sich z.B. der auf diesem Gebiet langjährig erfahrene Arzt Dr. Gerhard Orth (Leutkirch) ein.

Der Gemüsetrank Kü-Ka-Lei-Wa ist zusammengesetzt aus Kümmel (2 Teelöffel), Kartoffeln (2), Leinsamen (2 Kaffeelöffel) und Wasser (1 1/2 – 2 Liter). Es können auch Gemüsebestandteile zugefügt werden (aber keine blähenden). Das gibt als Entschlackungshausmittel einen basenüberschüssigen Gemüsetrank: Die vier (oder mehr) Teile werden 20 Minuten lang gekocht. Die abgeseihte Flüssigkeit wird warm getrunken, morgens 1/4 bis 1/2 Stunde vor dem Frühstück, einige Portionen tagsüber, der Rest abends, 4–6 Wochen lang. Viele, die sie kennen, schwören auf die hervorragende innere Reinigungswirkung dieser Kur.

Äußere Hilfen ⑧⑴

Unter diesem Begriff habe ich eine Reihe von Verfahren zusammengefaßt, bei denen wir äußere Hilfsmittel benötigen. Die Übersicht ⑧⑴ weist sie auf.

Formen und Symbole haben eine durchaus mit den farbigen Lichtstrahlen vergleichbare Wirkung. Zum Beispiel strahlen der Kreis, das gleichseitige Dreieck, die liegende Acht (Unendlichkeitszeichen), mit Einschränkungen auch das Quadrat und in enger Ähnlichkeit dazu gehaltene Formen ausgesprochene Harmonie aus. Das Gegenteil ist der Fall bei scharfen, schroffen Formen, wo sich die Bewegung nur als Folge von hart aufeinandergesetzten Brüchen vollzieht: Sie strahlen Schärfe und Aggressivität aus. Ein Musterbeispiel sind als Stilisierung des Buchstabens S die zwei nebeneinandergesetzten Sigrunen (das Kennzeichen der SS-Verbände im Dritten Reich). Nicht umsonst ist seit einigen Jahren die intensive Beschäftigung mit den altgermanischen Runen und sonstigen historischen Formen und Symbolen geradezu aufgeblüht.

Es kann kaum einen Zweifel daran geben, *daß bestimmte Formen* wie z.B. das einfache Balkenkreuz (wie im Pluszeichen), das Sonnenrad (das im Kreis stehende Balkenkreuz) und viele andere *bioenergetische Ausstrahlungen haben,* die gleich oder ganz ähnlich denen der Farben sind, die sich ihnen zuordnen lassen. Unmittelbar auf den Körper aufgelegt oder durchgängig in der Kleidung allgemein oder an besonderen Körperstellen angebracht, bringen sie mehr oder weniger intensive Auswirkungen auf den körperlich-seelischen Organismus mit sich. Dem Interessenten bietet sich hier ein reiches und geradezu faszinierendes Feld für Forschung und praktische Erprobung.[55]

Die Klosterbürste geht zurück auf mittelalterliche Klöster. Das Bürsten der Haut mit ihren feinsten Borsten aus ganz bestimmten Kupferlegierungen bewirkt eine wohltuende Erfrischung und Belebung. Die Ursache ist die Erzeugung von sogenannten negativen Kleinionen auf der Haut. Das Reiben der Chakren ist besonders wirkungsvoll. Regelmäßige Anwendung soll mit der Zeit auch die Altersflecken auf der Haut wegbürsten. Ferner wird von manchmal beträchtlicher Schmerzlinderung berichtet. Information: Marktkommunikation, Postfach 26, D-83621 Dietramszell, Tel. 08104/2372.

Zum Liegen auf Tennisbällen habe ich schon in meinem ersten Pendelbuch die nötigen Hinweise gegeben (S. 154).

Der Einsatz von Steinen zu Heilzwecken (Lithotherapie) ist so bedeutungsvoll, daß ich ihm eine eigene Pendeltafel ⑭ gewidmet habe. Weiter hinten werden Sie die mir nötig erscheinenden Hinweise in einem eigenen Kapitel vorfinden.

Zum Einsatz von Metallen und Magneten verweise ich auch auf das erste Pendelbuch, S. 158/159.

Seelisch-geistige Hilfen ㉒

Die Stichworte in dieser Pendeltafel ㉒ sind so klar, daß sie nur wenige Hinweise erfordern.

Tätige Liebe, Helfen: Über diese fundamentale Grundforderung für jeden Menschen, der reifen und sich vervollkommnen möchte, finden Sie die wesentlichen Gedanken besonders im dritten Teil des Buches »Die geheime Kraft in uns«. Nicht umsonst ist hier ein, wenn nicht *das* Grundgesetz der Hochreligionen berührt. – Randbemerkung an dieser Stelle: Wie oft haben wir erlebt, daß depressive Menschen sich von ihrer Verstrickung im ICH zu lösen vermögen, wenn sie sich aufraffen können, sich einem anderen in Not befindlichen DU in tätiger Liebe hilfreich zuzuwenden. Um das Wesentliche ganz einfach auszudrücken: Die Ableitung

der schon krankhaft im ICH konzentrierten Lebensenergie auf das DU läßt die Depression bald schwinden
und den von ihr Befallenen wie neu aufblühen.

»Annehmen«: Das Unabänderliche anzunehmen, das
zu tragen uns auferlegt ist, stellt ein Kernstück der Le-
bensweisheit und Lebenskunst dar. Wer sich in der Tiefe
seines Wesens eingebettet weiß in die große Ordnung
allen Geschehens (»Gottvertrauen«, »Schicksalsgläu-
bigkeit«), für den ist das Ungewöhnliche viel leichter
zu tragen als dem, der diesen inneren Halt nicht hat.
Darüber finden Sie in dem bereits erwähnten Buch »Die
geheime Kraft in uns« (S. 125) und in »Heilen aus geistiger Kraft« (S. 136ff.) entsprechende Ausführungen.

Selbstsuggestion: Über diese Technik der gezielten Selbstbeeinflussung haben Sie auf den Seiten 135–137 des
Buches »Die vergessene Welt der Gefühle« eine detaillierte Beschreibung des richtigen Vorgehens. Es kann
Ihnen helfen, die üblichen Fehler bei diesem Verfahren zu vermeiden.

Aktivierung der Immunkraft ⑧③

Sämtliche Stichworte dieser so wichtigen Pendeltafel
⑧③ sind der zusammenfassenden Übersicht über die
Stärkung der körpereigenen Abwehr- und Heilungsenergien
in unserem Buch »Hoffnung auf Heilung« (S. 169) ent-
nommen. Dort finden Sie alle dazu nötigen Ausführungen und eine ganze Reihe von vielfach bewährten praktischen Übungen (S. 179ff.). Sie haben schon
vielen Menschen geholfen und können das auch bei
Ihnen tun, wenn Sie sie im richtigen Geist angehen.
Im übrigen ist im ersten Pendelbuch (S. 217–224) dar-

gelegt, wie Sie Ihre Lebensenergie sammeln und stärken können mit Hilfe von Orten der Kraft, von Bäu-
men oder von Vitawasser.

Beim Arbeiten mit der Übersicht ⑧ brauchen Sie nur zu
fragen,
- welches der gegebenen Stichworte für den Betroffenen derzeit das wichtigste ist, das ihm kurzfristig am
  meisten helfen kann, bzw. deren zwei oder drei,
- welche er am meisten vernachlässigt hat,
- ob und ggf. wie weit von ihm das getan wird, was
  die einzelnen Stichworte angeben.

*Auf einen nicht unwichtigen Zusammenhang von Immun-
system und Schlafen* habe ich schon im Kapitel über den
Schlaf hingewiesen. Diese Tatsache kann doch allen
sehr zu denken geben, die mit ihren Nächten zuweilen
recht großzügig umgehen. Auch im Kapitel über die innere Ausgewogenheit mußte ich auf die Schwächung
der Immun- und Heilungskraft des modernen Menschen hinweisen, der die innere Gelassenheit, den
Gleichmut bei seiner allgemeinen menschlichen Überforderung verloren hat.

In diesem Zusammenhang noch ein Wort zur *Heilkraft
der Brennessel:* Sie stärkt die Immunkraft des Körpers,
d.h., sie hilft ihn widerstandsfähig zu machen gegen
Infektionen. Von April bis Oktober ist die Brennessel
frisch. Für den Winter kann man sie trocknen und zer-
reiben. In frischem Zustand enthält sie 8 % Eiweiß (Pro-
tein) und in getrocknetem 40 % vollwertiges Eiweiß!

Sieben Heilungssteine (Lithotherapie) ⑧④

Seit etwa 20 Jahren macht *der Einsatz von Steinen und (Halb-)Edelsteinen zu Heilzwecken* mehr und mehr von sich reden. Dafür bürgert sich so langsam der Begriff der Lithotherapie ein. So viele Steine es gibt, so viele spezifische Schwingungen gibt es, von denen jede ihre spezielle Wirkung ausstrahlt. Nach mehreren Jahren praktischer Versuche, viel Pendeln und Erproben und auch durch Beratung einer guten Steinekennerin haben wir sieben Steine herausgefunden, die für die Praxis wohl die wichtigsten sind. Ich bin mir heute sicher, daß wir mit ihnen ca. 95 % aller Krankheiten mehr oder weniger abdecken können. Sie sind in der Pendeltafel ⑧④ aufgeführt.

Die Anwendung ist einfach: Am besten beschaffen Sie sich von jeder Steinart so viele ganz kleine, daß Sie sie in ein etwa faustgroßes Säckchen aus dünnem Texilgewebe oder aus Folie abfüllen und durch einen Aufkleber kennzeichnen können. Das erlaubt Ihnen die Anpassung der ausgestrahlten Schwingung an eine im allgemeinen ausreichend große Körperoberfläche bis hin zum fast schon geschlossenen »Einwickeln«, z.B. eines Daumens oder eines schon größeren Gelenkes. Den genauen Punkt der Auflage am Körper gibt Ihnen die Skizze des menschlichen Körpers mit Vorder- und Rückseite ㉙⁄₄. Die Zeitdauer und Häufigkeit der Anwendung zu erfragen, ist für Sie nun längst kein Problem mehr.

Erwarten Sie sich keine raschen Wunder. Auch hier gilt: Steter Tropfen höhlt den Stein. Dafür nur zwei Beispiele:

Eine mir gut bekannte Dame litt mehrere Jahre lang an einem *recht schmerzhaften Geschwür im Zwölffinger-darm.* Alle üblichen medizinischen Hilfen versagten. Sie rief mich fast schon verzweifelt an und fragte, ob ich eine Hilfe für sie wüßte. In der ersten ruhigen Stunde erpendelte ich für sie den Einsatz von Granit-steinchen, die sie drei Wochen lang täglich 20 Minu-ten auf die schmerzende Stelle auflegen sollte. Die Frage: Wo bekomme ich die Steinchen her? beantwor-tete ich mit dem Hinweis: in den Splitthaufen oder -kästen, die in bergigen Gegenden am Straßenrand für das Streuen in der Winterzeit bereitliegen. Unglauben bei dem Ehepaar, das fast widerstrebend den Rat be-folgte. Ergebnis: baldige Besserung, und nach genau drei Wochen waren die Schmerzen total verschwun-den. Der Arzt konnte kein Geschwür mehr feststellen. Heute, nach fast zwei Jahren, ist noch immer alles in bester Ordnung. – Die spezifischen Schwingungen von Granit haben eben genauso wie die der anderen Steine eine starke Heilwirkung.

Das zweite Beispiel betrifft mich selbst: *heimtückische Fingernagelpilze,* die sich durch die herkömmliche Me-dizin einschließlich Ziehen der betroffenen Nägel, nur teilweise beseitigen ließen. Ein kleiner, vom Pendel angezeigter Roh-Rubinstein, zwei Wochen lang jede Nacht mit Leukoplast direkt auf dem Nagel fixiert, tö-tete die Pilze ab. Der letzte betroffene Nagel am linken Daumen, der hartnäckig jeder Wiederherstellung wi-derstanden hatte, war nach etwa sieben Wochen wie in blühender Frische neu geboren. Das war vor etwa drei Jahren. Inzwischen zeigte der benachbarte Zeige-fingernagel, etwa 2 mm tief die eine Seite des Nagels entlanglaufend, die charakteristische Verfärbung und

Unterhöhlung. Nach sorgfältigem Ausschneiden der betroffenen Stelle fixierte ich dort auf Weisung des Pendels wiederum nachts eine Woche lang einen kleinen Rubinstein: Das sonst übliche weitere »Unterfressen« des Nagels durch den Pilz blieb aus, und die ausgeschnittene Stelle wuchs langsam kerngesund nach.

Am besten machen Sie sich über die Tabelle ⑧⑭ hinaus eine eigene Übersicht über alle die (Edel-)Steine, die Sie zur Verfügung haben. Nach Neuerwerbungen können Sie sie erweitern. Sie werden bald die eine oder andere erstaunliche Hilfe erfahren. Wer einmal begriffen hat, daß alles – wie ich im einleitenden Teil dieses Buches noch einmal ausgeführt habe – schwingende, fließende Energie ist, für den ist alles voll verständlich und eine ganz natürliche Sache.

Die Kalifornischen Blütenessenzen ⑧⑤

In der Pendeltafel ⑦⑭ »Grundsätzliches« wurden Sie schon auf die Kalifornischen Blütenessenzen aufmerksam, die Sie nun in der großen Übersicht ⑧⑤ einzeln aufgeführt vor sich haben. Sie ergänzen, besser gesagt, sie erweitern oder spezifizieren die seit Jahrzehnten bewährte Bachblüten-Therapie, die ich in meinem ersten Pendelbuch in der Tabelle ㉖ aufgeführt habe. Die Auswertung beider bringt in der Tat ausgezeichnete Ergebnisse.

Für den praktischen Gebrauch dieser beiden so wichtigen Übersichten ist *der »Verteiler« auf der Tafel* ⑧⑤ entscheidend. Er ist in jedem Fall zuerst zu befragen, weil er den rechten Weg zum besten Ergebnis weist: Ob Sie für Ihren besonderen Zweck nur die eine oder nur die andere der beiden Pendeltafeln oder beide Blütenessenzen auswerten sollten. Die Übersicht ⑮ braucht selbst außer dieser keine weitere Erläuterung.

Die Yarrow Special Formula hilft im Notfall. Sie dient als Schutz, auch in der Schwangerschaft. Sie ist eine Hilfe gegen negative Strahlungen aller Art. Man kann sie getrost so ähnlich sehen wie die Notfalltropfen in der Bachblüten-Therapie.

Von allen uns bekannten *Veröffentlichungen über dieses Thema* ist die folgende für den praktischen Gebrauch am besten geeignet: »Blütenessenzen – Repertorium ihrer Wirkungsweisen« von Richard Katz/Patricia Kaminski, Laredo Verlag München. Das Buch bietet ohne lange Umschweife in alphabetischer Ordnung einen exakten Überblick über die zusammen etwa 120 Bachblüten und Kalifornischen Blütenessenzen mit den für die Auswahl entscheidenden Stichworten und deren genauere Bedeutung bei der konkreten Anwendung. Sie haben also die beiden Sammlungen in *einem* Buch.

Der große praktische Wert des Energiesensors

> »Jeder Tag des Lebens ist Übung,
> Übung für mich selbst.«
> Soen Ozeki, Daisen-in Tempel, Kyoto

Wie Sie aus den Darlegungen dieses und des ersten Buches ersehen haben, geht der normale Weg unserer radiästhetischen Untersuchungen und Überprüfungen über die Arbeit mit Pendel und Pendeltafeln. Wer sie auszuschöpfen weiß, *dem öffnet sich ein ganz überra-*

schend weites, ja riesiges Feld an Erkenntnissen, die immer wieder von neuem Verblüffung hervorrufen. Sie erinnern sich, daß ich mehrmals die Benutzung der beiden menschlichen Figuren der Tabelle 29/4 empfohlen habe. In der gleichen Weise können wir in die Einzelheiten aller möglichen guten Darstellungen der menschlichen Körperteile und -organe gleichsam eindringen. So können wir durch die Befragung des Pendels auch feine Details erkennen. In vielen guten Gesundheitsbüchern bis hin zum Anatomieatlas finden Sie derartige Darstellungen als Schema, in sorgfältigen Zeichnungen oder geschickt aufgenommenen Fotos.

Sie können *dabei nach der Methode »Gesuchtes finden«* im Sinne des Schemas ㉚ *vorgehen,* wie ich das einige Male beschrieben habe. Sie können auch mit dem locker ausgestreckten Mittelfinger der linken Hand oder mit einem einigermaßen spitz auslaufenden Gegenstand (z.B. einem Kugelschreiber) ein bestimmtes abzufragendes Organ oder eine ganz bestimmte Körperstelle berühren oder auch in voller geistiger Sammlung eben diese besondere Stelle auf der bildlichen Darstellung durch mehrfaches Anschneiden der gesuchten Stelle exakt fixieren. Dabei fragen Sie sinngemäß den mit der rechten Hand gehaltenen Pendel:»Ist der jetzt von mir angezeigte bzw. fixierte Punkt derjenige, wo die Erkrankung, die Störung, die Schädigung ihre Ursache hat: Ja oder Nein?« Der Pendel wird Ihnen die Antwort geben.

Im allgemeinen ist die Arbeit mit dem Energiesensor in diesem Fall jedoch einfacher und schneller. Die Arbeitsweise mit dem Energiesensor kann ich hier natürlich nicht nochmals im Detail aufzeigen. Das ist ja im letzten Teil

meines ersten Pendelbuches und dann ausführlicher
in meinem Buch »Der Energiesensor – Schädliche und
heilsame Schwingungen erkennen und auswerten«
schon geschehen. Der Energiesensor als Schwingpendel (die treffende Sachbezeichnung dafür; es werden ja
unter verschiedenem Namen mehrere Ausführungen
davon auf dem Markt angeboten) bietet *einen bedeutenden Vorteil gegenüber dem normalen Pendel:* Er reagiert
unmittelbar auf die beiden Schwingungsfelder, die einander gegenüberstehen und sich berühren. Das Denken, das Bewußtsein des Pendlers ist hier nicht als das
geistige Steuerorgan zwischengeschaltet. Daher haben
unzureichende innere Sammlung oder voreingenom-
mene Wunschvorstellungen kaum eine Chance, sich
durchzusetzen und damit ein falsches Ergebnis zu lie-
fern. Der Wert, der darin für die Aussagekraft des Energiesensors liegt, kann kaum überschätzt werden.

*Wie die Verträglichkeitsprüfung von Nahrungsmitteln, Ge-
tränken und Medikamenten* vorgenommen wird, habe ich
in den beiden erwähnten Büchern genau dargestellt.
Das kann ich hier nicht noch einmal wiederholen. Es ist
mir eine echte Freude und Genugtuung, daß ich in den
letzten Jahren von mir völlig unbekannten Menschen
eine ganze Reihe von Dankesbriefen für die Veröffentlichung dieses einfachen Gerätes mit seiner einfachen
Handhabung erhalten habe. Von Menschen, die z.B.
nach langjährig erlittenen üblen Folgen von Allergien
verschiedenster Art durch den Einsatz des Energiesensors die für sie gefährlichen Stoffe fast buchstäblich im
Handumdrehen diagnostizieren und sich auf der Stelle
davon befreien konnten. Manche schildern in geradezu
überschwenglicher Weise ihr Glück über die Befreiung
aus lange ertragener Not, aus der sie noch so intensive

schulmedizinische Behandlungen nicht erretten konnten. Die so treffsichere Verträglichkeitsprüfung durch den Energiesensor ist in der Tat immer wieder ein kaum glaublicher Segen für jeden, der es erlebt.

Auch in der Diagnose, d.h. für die exakte Feststellung einer gesundheitlichen Störung direkt am Körper, kann der richtige Gebrauch des Energiesensors eine große Hilfe sein. Das Verfahren ist einfach: Die linke Hand mit ihrem nervenreichen Gewebe im Handteller und an den Fingerkuppen dient als Antenne, als Aufnahmeorgan für die gestörten Schwingungen, die auf die Erkrankung zurückzuführen sind. *Bei der Ermittlung einer mehr punktförmigen Störungsquelle* ist das eine der Fingerspitzen oder Fingerkuppen. Ich persönlich verwende dazu meist den Mittelfinger als den längsten aller vier langen Finger. Es kann aber auch jeder andere sein. Die übrigen, dafür nicht benutzten Finger gilt es, in jedem Fall dabei locker (ohne unnötige Verspannung, die den Energiefluß behindern würde) zum Handteller hin zu krümmen, damit sie alle miteinander bei der punktförmigen Prüfung durch die *eine* Fingerspitze keine unerwünschten Fremdschwingungen aufnehmen können. Sie würden das Ergebnis ganz oder teilweise verfälschen. Die Fingerspitze kann nun ungehindert nahezu punktförmig die Suche nach dem mehr oder weniger exakten Störungspunkt aufnehmen.

Dafür nur zwei Beispiele: Das erste betrifft *Schmerzen an der Wirbelsäule.* Welcher ist der betroffene Wirbel, bzw. wo genau sitzt die betroffene Zwischenwirbel- oder Bandscheibe? Der Prüfende stellt sich mit dem Energiesensor in der rechten Hand hinter die vom Schmerz befallene Person und drückt die Fingerkuppe des langen Fingers der linken Hand sanft zwischen die zwei obersten Wirbel im Nacken. Auch der medizinische Laie kann die Vertiefung zwischen jeweils zwei Wirbeln, genauer gesprochen: zwischen ihren Dornfortsätzen, auf Anhieb spüren. Dreht der Sensorkopf, nach kurzem Auf- und Abschwingen, rechts (im Uhrzeigersinn), ist an der betroffenen Stelle alles in Ordnung. Die Energie fließt hier. Nun geht die Fingerspitze von einer Vertiefung zur anderen, also von einem Wirbelzwischenraum zum nächsten nach unten. Sie verharrt an jedem Punkt so lange, bis sich der Sensor eindeutig in Drehbewegung nach rechts gesetzt hat. Dann dreht der Sensorkopf auf einmal nach links (entgegen dem Uhrzeigersinn): Hier ist der Energiefluß gestört, hier ist eine gewisse Energieverhärtung oder -blockade, hier ist (z.B.) der Bandscheibenschaden. Oder bei Fortsetzung des Verfahrens zeigen sich (z.B.) hintereinander zwei betroffene Bandscheiben. In wenigen Minuten sind der oder die »Bösewichte« entdeckt.

Das zweite Beispiel betrifft die *Feststellung eines wurzelgeschädigten Zahnes.* Bei Zahnschmerzen wandert die Fingerspitze – sinngemäß zu verstehen – wie beschrieben vom hintersten Zahn Nr. 8 bzw. vom hintersten noch vorhandenen Backenzahn nach vorne. Durch eine nicht so fleischige Wange hindurch läßt sich das Hervortreten der einzelnen Zähne gut ertasten. Bei jedem gesunden Zahn dreht der Sensor rechts. Geht er dann bei einem nächsten plötzlich in Linksdrehung, dann haben Sie auch hier den »Bösewicht«, etwa mit einem Granulom (Vereiterung), exakt lokalisiert. Sie wissen genau: Der ist es und keiner seiner Nachbarn.

Es gibt heute schon eine Reihe von Heilpraktikern und

Ärzten, die nicht nur in den beiden eben beschriebenen Beispielen mit dem Energiesensor oder einem
anderen Schwingpendel arbeiten, sondern die ihn *in
vielen Fällen zur Diagnose einsetzen.* So lassen sich über
die Körperoberfläche verborgene Störungsquellen im
Inneren des Körpers oft rasch und ohne kompliziertes
Verfahren ermitteln. Der in dieser Richtung verant-
wortungsvoll vorgehende Mediziner kann auf diese
Weise seinem Patienten und nicht selten auch sich
selbst manche teure und umständliche Bemühung ersparen. Wer sich systematisch darum bemüht, wird mit
steigender Erfahrung in seinem Vorgehen bald erheb-
liche Sicherheit gewonnen haben. Der medizinische
Laie sollte aber auf der Hut sein: Wie leicht kann er in
Überschätzung seines Könnens Übles anrichten und
dabei nicht nur mit seinem Gewissen, sondern auch
noch mit dem Gesetz in Konflikt geraten!

*In prinzipiell gleicher Weise können Sie auch mit dem Pen-
del direkt am Körper arbeiten.* Das ist aber langwieriger,
weil der Pendel bis zum eindeutigen Ausschwingen in
die Rechts- oder Linksdrehung bzw. bis zur endgülti-
gen Erkenntnis des Stillstandes entschieden längere
Zeit braucht als der Energiesensor. Außerdem verlangt
er mehr innere Sammlung oder »Konzentration«,
während der Schwingpendel, wie schon gesagt, direkt
seine Reaktion auf die Berührung der beiden Energie-
felder zeigt. Er ist dem traditionellen Pendel hier also
eindeutig überlegen.

Manche Pendler und Schwingpendler arbeiten in Ab-
wesenheit einer erkrankten Person auch mit deren *Fo-
tografie als der vermittelnden Darstellung.* Das Vorgehen
ist hier im Prinzip ganz ähnlich wie bei der Verwen-

dung einer Skizze des menschlichen Körpers. In meinem Buch »Der Energiesensor« habe ich das dazu Nötige auf den Seiten 70/71 und 85/86 schon ausgeführt. Der Interessierte möge dort nachlesen.

Zum Schluß dieses Kapitels muß ich *ein Erlebnis* berichten, das uns allen *als Warnung dienen und vor vorschnellem Urteil bewahren soll.* Es war noch ziemlich zu Beginn meiner praktischen Arbeit mit dem Energiesensor. Bei einem Seminar führte ich ihn den Teilnehmern in seiner Eigenschaft der Verträglichkeitsprüfung von Medikamenten und Lebensmitteln vor. Eine Dame bat mich, bestimmte Tabletten an ihr zu testen. Ich prüfte die Verträglichkeit in dem üblichen Verfahren vor dem Magen, indem ich die Tablettenpackung etwa 15 cm davor und meinen Pendel in die Mitte dazwischen hielt. Ergebnis: Äußerst starkes senkrechtes Auf- und Abschwingen in der Mitte zwischen Körper und Prüfobjekt: schärfste Ablehnung. Da schaute mich die Dame etwas verstört-ungläubig an: »Ich muß diese Tabletten aber täglich und ganz regelmäßig nehmen, sonst halte ich es mit meinem Kreuz gar nicht mehr aus.« Da bat ich sie kehrtzumachen und prüfte dieselben Tabletten nun in der eben beschriebenen Weise an ihrem Kreuz, also am Kreuzbein und den untersten Lendenwirbeln. Jetzt schlug der Sensor mit derselben Vehemenz, mit der er zuvor nein gesagt hatte, zu einem stärksten Ja aus, indem er vom Prüfobjekt zum Körper heftig hin- und hersauste. Die Erklärung dafür brachte die Dame selbst: »Ich habe 15 Jahre lang da hinten grauenhafte Schmerzen ertragen, mehrfach wollte ich mich umbringen, und kein Arzt und kein Professor hat mir helfen können. Vor einem Jahr verschrieb mir endlich ein junger Arzt dieses Mittel. Es nimmt mir meine ständigen Schmerzen und hat mich wieder zum Menschen gemacht.« Und jetzt das Entscheidende: »Ich weiß ja, daß mich dieses Medikament wegen seiner starken Nebenwirkungen einige Jahre meines Lebens kosten wird. Die opfere ich aber gerne, wenn ich bis dahin nur ein menschenwürdiges Leben führen kann.«

Fazit: *Man sollte ein Medikament möglichst unmittelbar an dem Körperteil oder Organ prüfen, für das es bestimmt ist.* Die Prüfung vor dem Magen (wegen der üblichen Einnahme der meisten Medikamente durch den Mund) ergibt die allgemeine Verträglichkeit für den Organismus insgesamt: in unserem Fall scharfe Ablehnung wegen der starken Nebenwirkungen. Die Prüfung an der betroffenen Körperstelle ergibt die lokale Verträglichkeit für diese, für das betroffene Organ: in unserem Fall die extreme Zustimmung wegen der äußerst segensreichen örtlichen Wirkung. Diese Erfahrung der vermeintlich widersprüchlichen Aussagen des Schwingpendels habe ich seither immer wieder einmal erlebt. Sie ist von großer Bedeutung. Deshalb empfehle ich seit dieser Zeit immer nachdrücklich, Medikamente möglichst dicht an der betroffenen Körperstelle zu prüfen. Die zusätzliche Prüfung vor dem Magen kann uns dann ganz klar die Schädlichkeit von Nebenwirkungen aufzeigen. Je stärker der Sensorkopf dann schwingt, um so stärker sind sie. Der Hinweis, wie höchst bedeutungsvoll das für den Patienten sein kann, bedarf gewiß keiner Begründung.

Daß der Energiesensor auch bei *der Ermittlung von geopathischer Gesundheitsgefährdung* eine große Hilfe ist, habe ich in dem besonderen Kapitel darüber im 2. Haupteil dieses Buches schon genauer behandelt.

Die praktische Arbeit
mit den Pendeltafeln

»Laßt uns am Alten,
so es gut ist, halten.
Aber auf dem alten Grunde
Neues bauen jede Stunde.«
Alte Hausinschrift aus der Eifel

Kehren wir zurück zur Aufgabe dieses Buches. Es soll uns mit der großen Hilfe des Pendels zu besserer Gesundheit und Lebenserfüllung verhelfen. Ganz in diesem Sinne wollen wir uns nun dem Problem zuwenden, das besonders für den Anfang unserer praktischen Arbeit damit seine beachtliche Bedeutung hat. Das vorliegende Buch stellt 35 Pendeltafeln vor, die sich den 33 des ersten anschließen. Das sind nicht weniger als 68 Übersichten, Schemata, Tabellen. Wie mit ihnen arbeiten, ohne den gern zitierten roten Faden zu verlieren? Wie sie einsetzen und verwerten bei den nahezu unendlich vielen Möglichkeiten der Pendelarbeit, ohne unnötige Kraft und Zeit zu verlieren und doch alle sich bietenden Chancen für unsere Arbeit auszunutzen, die in dieser Vielzahl von Pendeltafeln verborgen liegen?

Das ist in der Tat eine Kernfrage für jeden Leser und Benutzer dieses Buches. Schon in meinen bisherigen Pendelkursen, wo es nur um den Einsatz und die Verwertung der ersten 33 Übersichten ging, spürte ich oft die verständliche Unsicherheit nicht weniger Teilnehmer. Wie soll das erst bei 68 Tafeln funktionieren? So will ich versuchen, einige Wegweiser aufzustellen, an die sich jeder halten kann, um

1. über die in der Natur der Sache liegenden Schwierigkeiten hinwegzukommen,

2. dabei sicher zu sein, keine wichtige Erkenntnismöglichkeit ungenutzt zu lassen und

3. schließlich zu lernen, mit allen Pendeltafeln souverän zu »spielen« und sie alle für sich auszuschöpfen.

Das Vorgehen bei einfachen Fragen

»Wenn wir mit unserem Bemühungen aufhören, besser zu werden, hören wir auf, gut zu sein.«

Eine alte Weisheit

Da gilt es, zunächst zu unterscheiden zwischen gründlichen Untersuchungen und einfachen Fragen. *Viele solcher einfachen Fragen tun sich im Alltag immer wieder auf.* Sie zielen auf einen speziellen Punkt hin. Im allgemeinen sind sie recht unkompliziert und lassen sich zumeist durch die Befragung von einer einzigen oder von einigen wenigen Tabellen hinreichend klären. Wichtig ist, daß Sie sich auch hier von Anfang an angewöhnen, sich noch vor Beginn des Pendelns zu fragen: Was könnte für die Beantwortung dieser Frage wichtig sein, welcher Hintergrund könnte dahinter stehen? *Beispiele* haben Sie in diesem Buch schon des öfteren gelesen. Ich möchte indessen der Klarheit halber noch einige typische Fälle anführen:

- *Problem schlechter Schlaf:* Guter Schlaf verlangt ausgeglichenen Spannungszustand. Daher Frage auf Tabelle ⑩ »Das rechte Maß«: »In welchem Spannungszustand befand ich mich, als ich gestern abend zu Bett ging?« Wahrscheinlich wird Ihnen Ihr Pendel auf diese Frage jetzt nach links ausschlagen in Richtung Spannung bis Überspannung, übermäßige geistige Aktivität. Erst jetzt sollten Sie auf Tabelle ⑮ »Schlafhilfen« nachforschen, was Sie hätten tun können, tun sollen, um sich zu helfen. Für den Wiederholungsfall kann Ihnen diese Erkenntnis nützlich sein. Problem insoweit gelöst. – Sollten Sie freilich anhaltend unter Schlaflosigkeit leiden, so wäre eine gründliche psychologische Untersuchung (siehe weiter unten) angezeigt, die Ihrer Schlaflosigkeit auf den Grund kommen will.

- *Magenverstimmung mit heftigem Bauchgrimmen:* Sie kennen die besondere Ursache (z.B. zu viel gegessen) und suchen jetzt nur ein wirkungsvolles Mittel zur Abhilfe. Die Pendeltafel über die einfachen Hilfen zur Selbsthilfe ⑬ verweist sie sogleich auf die Übersicht ⑯, wo Ihnen »Kohlwickel« angezeigt wird. Der tut seine Wirkung, und Sie fühlen sich bald wieder wohl. Problem gelöst.

- *Ein Kranker sucht speziell Stärkung seiner Immun-, seiner Heilungskraft:* Sie können zuerst fragen: Warum fehlt es ihm daran? Die drei Tabellen zur Ganzheit des Menschen geben Ihnen Auskunft: ⑳ zeigt Körper, Lebenskraft, ㉑ Antrieb, Vitalkraft und ㉒ Wurzelzentrum. Alle drei Antworten gehen in die gleiche Richtung: Es fehlt dem Kranken also tatsächlich an ursprünglicher Lebenskraft. Die direkt betroffene Tabelle ㊿ sagt Ihnen jetzt auf die Frage, was für diesen Kranken am wichtigsten ist, um seine Heilungskraft zu stärken:

1. seine seelischen Kräfte zu mobilisieren durch die innere Sammlung auf seine Lebenskraft und die geistige Lenkung der Heilströme auf das kranke Organ und

2. seine körperlichen Kräfte zu aktivieren durch be-

wußtes Atmen und viel Bewegung. Er soll also mit jedem Atemzug bei täglich sich etwas steigernder Bewegung die im Atem enthaltene Lebenskraft (»Atem ist Leben«) ganz bewußt in sich hineinsaugen, zur kranken Stelle hinlenken. Und er kann ergänzend beim Ausatmen alles Ungeordnete aus der Lunge, aus dem Körper hinausströmen lassen.

Die Frage ist beantwortet.

- *Irgend etwas am täglichen Essen bekommt nicht, was ist die Ursache?* Auch hier sozusagen ausholen zum Erfassen des wahren Grundes: Die Übersicht »Tieferliegende Ursachen« ⑬ verweist auf Ernährung ⑱ bis ⑳ und auf Mangel an Vitalstoffen ㉓ bis ㉕. Schließlich sind mittelbar noch die Tabellen ㊾ bis ㊿ zuständig. Ergebnis aus ㊾ und ㊿: Der häufig gegessene und mit zuviel Fett zubereitete Fisch ist die Ursache.

Diese Hinweise allein genügen wohl, um deutlich zu machen, wie sich diese auf etwas Spezielles gerichteten Fragen rasch und problemlos mit gezieltem Abfragen der auch hintergründig dafür zuständigen Pendeltafeln beantworten lassen. Soweit das im Kern ganz einfache Vorgehen bei solchen alltäglichen Fragen.

Das Vorgehen bei gründlichen Untersuchungen

»Nur Geduld: Mit der Zeit wird aus Gras Milch.«
Verfasser unbekannt

Ganz anders liegen die Dinge bei systematischen Überprüfungen oder Untersuchungen, die in den Kern der

Dinge gehen. Diese verlangen naturgemäß ein wohl-
überlegtes Ausschöpfen aller Möglichkeiten. Durchweg gilt es hier, weiter auszuholen und in die psychologische Tiefe hineinzuforschen. Daher ist die Arbeit an
ihnen oft langwierig. Denn der Mensch ist nun einmal
ein vielschichtiges Wesen und zugleich ein in sich ge-
schlossenes Ganzes, in dem sich die Veränderung eines
Teils immer irgendwie auch auf das Ganze auswirkt.

Bei den meisten dieser notwendigerweise systematischen Untersuchungen ergeben sich *drei oft wiederkeh-
rende Leitlinien,* deren Verfolgung durchweg zu erfreulich klaren Ergebnissen führt. Natürlich verläuft jeder
einzelne Fall nach seiner eigenen Gegebenheit und der
darin liegenden Gesetzlichkeit. Das führt zu unzähli-
gen Variationen dieser drei Grundlinien oder Leitwege.
Es ändert aber nichts an ihrem Wert. Er liegt darin, daß
sie im allgemeinen dafür sorgen, daß nichts Wesentliches außer acht gelassen wird, wenn man sich trotz
notwendiger Variationen im großem gesehen an ihren
Verlauf hält.

Diese drei Leitlinien unterscheiden sich nach der Ziel-
setzung von *drei großen Gruppen von Pendelaufgaben:* Je
nachdem, ob es um nur körperliche Gesundheit, um
seelisch-geistige Gesundheit im weiten Sinn des Wortes oder um psychologische Menschenbetrachtung
und Wesenserkennung im Zuge von besonderen
menschlichen Problemen und Krisen geht. Sie kommen im Verlauf wohl eines jeden Lebens gelegentlich
oder auch häufiger auf. Ich werde diese drei Leitlinien
im folgenden in ihrem immer wiederkehrenden Ver-
laufsschema aufzeigen.

Doch zuvor lohnt es sich, *die ihnen allen dreien gemeinsame Ausgangsbasis* zu erkennen. *Sie ergibt sich aus der Natur des Menschen,* der in allen auftretenden Fällen, so verschieden sie auch sein mögen, doch immer der gleiche ist. Es geht um das Fundament der Persönlichkeit, ihre wesentlichen Grundgegebenheiten oder Grundlagen für die jeweils besondere Wesensart. Dieses Fundament spiegelt sich dann in vielen sogenannten Charaktereigenschaften und Verhaltensweisen. Wer diese Basis eines Menschen klar erkannt hat, der hat dessen Wesenskern und damit oft genug das Geheimnis seiner Persönlichkeit erkannt. Es lohnt sich also sehr, daß wir uns *diesen gemeinsamen Ausgangspunkt für unsere Untersuchungen* als erstes erarbeiten. Von ihm aus spalten sich dann die drei Leitlinien in mehr oder minder verschiedene Richtungen oder Wege auf.

Wie ich schon in meinem ersten Pendelbuch an ausführlichen Beispielen gezeigt habe, handelt es sich dabei im wesentlichen um die folgenden *drei wahrhaft fundamentalen Grundlagen oder Schlüsseleigenschaften:*

1. Die Lebenskraft LK, abzulesen auf der 100%-Skala ②, und zwar in der doppelten Form:
   a) *Das Maß der ursprünglichen, in die Wiege gelegten Lebenskraft.* Sie ist das oberste Maß ihrer individuellen Verfügbarkeit. Der Maßstab ist wie immer 100 % als das absolut mögliche Höchstmaß des Menschen überhaupt.
   b) *Das Maß der derzeitig verfügbaren Lebenskraft,* das in gewissen Grenzen schwanken mag, aber fast ausnahmslos tiefer liegt. Der Grund: Kaum ein Mensch ist innerlich so total frei, ohne irgendwelche Hemmungen, daß er von seiner ursprünglichen Lebenskraft restlos Gebrauch machen könnte.

In der Tat ist *der Unterschied zwischen a) und b) von größter Bedeutung.* Er ist ein Schlüsselbegriff für die innere Freiheit eines Menschen: Je geringer die Differenz, um so freier, je größer die Differenz, um so gehemmter, unter äußeren und/oder inneren Schwierigkeiten und Nöten leidend, um so mehr auf sich selbst zurückgeworfen ist der Betreffende. Das Kontrollpendeln über die Artung seines Selbstgefühls auf den Übersichten ⑥¹ und ⑥² wird es sogleich bestätigen.

Die knappste und ganz klare Notiz durch das einfache Kurzzeichen lautet dann etwa LK 80/65 (der menschliche Durchschnitt dürfte bei etwa 70 liegen).

Lesen Sie bitte dazu die mehr ins einzelne gehenden Ausführungen im ersten Pendelbuch S. 78–81 nach. Die Lebenskraft ist die heute am meisten mißverstandene Kraft, wie schon bemerkt, und dabei so entscheidend für die Belastbarkeit des Menschen und für seine Gesundheit.

2. Der Spannungstand der Lebenskraft, ein zweiter Schlüsselbegriff für das Fundament der Persönlichkeit, abzulesen auf dem Schema »Das rechte Maß« ⑩ und ebenso in doppelter Form:

a) *Der Spannungszustand der Lebenskraft in der ursprünglichen Konstitution* des Menschen, als er in diese Welt eintrat, die ihm also von seinem Ursprung her zu eigen ist.

b) *Der momentane Spannungszustand der Lebenskraft.*

Die Differenz zwischen beiden Werten ist wiederum von der allergrößten Bedeutung. Wechselte der Betroffene etwa vom anlagemäßig ungefähren Spannungsausgleich (in der goldenen Mitte zwischen Spannung und Lösung seiner Energie) beträchtlich, vielleicht ganze 20 % hinüber auf die Seite der Spannung, von Yang, dann fängt er schon an, in streßhafter Überspannung zu sein. Oder ist er heute ein gutes Stück auf der Seite der Lösung, von Yin, etwa gar der Über- oder Auflösung seiner Lebensenergie? Dann haben Sie im Extrem einen laschen Charakter vor sich, der sich meist gehen läßt und von dem Sie nicht viel erwarten dürfen. Über diese lebenswichtige Seite unserer Wesensart, die in ihrer Bedeutung kaum zu überschätzen ist und doch nur von wenigen in ihrer Wurzel gesehen wird, sollte sich jeder mit Menschen ständig Umgehende klar sein.[56] Sein Spannungszustand begegnet uns bei jedem Menschen sozusagen auf Schritt und Tritt. Wir müssen nur die Augen haben, ihn zu sehen, und schon haben wir ein Kernstück seiner Persönlichkeit erfaßt.

Die knappe und klare Notiz zum Festhalten für weitere Untersuchungen lautet etwa 5a/25a oder 5a/25i, wie im ersten Pendelbuch S. 107 dargelegt (»a« steht für Yang, also auf Seite der Spannung, »i« für Yin, also auf Seite der Lösung). Dort können Sie auf S. 105–108 Genaueres dazu lesen.

3. Die Gefühlstiefe GT, abzulesen wiederum auf der 100%-Skala ②: die Flachheit oder Tiefe des Gefühls, des emotionalen Lebens. Es geht um die Verankerung der Gefühle mit den ihnen zugrundeliegenden Erlebnissen in den tiefen Schichten der Persönlichkeit. Je tiefer ein Gefühl, um so nachhaltiger sind die sich daraus ergebenden positiven und natürlich auch negativen Folgen. Und der Gefühlsflache mit seinem relativ schnellen Wechsel in seinem Gefühlserleben ist ungleich lebhafter, fixer und zugleich oberflächlicher und fahriger. Es lohnt sich gewiß, wenn Sie sich auch mit diesem dritten Schlüsselbegriff gründlich auseinandersetzen. Im ersten Pendelbuch S. 81–83 finden Sie knapp und übersichtlich das Wesentliche darüber.

Die knappe Notiz für Ihr weiteres Vorgehen kann ganz einfach zum Beispiel das Kurzzeichen und die gependelte Zahl GT 73 sein. (Der allgemeine menschliche Durchschnitt liegt hier bei etwa 65).

Mit diesen drei Schlüsselbegriffen sollten wir jedes psychologische Pendeln einleiten, auch jede der drei vorhin angeführten Leitlinien. Sie geben uns in der Tat drei Schlüsselwerte an die Hand, die für die Prägung der Gesamtpersönlichkeit von ausschlaggebender Bedeutung sind. Sie wirken sich in allem aus, was jemand erlebt, fühlt, denkt, redet und tut. In meinen Pendelseminaren konnte ich immer wieder erleben, wie sehr noch so kritische Teilnehmer wie Psychotherapeuten, Ärzte und Heilpraktiker, Lehrkräfte – vom Hauptschullehrer bis zum akademischen Professor – zunächst erstaunt und dann gepackt sind von dem großen Wert dieser drei Schlüsselwerte für die Einschätzung und Beurteilung von Menschen.

Zur möglichen Ergänzung, die vom einzelnen Fall abhängt, möchte ich schon hier auf folgende Punkte hinweisen, die Sie dann auch in den folgenden drei »Wegweisern« aufgeführt finden:

- Die relativ grobe, aber vielfach ausreichende Einteilung der Menschen in vier prinzipielle Typen, vom groben Materialisten bis zum ethisch Hochgeistigen, Tabelle ④, erstes Buch, S. 93/94.
- Die ungleich feinere und sorgsame Aufgliederung in 21 seelisch-geistige Entwicklungsstufen, vom geistig völlig Unwissenden bis zum Höchstgereiften, Tabelle ⑤, erstes Buch, S. 94–97.

- Die Betrachtung des ganzheitlichen Menschen, die uns den Schwerpunkt seiner Verankerung in einer bestimmten Persönlichkeitsschicht aufzeigt, Tabelle ⑩.
- Das gleiche hinsichtlich der vorwiegenden Verwurzelung seines Wesens in den für ihn wesentlichen Kerneigenschaften, Tabelle ⑪.
- Das gleiche hinsichtlich seiner Fundierung in den sieben Energiezentren oder Chakren, Tabelle ⑫.

Wenn Sie bei einer bestimmten Untersuchung den Eindruck haben, daß Ihnen der eine oder andere dieser ebenfalls in der Tiefe des Menschen fundierten Punkte von vorneherein eine nennenswerte Hilfe für Ihre Bemühungen sein kann, dann können Sie selbstverständlich auch gleich zu Beginn an diese Fragen herangehen. Besonders die Übersichten ④ und ⑩ oder ⑪ werden sich da zuweilen anbieten.

Noch einige Bemerkungen zu den folgenden drei Leitlinien:
- *Wenn in einer Übersicht auf eine andere verwiesen wird,* die in den folgenden drei Aufstellungen nicht enthalten ist, muß diese natürlich auch zu Rate gezogen werden. Zum Beispiel: Die befragte Übersicht ㊷ verweist auf geopathische Belastung, dann dürfen die dafür zuständigen Tabellen ㉜ und ㉝ nicht vergessen werden.
- *Die im folgenden aufgeführten Hinweise erledigen sich des öfteren von selbst,* weil ihnen bereits eine relativ früh befragte Übersicht eben diesen Hinweis schon gegeben hatte. War das nicht der Fall, dann können Sie die später angegebene Tabelle vergessen. Zeigt Ihnen zum Beispiel die Pendeltafel ㊷ außergewöhnliche Lebensbelastung auf, dann gehen Sie dieser sofort in ㊾ nach; zeigt sie Ihnen diese außergewöhnliche Lebensbelastung nicht auf, dann können

Sie 59 später getrost übergehen. Mit steigender Einarbeitung in den praktischen Gebrauch dieser Tabellen werden Sie das bald selbst feststellen.

- *Wenn Sie zu einem bestimmten Punkt (noch) keine innere Beziehung haben,* z.B. zu den Chakren 72, dann übergehen Sie einfach das Arbeiten mit dieser Tabelle. Sie sollten aber bemüht sein, sich diesen für Sie zunächst noch kritischen Beurteilungspunkt recht bald ordentlich zu erarbeiten. Denn jeder hat seine Berechtigung und seine manchmal große Bedeutung.

- *Das mag Ihnen jetzt alles kompliziert vorkommen:* Sie werden schon bald sicher sein in Ihrem jeweiligen Vorgehen, wenn Sie nur ernsthaft in die Praxis hineingehen und ganz einfach pendeln, ohne zuviel Nachdenken über das einzig richtige Verfahren. Das gibt es gar nicht. »Viele Wege führen nach Rom«. Deshalb muß man bei einer so verantwortungsvollen Sache ja nicht gleich unüberlegt vorgehen. Auch hier gilt: Die Praxis macht vieles rasch klar, und »Übung macht den Meister«.

- *Machen Sie sich sogar frei von vorgegebenen Verfahrensmustern,* auch von diesen drei »Wegweisern«: Lernen Sie – was nur durch Übung zu erreichen ist – mit allen Tabellen zu »spielen«, ganz nach den Notwendigkeiten des einzelnen Falles. Aber bleiben Sie immer bemüht, die reichen Erkenntnismöglichkeiten voll auszuschöpfen! Sonst wären vorschnelle Fehlinterpretationen gar nicht zu vermeiden.

Überprüfung von körperlichen Störungen oder Erkrankungen

Beginnen Sie, wie soeben ausgeführt, mit der sorgfältigen Klärung der drei wesentlichen Grundlagen der Persönlichkeit:
1. Lebenskraft ursprünglich und jetzt②,
2. Spannungszustand ursprünglich und jetzt ⑩,
3. Gefühlstiefe ②.

Im Anschluß daran sind die folgenden Tabellen wichtig:

⑥⓪   Welcher Körperbereich ist betroffen?

⑪   Wo liegt eine organische Störung vor?

⑫   Welcher Art ist sie? – Bei Hinweis auf »seelisch-geistige Blockade« siehe ⑥⑦!

⑬   Ist eine tieferliegende Ursache gegeben, die bis jetzt noch nicht bekannt ist? – Wenn »seelisch bedingt«, dann auch nach der folgenden Leitlinie »Überprüfung einer seelisch-geistigen Störung oder Erkrankung« verfahren!

⑥②   Ist die eine oder andere wesentliche Voraussetzung für die Erhaltung der Gesundheit vernachlässigt?

⑥⑦   Liegt eine unbewußte Energieblockierung vor, die die Gesundheit beeinträchtigt?

⑥⑨   Liegt eine außergewöhnliche Lebensbelastung vor, die die Gesundheit beeinträchtigt?

⑦⓪   Ist die Störung oder Erkrankung in einer bestimmten Persönlichkeitsschicht (mit)begründet?

⑦⑪   Ist die Störung oder Erkrankung in einer bestimmten Kerneigenschaft (mit)begründet?

Oft wird auf die folgenden Tabellen verwiesen. Sie können natürlich auch direkt befragt werden:

⑭   Skelett, Knochen, Gelenke
⑮   Bauch- und Verdauungsorgane
⑯   Drüsen
⑰   Kopf
㊽   Ernährungstherapie: Zusammensetzung der Nahrung
⑱   Hauptnährstoffe
㊾   Hauptgruppen der Nahrungsmittel
⑲   Ernährungsart, Diät
㊿   Zubereitungsarten
⑳   pH-Wert
㉓-㉕ Vitalstoffe: Vitamine, Spurenelemente, Mineralstoffe
㊽   Giftstoffe

Überprüfung von seelisch-geistigen Störungen oder Erkrankungen

Auch hier beginnen Sie mit der sorgfältigen Klärung der drei wesentlichen Grundlagen:
1. Lebenskraft ursprünglich und jetzt ②,
2. Spannungszustand ursprünglich und jetzt ⑩,
3. Gefühlstiefe ②.

Im Anschluß daran sind die folgenden Tabellen wichtig:

④   Welcher der vier prinzipiellen Menschentypen bzw. welche Mischung von zweien liegt hier vor?

⑤   Welche seelisch-geistige Entwicklungsstufe weist der überprüfte Mensch auf?

㊲   Wie sieht die Entwicklung oder Öffnung der einzelnen Chakren oder Energiezentren aus? Ihre Auswirkung?

㉑/㉒ Welche seelisch-geistige Störung liegt hier vor, und was ist ihre Ursache?

ⓢ⓪ Welche Persönlichkeitsschicht ist im besonderen betroffen (oft nur Kontrollfrage)?

ⓢ② Fehlt es an einer der wesentlichen Voraussetzungen für die Erhaltung der seelischen Gesundheit?

ⓢ⑦ Wo liegt eine unbewußte Energieblockierung vor?

ⓢ⑨ Spielt eine außergewöhnliche Lebensbelastung mit?

ⓢ① Überwiegt das echte Selbstwertgefühl oder der Selbstschätzungstrieb?

ⓢ② Wie weit ist das Selbstwertgefühl gesund bzw. zerrüttet?

ⓢ⑨ Wie weit spielt ein eheliches oder partnerschaftliches Problem mit?

ⓢ⓪ In welchem Lebensbereich (oberer Teil) und in welcher Persönlichkeitsschicht (unterer Teil) liegt das vorliegende Problem begründet?

ⓢ① In welchem Eigenschaftsbereich wirkt sich das vorliegende Problem besonders aus?

Je nach Sachlage können auch die folgenden Tabellen noch wertvolle Hinweise geben:

ⓢ③/ⓢ④ Spielt hier der Alterungsprozeß eine nennenswerte Rolle?

ⓢ⑤-ⓢ⑧ Wie weit wird die Persönlichkeit von ihrer Befriedigung eines erfüllten Lebens getragen, oder fehlt es daran?

Psychologische Menschenbetrachtung und Wesenserkennung

Es dürfte Ihnen aufgefallen sein, wie oft Tabellen-Nummern der ersten Aufstellung auch in der zweiten aufgeführt sind. Das ist gewiß kein Zufall. Denn der

Mensch ist eine untrennbare Ganzheit. *Die körperlichen Schwierigkeiten sind doch auf das engste mit den seelisch-geistigen gekoppelt,* ja oft nur deren äußeres Erscheinungsbild. Wenn die Seele mit einer schweren Belastung auf die Dauer nicht fertig wird, dann strömen die in Konflikten gestauten Energien nun einmal in den Körper und verursachen dann hier Störungen und Erkrankungen. An diesem engen Zusammenhang von Leib und Seele kann heute nur noch derjenige zweifeln, der ihn ganz einfach nicht wahrhaben will.

Wenn wir nun einen Menschen psychologisch, d.h. in seiner seelischen Artung kritisch betrachten, wenn wir sein nur für ihn höchstpersönlich ausgeprägtes einmaliges Wesen erkennen wollen – sind wir da nicht *bei denselben Beurteilungspunkten wie bei der Überprüfung seiner seelisch-geistigen Gesundheit?* Die seelisch-geistige Störung oder gar Erkrankung ist doch nichts anderes als die negative Seite der Gesundheit, wenn wir diesen Begriff im neutralen Sinn des Alltags nehmen, wie etwa in der bekannten Frage »Wie steht es mit Ihrer Gesundheit?«. Diese einfache Überlegung macht es einleuchtend, daß wir für diese dritte große Gruppe von Pendelaufgaben – die ich vor kurzem unterschied – in der Tat bereits die vollgültige Leitlinie, den vollgültigen »Wegweiser« für unser Vorgehen in der zuletzt erarbeiteten Aufstellung aller dafür wichtigen Pendeltafeln vor uns haben.

Selbstverständlich beginnen wir auch hier, wie dort verzeichnet, *mit der gewissenhaften Klärung der drei wesentlichen Persönlichkeitsgrundlagen.*

Dann können wir getrost *den zuletzt aufgezeigten Weg*

der Überprüfung seiner seelisch-geistigen Gesundheit verfolgen. *Dabei beachten wir:*

- *den kleinen Unterschied,* daß wir die Übersichten ㉑
  und ㉒ »Seelisch-geistige Störungen und ihre Verur-
  sachung« nur überprüfen, wenn sich ein besonderer
  Anlaß dazu ergibt, und
- *auf jeden Fall den großen Unterschied, daß sich unser
  Blickpunkt jetzt auf die psychologische Seite, auf die innere seelisch-geistige Wesensart des Überprüften richtet,*
  auf alle seine wichtigen Charakterzüge und -eigen-
  schaften, auch auf alle in ihm möglicherweise vorhandenen besonderen menschlichen Probleme und
  Krisen, die für ihn selbst und für die Menschen seiner Lebensumgebung wichtig sind oder wichtig sein
  können.

*Wenn es bei einer Untersuchung etwa um die besondere
»Tüchtigkeit« oder Leistungsfähigkeit* geht, dann können
Sie in dem schon mehrfach erwähnten Buch »Die vergessene Welt der Gefühle« eine jahrzehntelang bewährte Aufstellung von deren Voraussetzungen finden.[57] Darüber hinaus kann Ihnen dieses Buch für jegliche Menschenbetrachtung und Menschenbeurteilung eine Fülle von Hilfen geben, weil es viele zumeist
mißachtete Hintergründe unserer Natur ausleuchtet.

*In vielen Fällen empfiehlt es sich, bei einer solchen vorur-
teilslosen Betrachtung des besonderen Wesens eines Menschen auch zu denken*

- an irgendwelche Persönlichkeitskrisen wie Pubertät,
  Wechseljahre, die »Mittlebenskrise«
- und besonders auch an ihre mehr oder minder
  schwerwiegenden Auswirkungen auf das Selbstbewußtsein,

- speziell an Partnerprobleme,
- an Schwierigkeiten der Kindererziehung mit ihren Rückwirkungen auf die Eltern und andere Angehörige,
- an die heute schon sprichwörtliche Überlastung (»Streß«),
- zuweilen an besondere krisenhafte Erscheinungen wie allgemeine Arbeits-, ja Lebensunlust,

um nur einige Beispiele zu nennen, mit allen oft schwerwiegenden Hintergründen und Folgen.

Schließlich sollte man nie vergessen, im Bedarfsfall Hinweise zu geben für eine allgemeine körperlich-seelische Stabilisierung oder Ertüchtigung, soweit sie sich aus den gewonnenen Erkenntnissen ableiten lassen. Sie geben einer solchen Betrachtung oft erst den großen, manchmal den erstmaligen und entscheidenden Wert für den betroffenen Menschen. Was nützen die schönsten Erkenntnisse über mißliche Umstände als solche, wenn man von keiner Hilfe, von keiner Erleichterung, von keinem Ausweg aus der Not erfährt!

Lebensstatus: Ganzheitliches Erfassen der individuellen Lebenssituation

Die gelegentliche gründliche Erstellung eines Lebensstatus will *den gegenwärtigen Standort eines Menschen im Rahmen seines Lebensablaufs* so klar wie nur möglich erfassen. Für viele war und ist die Bemühung darum so etwas Ähnliches wie eine Sternstunde in ihrem Dasein. Sie hilft dem Betreffenden, sich selbst zu erkennen und nach dem Sinn seines Lebens, seines Denkens und Hoffens und Tuns in nachdrücklicher Weise zu fragen. Das selbstverständlich mit dem Ziel, sein Leben noch besser in die Bahn zu lenken, in der man sich von Grund auf wohl und »glücklich« fühlen kann, in dem tiefen inneren Wissen, eingebettet zu sein in die über allem stehende große Ordnung. *Es handelt sich hier um eine Grundfrage von größter Bedeutung* für alle,

- die nicht nur mehr oder weniger gedankenlos durch dieses Leben hindurchtrotten und es von einem Tag zum anderen gleichsam nur so über sich hinweggehen sehen,
- die ihr Leben in voller Verantwortung selbst im rechten Sinn gestalten wollen,
- die in vollem Bewußtsein innerlich wachsen und zu einem vollen Menschentum heranreifen möchten und die jeden Tag als Übung dazu empfinden,
- die am Ende ihrer Tage im Rückblick darauf in die geistige Welt zurückkehren möchten in dem Bewußtsein, ein wirklich erfülltes, sinnvolles Leben gelebt zu haben.

Wo stehe ich in dem sich ständig wandelnden und immer fortschreitenden Prozeß meines Lebens und meiner Lebenserfüllung? Wie kann ich, wie muß ich meine derzeitige persönliche Lebenssituation in diesem sich unaufhörlich weiterentwickelnden Prozeß sehen? Auf welchem Weg bin ich, und wo ist mein Standort?

Darum geht es bei der Erstellung eines solchen Lebensstatus. Selbstverständlich gilt es dabei, möglichst *sämtliche dafür wesentlichen Punkte zu bedenken und zu überprüfen:*

- *Die äußere Gesundheit:* Liegen nennenswerte körperliche Störungen oder Erkrankungen vor, besonders solche, die auf ein inneres Problem verweisen? Siehe die Aufstellung zur Überprüfung von körperlichen Störungen.

- *Die innere Gesundheit:* Gibt es irgendwelche seelischen Störungen oder Erkrankungen, wenn ja, welche, und was ist ihr Hintergrund? Siehe die Aufstellung zur Überprüfung von seelisch-geistigen Störungen.
- *Die innere Entwicklung:* In welcher Seinsebene ist der Mensch vorwiegend gebunden, wo ist sein geistig-spiritueller Standort? Siehe besonders die Tabellen ④, ⑤, (51), (63), (64), (70), (71), (72).
- *Das Lebensziel und die Lebensaufgabe:* Was ist vorhanden und woran fehlt es beim Denken an ein erfülltes Leben? Siehe die Tabellen (65) und im Detail (66) bis (68), siehe auch (57) und (59).
- *Speziell der Beruf* als die eine der zwei wichtigsten Lebensentscheidungen: Ist er der richtige oder nur einer von mehreren möglicherweise noch besseren? Siehe den Absatz über »Tüchtigkeit oder Leistungsfähigkeit« im vorigen Kapitel, auch die Tabellen (57) und (59).
- *Speziell die Partnerschaft* als die andere der zwei wichtigsten Lebensentscheidungen: Ist es die richtige? Siehe die Tafel (69). – Wenn nicht, was ist zu tun? Im eindeutig negativen Fall Trennung oder bei noch erträglichem Zustand: sich wie positiv »zusammenraufen«? Siehe auch (57) und (59).
- *Positive oder negative Beeinflussung durch die Umwelt:* durch Eltern, Kinder, sonstige Verwandte, Lehrkräfte, Hausgenossen und Nachbarn, Mitschüler, Mitstudenten, im Beruf usw.? Zum richtigen Einschätzen siehe ②.

Den heutigen Zustand mit dem früheren zu vergleichen, ist oft sehr hilfreich zum besseren Verständnis einer momentanen Situation von problematischem Charakter:

Sie können auf der 100%-Skala ② (100 % = der jetzige Zustand) den Vergleichszustand zu jedem früheren Zeitpunkt erfragen. Dabei gibt der Bezug auf irgendein markantes Geschehen in der Vergangenheit, auf irgendein wichtiges oder einschneidendes Ereignis wie Beendigung der Schule, der Ausbildung, des Studiums, Änderung des Wohnortes, auf einen Berufswechsel, ein besonderes Familienfest, Verheiratung, besonderen Urlaub usw. immer einen eindeutigen Zeitpunkt an.

Wie schon in den praktischen Beispielen in meinem ersten Pendelbuch gezeigt, kommt es bei all diesen gründlichen Arbeiten und Untersuchungen mit dem Pendel in erster Linie darauf an, daß Sie mit Ihren Fragen so weit wie möglich *auf alle bedeutungsvollen Lebensumstände, Bedingungen und Voraussetzungen ausholen.* Seien Sie in jedem einzelnen Fall bemüht, den psychologischen Hintergrund zu erfassen, worauf ich ja schon mehrfach hingewiesen habe. Und nutzen Sie bitte in Ihrem eigenen Interesse alle Möglichkeiten, Ihr Wissen in dieser Richtung zu erweitern und zu vertiefen. Ich habe Ihnen eine ganze Reihe präzise aufgewiesen.

So können Sie sich mit der Zeit einen soliden Fundus an psychologischem Wissen und Können erarbeiten und Ihr psychologisches Feingefühl weiterentwickeln. *Das alles wird sich gewiß lohnen durch die innere Bereicherung,* die Sie erfahren, durch Ihr steigendes Verständnis für alle noch so verschiedenen Erscheinungsformen dieses so vielfältig schillernden Wesens Mensch mit allen seinen Hintergründigkeiten, seinen Stärken und seinen Schwächen. Und Sie werden dabei im Sinne Ihrer eigenen Lebensbestimmung weiter wachsen und reifen.

Ganz bewußt wiederhole ich zum Abschluß dieses letzten Buchteils noch einmal *die für jeden geistig Pendelnden so entscheidenden Grundsätze:*

- Vergessen Sie nie, wie Thomas Carlyle es so schön ausdrückte, das Geheimnis einer jeden Persönlichkeit mit Achtung zu behandeln und in ihr inneres Heiligtum nicht ehrfurchtslos einzudringen.
- Verharren Sie bei allen Ihren Bemühungen, weiter zu wachsen und zu reifen in ein volles Menschentum hinein, in Selbstbescheidung und Demut vor der großen, über uns stehenden Kraft. Sie lebt, so wie in Ihnen selbst, auch in jedem Ihrer Mitmenschen. Wie könnte sich derjenige über eines jeden Menschen Schwächen erheben, der sich seiner eigenen Mängel und Fehler bewußt ist? »Wir sind allzumal Sünder«, sagt Martin Luther ungeschminkt. Da kann es wahrhaftig keinen Grund geben zu Überheblichkeit jedweder Art.
- Und lernen Sie zu schweigen: Nur dem gegenüber, den es angeht, darf das Schweigen durchbrochen werden und auch das nur insoweit, als es zu seinem Besten ist. »In der Stille liegt alle Kraft«, sagt Bernhard von Clairvaux.

Schlußwort

»Mitten im Leben sollt Ihr Gott ergreifen.«
Meister Ekkehard

Diese Welt, in der wir leben, ist die Welt der Materie. Erheben wir uns über die materielle Ebene und überlassen wir uns unserem eigenen Geist, lernen wir, ihm in der Tiefe zu vertrauen! Von klein auf sind wir dieser materiellen Welt preisgegeben und verhaftet, sind wir blind für die gewaltigen Kräfte des Geistes. So wie unsere dafür blinden Augen die Ausstrahlungen der Lebenskraft, den Strom der Lebensenergie nicht sehen, der jede lebende Zelle beseelt, den jede Zelle ausstrahlt nach allen Seiten. Und doch ist er der Träger des Lebens auch eines jeden von uns.[58] Wir brauchen fast so etwas wie Mut dazu, das trotz der vordergründigen Widerspenstigkeit des Intellekts zu erkennen und es in seiner ganzen Bedeutung zu erfassen.

»Materie an sich gibt es nicht, es gibt nur den belebenden, unsichtbaren, unsterblichen Geist als den Urgrund der Materie …, den ich mich nicht scheue, Gott zu nennen«, sagte der große Naturwissenschaftler Max Planck. Stellen wir uns ein auf die Schwingungen der allgegenwärtigen, alles schaffenden und erhaltenden Schöpfungskraft Gottes, des Geistes, der kosmischen Urenergie, oder wie immer wir sie sonst nennen. Ja, wir schwimmen in einem Meer von Energie und wollen es nur nicht so recht glauben, nur weil unsere beschränkten Sinne sie nicht wahrnehmen. Dabei ist sie es, die unser Leben prägt.

Und doch sind die geistigen Kräfte, die diese alles schaffende Energie steuern, Schwingungen, die wir erfahren können in der Tiefe unseres Wesens. Wenn wir unseren Geist und unser Bewußtsein ganz in sich selbst sammeln, wenn wir getragen sind von der tiefen Ruhe und der Geborgenheit in der Schöpfung, wenn wir im Innersten ganz frei, gelöst und geöffnet sind für die unendlichen Schwingungen allen Seins: Dann kann uns unser Pendel die geheimen Kräfte jenseits der Welt des äußeren Scheins erkenntlich machen. Denn dann

schöpfen wir aus der unserem kleinen Verstand un-
faßbaren Welt der ewig schwingenden, fließenden Energie, die alles geschaffen hat, was geschaffen ist, und
ohne die – wie es zu Beginn des Johannes-Evangeliums
heißt – nichts geschaffen ist von allem, was geschaffen
ist.

Dann öffnet sich uns die Erkenntnis der Einheit des
Seins, der einen und einzigen Urquelle alles Existierenden, die innere Verbindung zu allem, was es da gibt
in unserer Welt. In Ehrfurcht und Demut vor der
großen, allgewaltigen Kraft können wir uns allen unseren Mitgeschöpfen in Liebe zuwenden. Denn sie sind
alle Teil unserer eigenen Kraft, Teil unser selbst. Und
zugleich erwachsen uns der Mut und die Kraft dazu,
ohne Scheu vor denen, die sich ihm verschließen, unseren eigenen WEG zu gehen, an dessen Ende wir das
volle Wiedereinswerden mit der großen unendlichen
Kraft ersehnen: die »Erlösung« aus den Beschränktheiten, Nöten und Leiden dieser Welt.

Zum Schluß die ganz herzliche Bitte: Der Verfasser kann
nicht für Sie pendeln, und er kann Ihre Pendelprobleme
nicht lösen. Denn kein Mensch kann für einen anderen Erfahrungen machen. Das können nur Sie selbst
tun. Er kann auch nicht verantwortlich sein für das,
was Sie als Leser dieses Buches von sich aus bei Ihren
eigenen Pendelbemühungen aus seinem Inhalt machen.
Alles für Sie Wesentliche steht in diesem und den anderen Büchern des Verfassers bzw. seiner Frau. Verzichten Sie daher bitte auf weitere Anfragen oder Ersuchen um zusätzliche Auskünfte oder gar um Nachpendelung Ihrer Ergebnisse. Wegen Überlastung mit an-

deren Arbeiten am Menschen ist das außerhalb der von ihm abgehaltenen Seminare leider nicht möglich. Haben Sie dafür bitte Verständnis!

Der Verfasser dieses Buches gibt gelegentlich – soweit es seine Zeit erlaubt – Pendelkurse im Sinn dieses Buches. Genaueres ist zu erfragen bei Dr. Anton Stangl, D-64757 Rothenberg/Odenwald.

Anmerkungen

1 »Pendeln – Grundlegung, Persönlichkeit, Gesundheit, Lebensalltag, Geopathie. Mit 33 bewährten Pendeltafeln.« ECON Taschenbuch Verlag, 1987

2 »Heilen aus geistiger Kraft – Zur Aktivierung innerer Energien«, 1980
»Hoffnung auf Heilung – Seelisches Gleichgewicht bei schwerer Krankheit«, 1984
»Die geheime Kraft in uns – Ursprünge unserer Lebensenergie«, 1992

3 Diesen und den folgenden Absatz entnehme ich nahezu wörtlich aus dem Buch »Der Energiesensor«, da sie relativ knapp genau das wiedergeben, was auch im vorliegenden Zusammenhang das Wesentliche ist.

4 Die wahre Winzigkeit und die fast groteske Selbstüberschätzung des Menschen habe ich besonders im ersten Teil des Buches »Die geheime Kraft in uns« dargestellt. Die Erkenntnis dessen kann uns auf den wahren Boden unseres Seins zurückführen.

5 DAS FORUM 2/1992, S. 60

6 Siehe das in Anm. 2 erstgenannte Buch.

7 In dem in Anm. 4 erwähnten Buch und noch genauer in meinem Buch »Buddhismus – Buddhas Lehre und das Christentum«, 1993, siehe jeweils Inhaltsverzeichnis.

8 Genaueres: »Die Sprache des Körpers – Menschenkenntnis für Alltag und Beruf«, 1977

9 Siehe das Buch »Buddhismus«, im besonderen im
Rahmen des Edlen Achtfachen Pfades des Buddha.

10 In dem Buch Anm. 4.

11 Siehe das Buch Anm. 9, 1. Hauptkapitel.

12 Siehe das erste Pendelbuch Anm. 1, Seite 53.

13 Lesen Sie diese fundamental wichtige Voraussetzung unserer körperlichen und seelischen Gesundheit im ersten Teil unseres Buches »Lebenskraft –
Selbstverwirklichung durch Eutonie und Zen«,
1978, nach: Hier liegt die Wurzel von Krankheit und
Gestörtheit so vieler Menschen!

14 Siehe »Psychologie Heute« 2/94, S. 25.

15 Siehe die beiden erstgenannten Bücher der Anm. 2.

16 Siehe das zweitgenannte Buch der Anm. 2.

17 Siehe Anm. 13.

18 FAZ 27.4.1994

19 Alle diese Feststellungen beruhen auf zumeist
langjährigen Untersuchungen und sind ausnahmslos Ansicht aller Fachleute. Ein guter Teil von
ihnen ist in »Psychologie Heute« 12/1993, S. 20–29,
detailliert dargestellt.

20 Diese drei Punkte gemäß Bericht in »Psychologie
Heute« 11/1993, S. 58–63.

21 In unserem Buch »Lebenskraft«, wo ich die Kraft
der Vorstellung und die Wirksamkeit des gesteuer-
ten reflektorischen Ablaufs in unserem Nervensystem behandle, S. 66/67.

22 In »Psychologie Heute«, 3/1994, Bericht von Stefan
König.

23 »Der Energiesensor – Schädliche und heilsame
Schwingungen erkennen und auswerten«, 1989

24 In dem erstgenannten Buch der Anm. 2, S. 52/53,

und in dem Buch der Anm. 16, S. 82–84, sowie S. 122–126, die Hilfen im besonderen für den Schwerkranken aufzeigen. Im übrigen haben wir den ganz engen Zusammenhang von Gesundheit und Krankheit mit unserem inneren Spannungszustand in dem Buch Anm. 13, S. 41–45, aufgewiesen.

25 Genaueres siehe in dem letztgenannten Buch der Anm. 2 in dem Kapitel »Das Gebot der Selbst- und Nächstenliebe«, S. 115–126.

26 FAZ 3.7.1992

27 Siehe Anm. 13.

28 Siehe das Buch Anm. 9.

29 Noch einmal weise ich auf S. 122ff. unseres Buches »Hoffnung auf Heilung« hin, wo das alles im einzelnen dargelegt ist.

30 Siehe das Buch Anm. 29: Die zusammenfassende Übersicht auf S. 169 über die konkreten Ansatzpunkte zur Stärkung der körpereigenen Abwehr- und Heilungsenergien.

31 Siehe Anm. 13.

32 Zum Teil entnahm ich diese Punkte unserem Buch Anm. 29 auf Seite 185/186, wo es um die Frage geht: Was steht eigentlich hinter meiner Erkrankung, welche Botschaft will sie mir geben? Sie können dort noch weitere in Einzelheiten gehende Hinweise zum vorliegenden Problem finden.

33 In »Die geheime Kraft in uns« S. 77–87, speziell S. 85–87. Im Buch »Buddhismus« S. 107–137, speziell S. 107–109.

34 Siehe die geradezu faszinierend zu lesende Untersuchung der amerikanischen Psychologin Gina Germinara »Erregende Zeugnisse von Karma und Wiedergeburt« (5. Aufl. Freiburg 1978, auch als Taschenbuch).

35 FAZ 27.4.1994. Überschrift dieses Berichtes: »Mehr Ärzte – mehr Kranke?«

36 »Raum und Zeit« 67/94, S. 86.

37 Das ist wohl besonders der Fall in unseren Veröffentlichungen: »Lebenskraft«, »Hoffnung auf Heilung«, »Die vergessene Welt der Gefühle«, »Die geheime Kraft in uns«.

38 Zu diesem Zusammenhang empfehle ich die Lektüre des Kapitels »Wir leben im Gefängnis unserer Sinne, unseres Verstandes, unseres Ich« im letztgenannten Buch der Anm. 37.

39 Im 11. Kapitel »Wie Selbstgefühl und Selbstbewußtsein die Menschen prägen und ihr Leben formen«, S. 119–131.

40 Im Buch Anm. 21, S. 57–59.

41 »Die vergessene Welt der Gefühle«, S. 106–118. Hier finden Sie viele lebensnahe Beispiele und die »Technik« der wirkungsvollen Motivation in Erziehung und Menschenführung.

42 Leider habe ich seinerzeit versäumt, mir die Quelle zu notieren, als ich diese Zusammenfassung in meine Wissenskartei aufnahm.

43 Siehe die beiden erstgenannten Bücher der Anm. 2.

44 Siehe das Buch »Buddhismus«, 1. Teil.

45 Siehe das Buch Anm. 41, besonders das 2. und 9. Kapitel sowie S. 145/146, und »Lebenskraft«, besonders den 1. Buchteil.

46 Siehe das Buch Anm. 41 in dem Kapitel »Was Hemmungen sind, und wie man sie überwinden kann«, wo eine Reihe von bewährten Hilfen aufgeführt ist.

47 Siehe unser Buch »Lebenskraft«, 3. Teil: Eutonie, und das Buch von M.-L. Stangl »Jede Minute sinnvoll leben – Vertrauen zu sich selbst gewinnen« als

im Alltag ohne jeden Zeitverlust praktisch anzu-
wendende Eutonie.

48 Das Wort »Christusbewußtsein« hat mit einer for-
mal-religiösen Institution nichts zu tun. Es bezieht
sich ausschließlich auf die Lehre von Jesus. Ich erinnere an den Vergleich der Lehre Buddhas mit dem
Christentum, siehe das Buch Anm. 44.

49 Im 1. Teil des Buches Anm. 13 finden Sie dazu viele
Einzelheiten.

50 In diesem Zusammenhang weise ich Sie auf das Kapitel »Die Hintergründe der sogenannten Leistungsfähigkeit« in dem Buch Anm. 41 hin. Hier
haben Sie ein schönes Beispiel, wie die bloße Folgeeigenschaft »Leistungsfähigkeit« zurückgeführt
wird auf die ihr zugrundeliegenden Kerneigenschaften. Viele Menschen sind auf einem bestimmten Gebiet (nicht nur wegen ihres Fachkön-
nens!) sehr leistungsfähig und werden daher als allgemein tüchtig beurteilt. Ändern sich bestimmte
Lebensumstände, sind sie es auf einmal gar nicht
mehr! Das Leben bietet genug Beispiel dafür.

51 Im Anhang befindet sich die »Zusammenfassende
Übersicht der Körpersignale für die Menschenbeurteilung allgemein« und zusätzlich die »für typische Gesprächs- und Verhandlungssituationen«.
Wer sie in der Praxis anwendet, bemerkt rasch ihren
großen Wert.

52 Derzeit 9. Auflage ECON Taschenbuch Verlag,
S. 14–28.

53 Siehe mein Buch »Buddhismus« bei der Besprechung der ersten der vier buddhistischen Grundtugenden: die Liebe oder Güte, S. 139 ff. sowie das
Buch »Die geheime Kraft in uns« mit dem Kapitel
»Das Gebot der Selbst- und Nächstenliebe«, S. 115ff.

54 Gemäß dem erstgenannten der beiden im Text sofort anschließend genannten Bücher, S. 69.

55 Siehe z.B. »Die Runen und ihre bioenergetische Wirkung« von Adolf und Edith Traunbauer in der Zeitschrift »Raum und Zeit« 66/93, S. 5–9. Eine knappe, übersichtliche Einführung gibt z.B. »Das Runenhandbuch – Erkenntnis und Lebenskraft aus den geheimnisvollen Worten und Zeichen« von Reinhard Florek, Windpferd Verlag Aintrang.

56 Siehe den 1. Teil von »Lebenskraft« mit Ergänzungen in »Die Sprache des Körpers« (äußere Erkennbarkeit) und in »Hoffnung auf Heilung« (die nahezu zwangsläufigen Auswirkungen auf Gesundheit und Krankheit).

57 Auf S. 141–148 mit einer Übersicht über alle Punkte auf S. 142.

58 Der Strom der Biophotonen, wie der heute weltbekannte Professor Dr. Fritz-Albert Popp diese das Leben tragenden Strahlungen der Lebensenergie nennt.

»Wir müssen uns mit der Zukunft befassen. Denn dort werden wir den Rest unseres Lebens verbringen.«
Verfasser unbekannt

Literaturhinweise

In meinem ersten Pendelbuch brachte ich ein aus-
führliches und nach Teilgebieten systematisch aufge-
gliedertes Literaturverzeichnis. Dem habe ich heute
nach den relativ wenigen Jahren seines Erscheinens
nichts hinzuzufügen. Die meisten der inzwischen er-
schienenen Bücher bringen bei kritischer Betrachtung
kaum wesentlich Neues.

Lediglich der Literatur, die in dem besonderen Kapitel
»Radiästhesie« aufgeführt ist, möchte ich noch zwei
Bücher hinzufügen:

Farkas, Boris: Angewandte Radiästhesie. Pendel und
Wünschelrute in der Praxis. Freiburg 1989

Nielsen, Greg: Beyond Pendulum Power Entering The
Energy World. Reno/Nevada 1988

Übersicht: Alle Pendeltafeln (aus beiden Büchern)

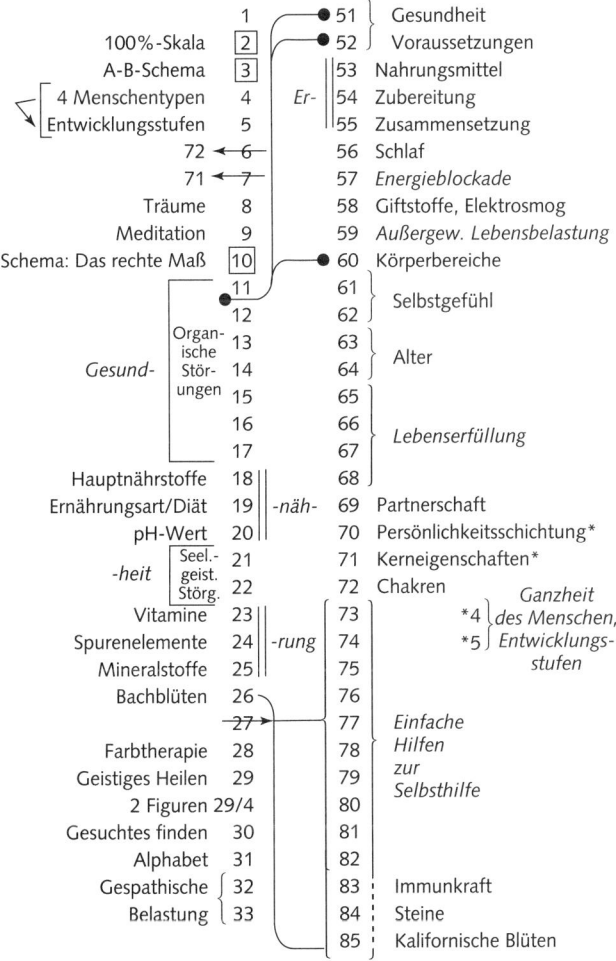

	1	● 51	Gesundheit
100%-Skala	2	● 52	Voraussetzungen
A-B-Schema	3	53	Nahrungsmittel
4 Menschentypen	4	Er- 54	Zubereitung
Entwicklungsstufen	5	55	Zusammensetzung
72 ← 6		56	Schlaf
71 ← 7		57	*Energieblockade*
Träume	8	58	Giftstoffe, Elektrosmog
Meditation	9	59	*Außergew. Lebensbelastung*
Schema: Das rechte Maß	10	● 60	Körperbereiche
	11	61	Selbstgefühl
	12	62	
Gesund- Organische Stör-ungen	13	63	Alter
	14	64	
	15	65	
	16	66	*Lebenserfüllung*
	17	67	
Hauptnährstoffe	18	68	
Ernährungsart/Diät	19	-näh- 69	Partnerschaft
pH-Wert	20	70	Persönlichkeitsschichtung*
-heit Seel.-geist. Störg.	21	71	Kerneigenschaften*
	22	72	Chakren
Vitamine	23	73	*Ganzheit*
Spurenelemente	24	-rung 74	*4 des Menschen,*
Mineralstoffe	25	75	*5 Entwicklungs-stufen*
Bachblüten	26	76	
27 →		77	*Einfache*
Farbtherapie	28	78	*Hilfen*
Geistiges Heilen	29	79	*zur*
2 Figuren	29/4	80	*Selbsthilfe*
Gesuchtes finden	30	81	
Alphabet	31	82	
Gespathische	32	83	Immunkraft
Belastung	33	84	Steine
		85	Kalifornische Blüten

100 %-Skala ②

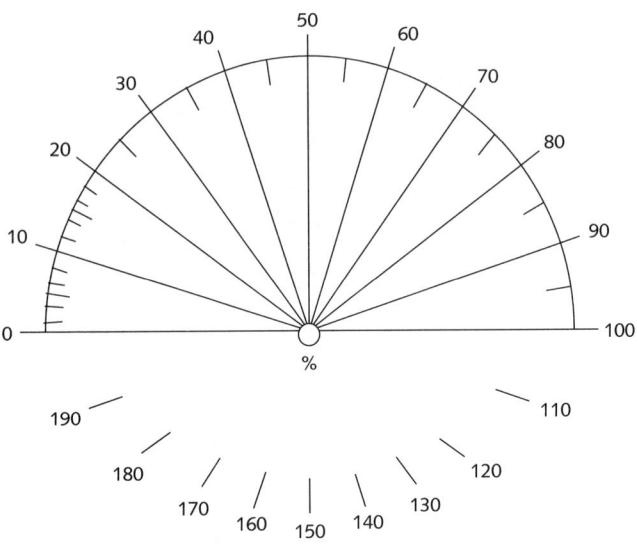

A-B-Schema ③

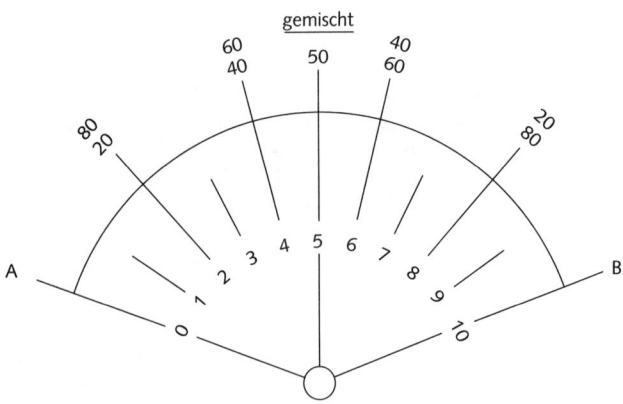

Schema: Das rechte Maß (10)

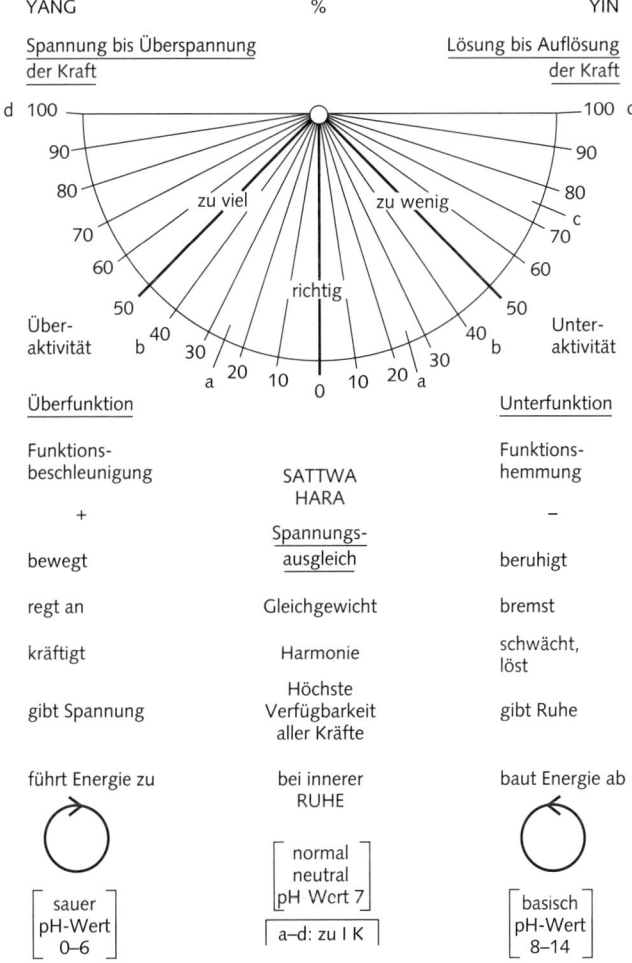

YANG   %   YIN

Spannung bis Überspannung der Kraft   Lösung bis Auflösung der Kraft

d 100 — — 100 d

90 — 90

80 — zu viel — zu wenig — 80

70 — 70 — c

60 — 60

50 — richtig — 50

Überaktivität   b 40   30   a 20   10   0   10   20 a   30   b 40   Unteraktivität

Überfunktion	SATTWA HARA	Unterfunktion
Funktionsbeschleunigung		Funktionshemmung
+	Spannungsausgleich	−
bewegt		beruhigt
regt an	Gleichgewicht	bremst
kräftigt	Harmonie	schwächt, löst
gibt Spannung	Höchste Verfügbarkeit aller Kräfte	gibt Ruhe
führt Energie zu	bei innerer RUHE	baut Energie ab

⟳

⟲

```
  sauer
pH-Wert
  0–6
```

```
 normal
 neutral
pH-Wert 7
```

```
a–d: zu I K
```

```
 basisch
pH-Wert
 8–14
```

271

51

Die vier prinzipiellen Persönlichkeitsschichten

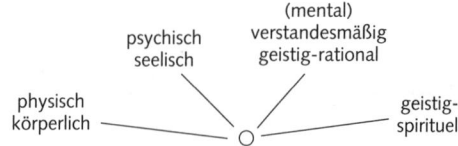

```
                         (mental)
            psychisch    verstandesmäßig
            seelisch     geistig-rational

physisch                                      geistig-
körperlich ─────────────○─────────────       spirituell
```

52

Wesentliche Voraussetzungen
für die Erhaltung der Gesundheit

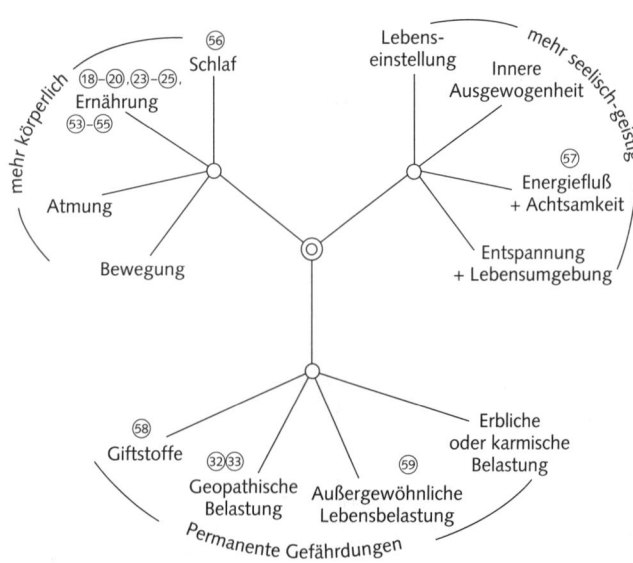

mehr körperlich

⑱-⑳.㉓-㉕.
Ernährung
㊳-㊵

⑤⑥
Schlaf

Lebens-
einstellung

mehr seelisch-geistig

Innere
Ausgewogenheit

⑤⑦
Energiefluß
+ Achtsamkeit

Atmung

Bewegung

Entspannung
+ Lebensumgebung

⑤⑧
Giftstoffe

㉜㉝
Geopathische
Belastung

Außergewöhnliche
Lebensbelastung

⑤⑨

Erbliche
oder karmische
Belastung

Permanente Gefährdungen

272

Hauptgruppen der Nahrungsmittel

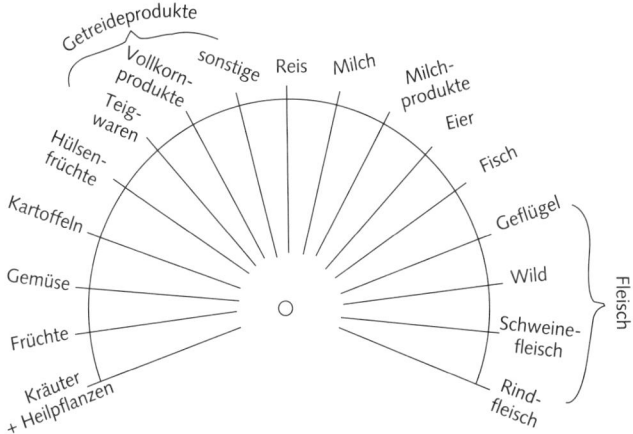

Getreideprodukte
Vollkorn-produkte
sonstige
Reis
Milch
Milch-produkte
Teig-waren
Eier
Hülsen-früchte
Fisch
Kartoffeln
Geflügel
Gemüse
Wild
Früchte
Schweine-fleisch
Kräuter + Heilpflanzen
Rind-fleisch
Fleisch

Zubereitungsarten

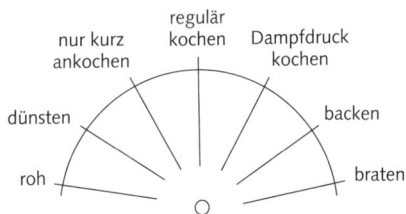

nur kurz ankochen
regulär kochen
Dampfdruck kochen
dünsten
backen
roh
braten

(55)

Ernährungstherapie: Zusammensetzung der Nahrung

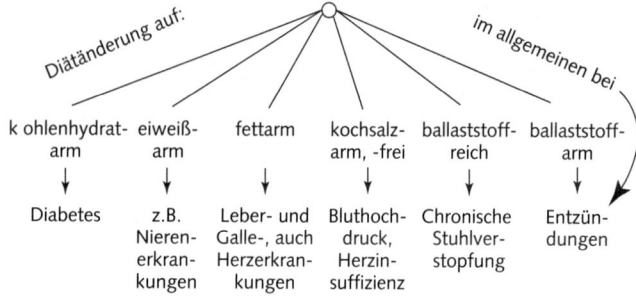

Diätänderung auf:

im allgemeinen bei

k ohlenhydrat- arm	eiweiß- arm	fettarm	kochsalz- arm, -frei	ballaststoff- reich	ballaststoff- arm
↓	↓	↓	↓	↓	↓
Diabetes	z.B. Nieren- erkran- kungen	Leber- und Galle-, auch Herzerkran- kungen	Bluthoch- druck, Herzin- suffizienz	Chronische Stuhlver- stopfung	Entzün- dungen

(56)

Schlafhilfen

㉜㉝
Überprüfung:
Geopath. Belastg.

Kopfausrichtg
nach N, sonst O

Überprüfung
von Bett, Matratze,
Zudecke

Spaziergang vor
Zubettgehen

Systematische
körperliche
Ermüdung

Frische Luft
ins Zimmer

Vermeiden von
Störung durch
andere Schläfer

Ermüdende
Körpermassage

Beruhigende
Vorstellungsbilder

Meditative
Yogaübungen,
Eutonie, Meditation

Beruhigendes
Beten

Einschlaf-
Kräutertee

Trinken von
warmer Milch

274

Unbewußte Energieblockierung

Überspannte Achtsamkeit allgemein

Gesundheit, Vitalkraft, Arbeitskraft

Schöpferische Fähigkeiten, Kreativität

Krankheit, Leiden

Partnerschaft, Familie, Kinder

Wünsche + Hoffnungen

Geschlechts-leben

Finanzielle Lebensbasis

Kommunikation, soziales Verhalten

Weltanschauung, Religion

Gesellschaftl., beruflicher Status

Eigenes Erscheinungs-bild

Höhere »Bildung«: Kopflastigkeit

Giftstoffe und Elektrosmog

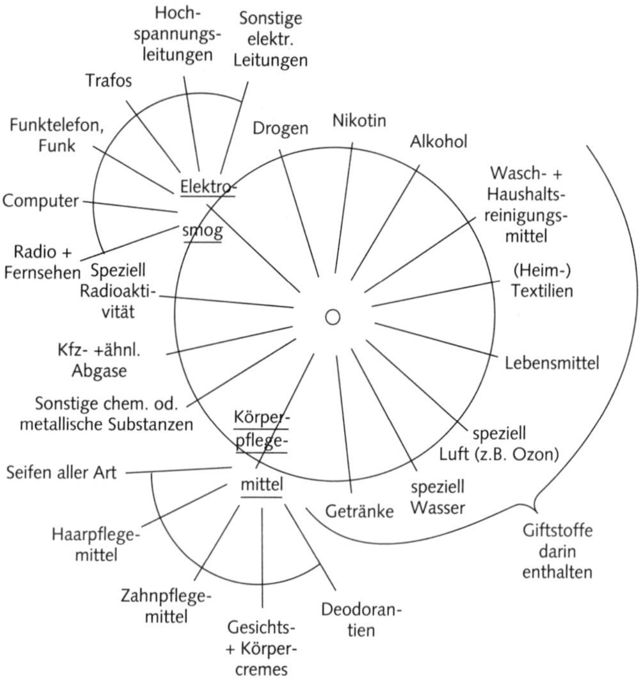

Hoch-
spannungs-
leitungen

Sonstige
elektr.
Leitungen

Trafos

Funktelefon,
Funk

Drogen   Nikotin

Alkohol

Computer

Elektro-

Wasch- +
Haushalts-
reinigungs-
mittel

Radio +
Fernsehen

smog

Speziell
Radioakti-
vität

(Heim-)
Textilien

Kfz- +ähnl.
Abgase

Lebensmittel

Sonstige chem. od.
metallische Substanzen

Körper-
pflege-

speziell
Luft (z.B. Ozon)

Seifen aller Art

mittel

speziell
Wasser

Getränke

Giftstoffe
darin
enthalten

Haarpflege-
mittel

Zahnpflege-
mittel

Gesichts-
+ Körper-
cremes

Deodoran-
tien

276

Außergewöhnliche Lebensbelastungen

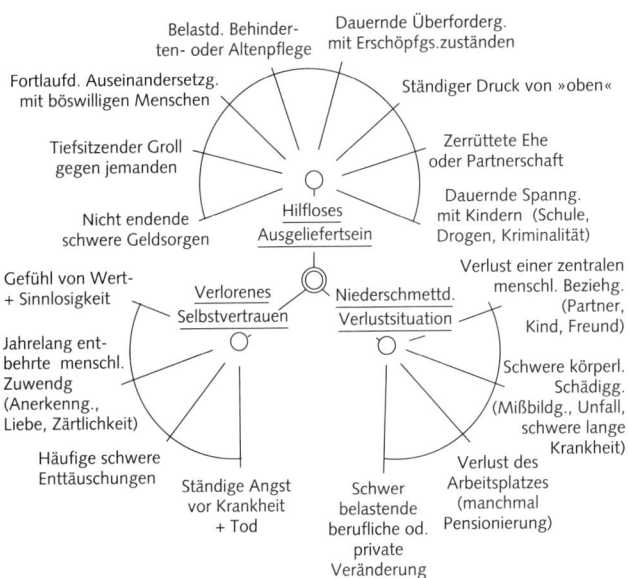

Belastd. Behinder-
ten- oder Altenpflege

Dauernde Überforderg.
mit Erschöpfgs.zuständen

Fortlaufd. Auseinandersetzg.
mit böswilligen Menschen

Ständiger Druck von »oben«

Tiefsitzender Groll
gegen jemanden

Zerrüttete Ehe
oder Partnerschaft

Nicht endende
schwere Geldsorgen

Hilfloses
Ausgeliefertsein

Dauernde Spanng.
mit Kindern (Schule,
Drogen, Kriminalität)

Gefühl von Wert-
+ Sinnlosigkeit

Verlorenes
Selbstvertrauen

Niederschmettd.
Verlustsituation

Verlust einer zentralen
menschl. Beziehg.
(Partner,
Kind, Freund)

Jahrelang ent-
behrte menschl.
Zuwendg
(Anerkenng.,
Liebe, Zärtlichkeit)

Schwere körperl.
Schädigg.
(Mißbildg., Unfall,
schwere lange
Krankheit)

Häufige schwere
Enttäuschungen

Ständige Angst
vor Krankheit
+ Tod

Schwer
belastende
berufliche od.
private
Veränderung

Verlust des
Arbeitsplatzes
(manchmal
Pensionierung)

Die verschiedenen Körperbereiche

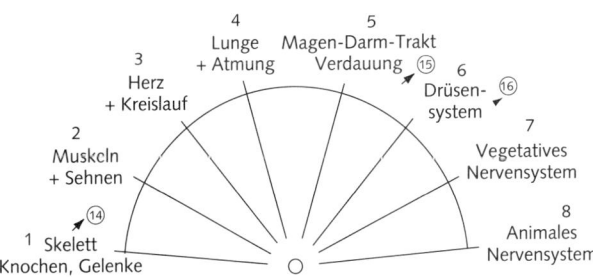

4
Lunge
+ Atmung

5
Magen-Darm-Trakt
Verdauung ⑮

3
Herz
+ Kreislauf

6
Drüsen- ⑯
system

2
Muskeln
+ Sehnen

7
Vegetatives
Nervensystem

1 Skelett
Knochen, Gelenke
⑭

8
Animales
Nervensystem

(61)

Die zwei Säulen des Selbstgefühls

| | Selbstbestätigungsverlangen, |
| Selbstwertgefühl | Selbstschätzungstrieb |

| − | + | + | − |

S. überschätzg.	Selbstvertrauen	Verl. nach Anerken-	Geltungsbedürfnis
S. gerechtigk.	S. sicherheit	nung und Bejahung	Eitelk., Angeberei
S. herrlichkeit	S. bewußtsein (i.e.S.)	Ehrgefühl	S.bespiegelung

Sachlicher Ehrgeiz

| Arroganz aus zuviel | Arroganz aus Überkompensation |
| Selbstwertgefühl | von eigenen Schwächen |

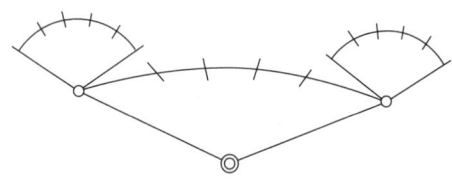

(62)

Aufbau + Zerrüttung des Selbstwertgefühls und damit der Persönlichkeit

| Aufbau | Sich oft wiederholende | Zerrüttung |
| Erfolgserlebnisse | | Mißerfolgserlebnisse |

↓		↓
Selbstbestätigung		Verunsicherung
↓		↓
Kräftigung des Selbstvertrauens		Angst
↓		↓
Steigerung der Selbstsicherheit		Resignation
↓↓		↓↓
Lebensfreude		Unlust, Zwangsatmosphäre
Aktiver Einsatz		Eher passives Zuwarten
Leistungssteigerung		Leistungsminderung bis- schwund

Das psychologische Alter

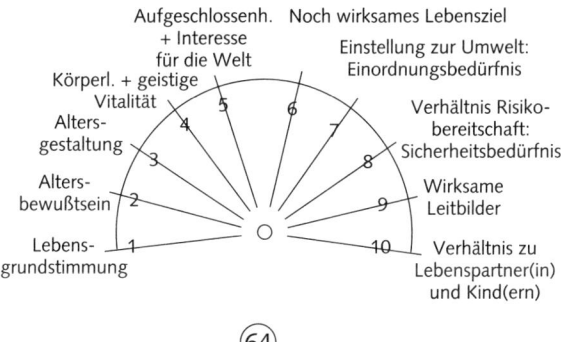

Aufgeschlossenh. Noch wirksames Lebensziel
+ Interesse
für die Welt
Körperl. + geistige
Vitalität
Alters-
gestaltung
Alters-
bewußtsein
Lebens-
grundstimmung

Einstellung zur Umwelt:
Einordnungsbedürfnis

Verhältnis Risiko-
bereitschaft:
Sicherheitsbedürfnis

Wirksame
Leitbilder

Verhältnis zu
Lebenspartner(in)
und Kind(ern)

Die Faktoren des Alterungsprozesses

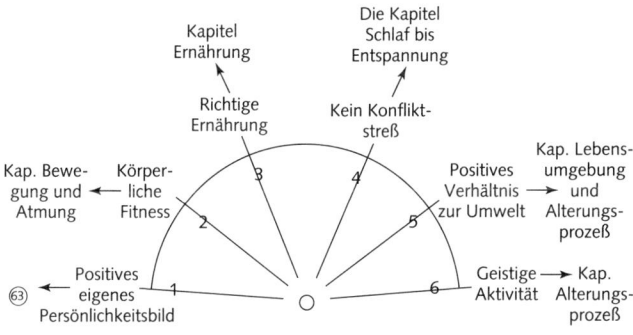

Kapitel
Ernährung

Die Kapitel
Schlaf bis
Entspannung

Richtige
Ernährung

Kein Konflikt-
streß

Kap. Bewe-
gung und
Atmung

Körper-
liche
Fitness

Positives
Verhältnis
zur Umwelt

Kap. Lebens-
umgebung
und
Alterungs-
prozeß

Positives
eigenes
Persönlichkeitsbild

Geistige
Aktivität

Kap.
Alterungs-
prozeß

**Voraussetzungen
eines erfüllten Lebens
(Übersicht)**

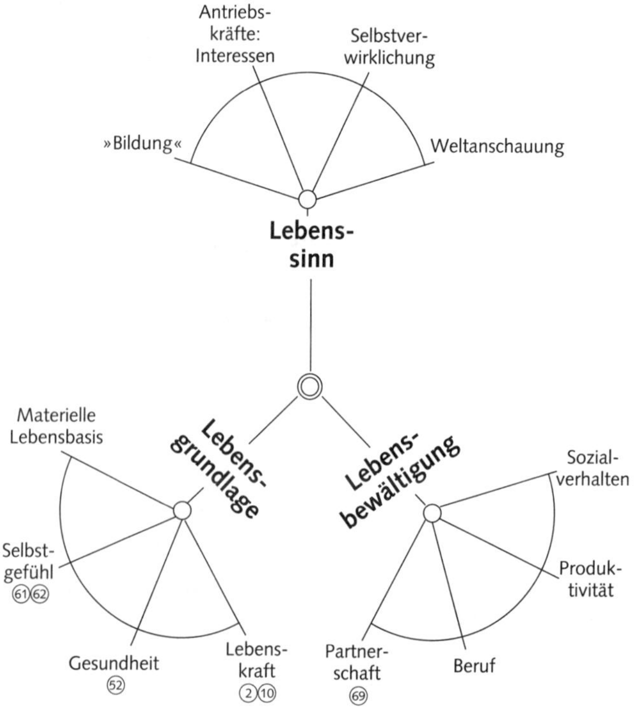

Antriebs-
kräfte:
Interessen

Selbstver-
wirklichung

»Bildung«

Weltanschauung

**Lebens-
sinn**

Materielle
Lebensbasis

**Lebens-
grundlage**

**Lebens-
bewältigung**

Sozial-
verhalten

Selbst-
gefühl
61 62

Produk-
tivität

Gesundheit
52

Lebens-
kraft
2 10

Partner-
schaft
69

Beruf

280

Voraussetzungen eines erfüllten Lebens
1.
Lebensgrundlage

+ | –
ausgeprägt | mangelnd

Vitalkraft, Regenerationskraft, Durchhaltevermögen

Lebenskraft ②⑩

Lebensschwäche, kein Stehvermögen, rasches Ermatten

Körperliche Robustheit, Spannkraft, dynamisches ganzheitliches Gleichgewicht

Gesundheit ㊕

Krankheit, häufige Gesundheitsstörungen, Mangel an innerem Gleichgewicht

Entwickeltes Selbstwertgefühl, Selbstbewußtsein, »Persönlichkeit«, innere + äußere Sicherheit

Selbstgefühl ⑥①⑥②

Mangel an Selbstvertrauen und Sicherheit, Vernachlässigung der eigenen Persönlichkeit, Minderwertigkeitsgefühle, Lebensangst

Ausreichender Erwerb von Besitz, Geld und Sicherheiten

Materielle Lebensbasis

Gleichgültigkeit gegenüber materieller Lebenssicherung, Nichtausnutzen vorh. Möglichk.

281

Voraussetzungen eines erfüllten Lebens

2.

Lebensbewältigung

+ ausgeprägt		– mangelnd

Eingehen auf den Mit-
menschen, Entgegen-
kommen, Güte,
tätige »Liebe«

Sozialverhalten

In-sich-selbst-gefangen-
Sein, egozentr. Abgrenzg.
von den Mitmenschen,
narzißtische Nabelschau

Hohe Schaffenskraft
im Alltag, Produktivität,
Kreativität

Produktivität

Schwache oder schwan-
kende Arbeitskraft,
Mangel an Produktivität
und Kreativität

»Richtiger« Beruf,
positiver beruflichen
gesellschaftlicher Status,
Zielbewußtsein

Beruf

Mangel an beruflichem
Erfolg, entsprechende
Mißachtung, Mangel an
Zielklarheit

»Glück« der vollen
Erfüllung,
Familie, (Kinder)

Partnerschaft 69

Partnerschaftsprobleme,
Störung durch Fremd-
beziehung(en)

Voraussetzungen eines erfüllten Lebens

3.

Lebenssinn

+ ausgeprägt		− mangelnd

Höhere »Bildung«,
vertiefte Gedankenwelt,
verarbeitete Lebenserfahrung,
Blick für das Wesentliche

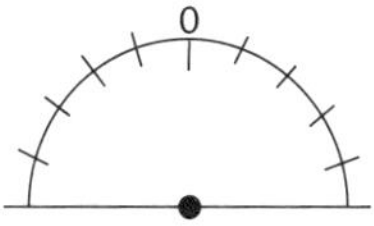

»Bildung«

Oberflächliches Denken,
blindes Handeln, kein
richtiges Verarbeiten von
Erfahrungen, (enger
seelischer Horizont)

Über das ICH hinaus-
gehende Interessen
und Wünsche, Idealismus,
Bindung an echte Werte

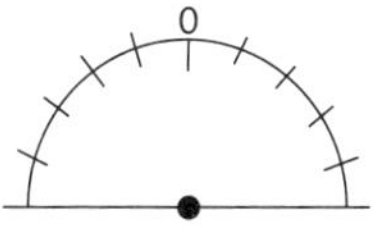

Antriebskräfte

Blindes meist ICH-bestimm-
tes Begehren, nur
oberflächliche Interessen,
Egoismus

Lebensgestalterische
Befriedigung, produk-
tiver Beitrag zur Lösung
mitmenschlicher Probleme

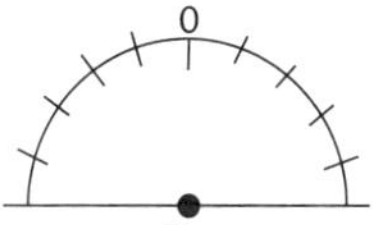

**Selbst-
verwirklichung**

Keine eigengestalterischen
Bemühungen,
Versinken im Alltagstrott

Echte philosophisch-
religiöse Bemühungen,
geistig- spirituelles
Getragensein, (Religion)

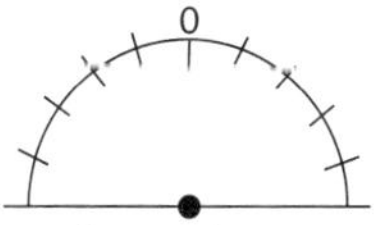

Weltanschauung

Gedankenloses
In-den-Tag-Hineinleben,
primitiv-materielle
Einstellung

Eheliche bzw. partnerschaftliche Übereinstimmung

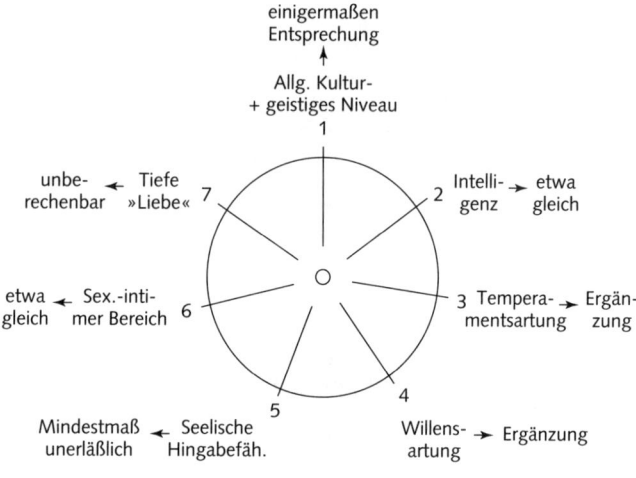

einigermaßen
Entsprechung
↑
Allg. Kultur-
+ geistiges Niveau
1

unbe- ← Tiefe 7   2 Intelli- → etwa
rechenbar »Liebe«   genz   gleich

etwa ← Sex.-inti- 6   3 Tempera- → Ergän-
gleich mer Bereich   mentsartung zung

5   4

Mindestmaß ← Seelische   Willens- → Ergänzung
unerläßlich Hingabefäh.   artung

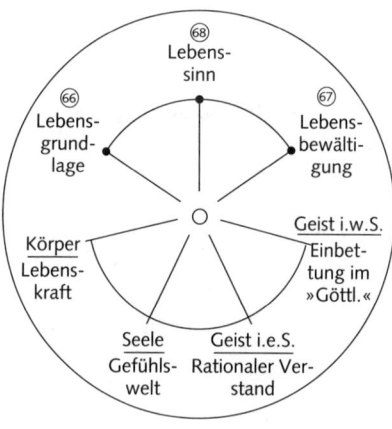

Der ganzheitliche Mensch in seiner Persönlichkeitsschichtung

⑥⑧
Lebens-
sinn

⑥⑥   ⑥⑦
Lebens-   Lebens-
grund-   bewälti-
lage   gung

Geist i.w.S.
Körper   Einbet-
Lebens-   tung im
kraft   »Göttl.«

Seele   Geist i.e.S.
Gefühls- Rationaler Ver-
welt   stand

Der ganzheitliche Mensch in seinen Kerneigenschaften

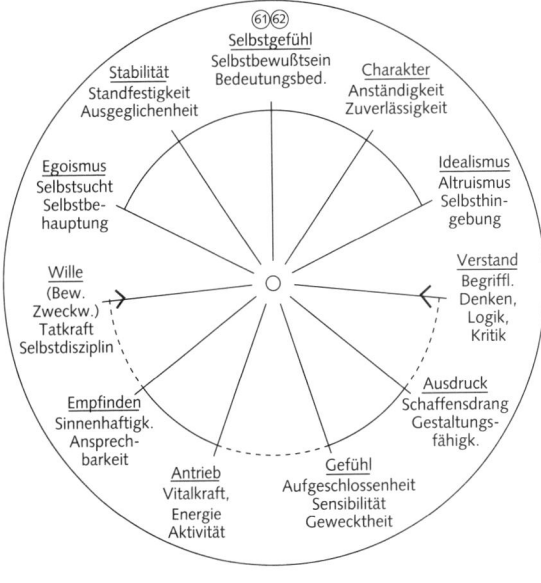

61 62
Selbstgefühl
Selbstbewußtsein
Bedeutungsbed.

Stabilität
Standfestigkeit
Ausgeglichenheit

Charakter
Anständigkeit
Zuverlässigkeit

Egoismus
Selbstsucht
Selbstbe-
hauptung

Idealismus
Altruismus
Selbsthin-
gebung

Wille
(Bew.
Zweckw.)
Tatkraft
Selbstdisziplin

Verstand
Begriffl.
Denken,
Logik,
Kritik

Empfinden
Sinnenhaftigk.
Ansprech-
barkeit

Ausdruck
Schaffensdrang
Gestaltungs-
fähigk.

Antrieb
Vitalkraft,
Energie
Aktivität

Gefühl
Aufgeschlossenheit
Sensibilität
Gewecktheit

Die Chakren oder Energiezentren

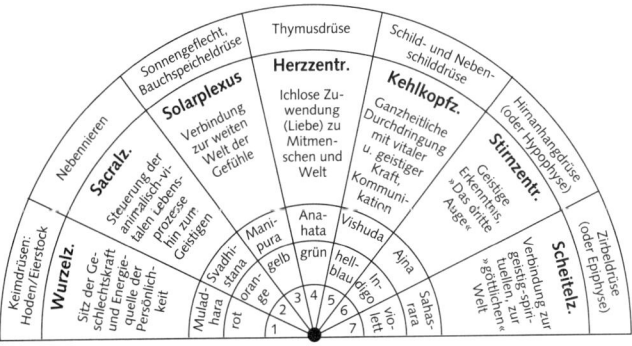

285

⑦③

Übersicht:
Einfache Hilfen zur Selbsthilfe

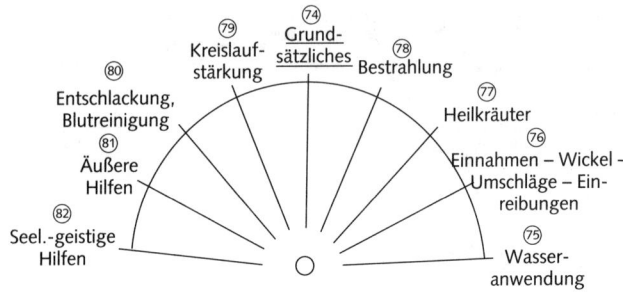

⑦④ Grund-
sätzliches

⑦⑨ Kreislauf-
stärkung

⑧⓪ Entschlackung,
Blutreinigung

⑧① Äußere
Hilfen

⑧② Seel.-geistige
Hilfen

⑦⑧ Bestrahlung

⑦⑦ Heilkräuter

⑦⑥ Einnahmen – Wickel –
Umschläge – Ein-
reibungen

⑦⑤ Wasser-
anwendung

⑦④

Grundsätzliches

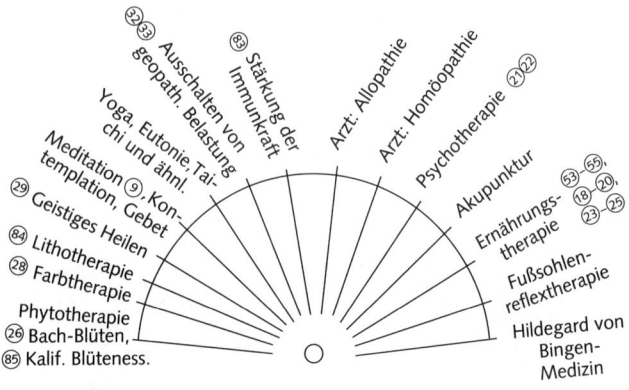

③②③③ Ausschalten von
geopath. Belastung

⑧③ Stärkung der
Immunkraft

Arzt: Allopathie

Arzt: Homöopathie

Psychotherapie ②①②②

Akupunktur

Yoga, Eutonie, Tai-
chi und ähnl.

Meditation ⑨, Kon-
templation, Gebet

②⑨ Geistiges Heilen

⑧④ Lithotherapie

②⑧ Farbtherapie

Phytotherapie
②⑥ Bach-Blüten,
⑧⑤ Kalif. Blüteness.

Ernährungs-
therapie ⑤③–⑥⑤, ⑱⑳, ②③–②⑤

Fußsohlen-
reflextherapie

Hildegard von
Bingen-
Medizin

Wasseranwendung

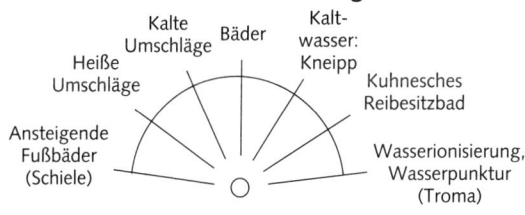

Kalte Umschläge · Bäder · Kaltwasser: Kneipp · Heiße Umschläge · Kuhnesches Reibesitzbad · Ansteigende Fußbäder (Schiele) · Wasserionisierung, Wasserpunktur (Troma)

Einnahmen – Wickel – Umschläge – Einreibungen

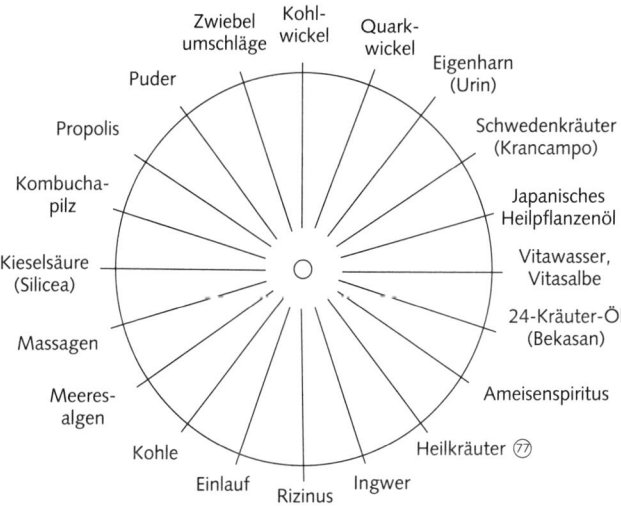

Zwiebel umschläge · Kohlwickel · Quarkwickel · Puder · Eigenharn (Urin) · Propolis · Schwedenkräuter (Krancampo) · Kombuchapilz · Japanisches Heilpflanzenöl · Kieselsäure (Silicea) · Vitawasser, Vitasalbe · Massagen · 24-Kräuter-Öl (Bekasan) · Meeresalgen · Ameisenspiritus · Kohle · Heilkräuter ⑦ · Einlauf · Rizinus · Ingwer

Heilkräuter

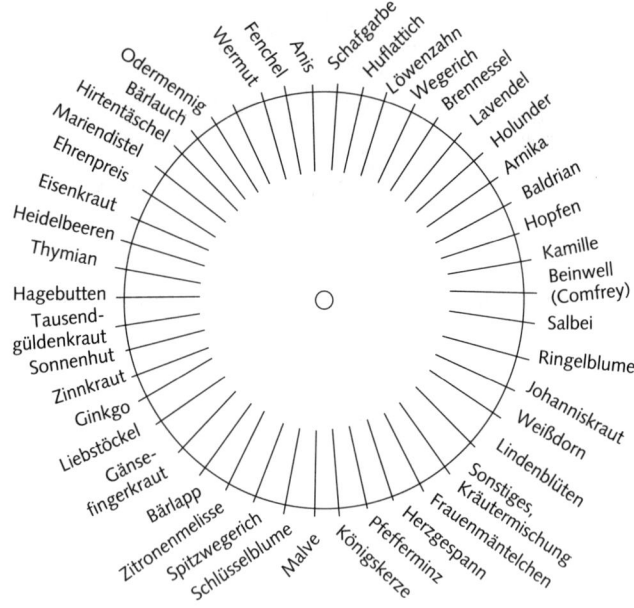

Odermennig
Hirtentäschel
Mariendistel
Ehrenpreis
Eisenkraut
Heidelbeeren
Thymian
Hagebutten
Tausend-
güldenkraut
Sonnenhut
Zinnkraut
Ginkgo
Liebstöckel
Gänse-
fingerkraut
Bärlapp
Zitronenmelisse
Spitzwegerich
Schlüsselblume
Malve
Königskerze
Pfefferminz
Herzgespann
Frauenmäntelchen
Kräutermischung
Sonstiges,
Lindenblüten
Weißdorn
Johanniskraut
Ringelblume
Salbei
Beinwell
(Comfrey)
Kamille
Hopfen
Baldrian
Arnika
Holunder
Lavendel
Brennessel
Wegerich
Löwenzahn
Huflattich
Schafgarbe
Anis
Fenchel
Wermut
Bärlauch

Bestrahlung

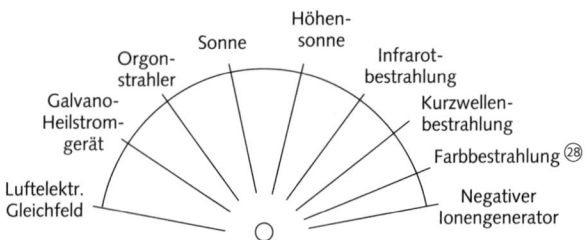

Sonne
Höhen-
sonne
Orgon-
strahler
Infrarot-
bestrahlung
Galvano-
Heilstrom-
gerät
Kurzwellen-
bestrahlung
Farbbestrahlung 28
Luftelektr.
Gleichfeld
Negativer
Ionengenerator

Kreislaufstärkung

Flottes Gehen
Treppensteigen
Laufen
Wandern
Radfahren
Bewußtes Atmen
Schwimmen
Gymnastik
Trampolin
Yoga od. ähnl. (»Statische Gymnastik«)
Sonstiger Bewegungssport
Heimtrainer
Liegen auf schiefem Brett
Schwitzen, regelmäßige Sauna

Entschlackung, Blutreinigung

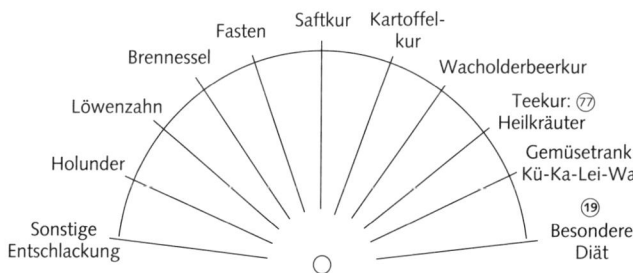

Fasten
Saftkur
Kartoffelkur
Brennessel
Wacholderbeerkur
Löwenzahn
Teekur: ⑦ Heilkräuter
Holunder
Gemüsetrank Kü-Ka-Lei-Wa
Sonstige Entschlackung
⑲ Besondere Diät

Äußere Hilfen

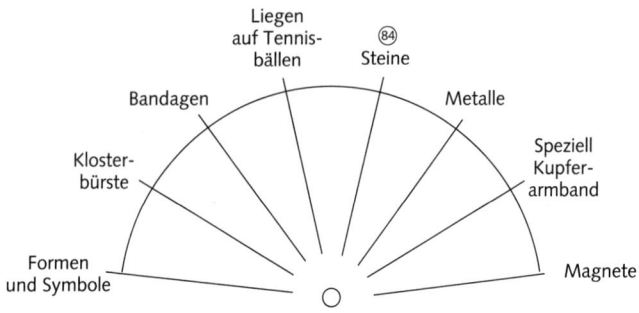

Seelisch-geistige Hilfen

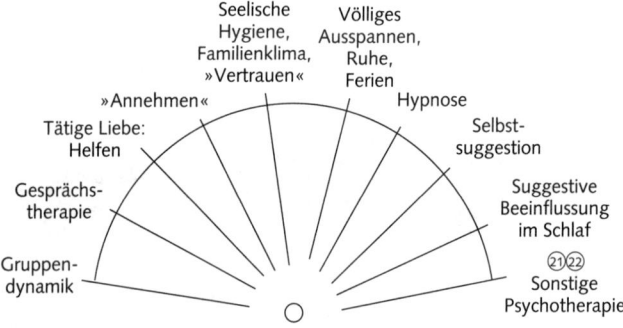

Aktivierung der Immunkraft

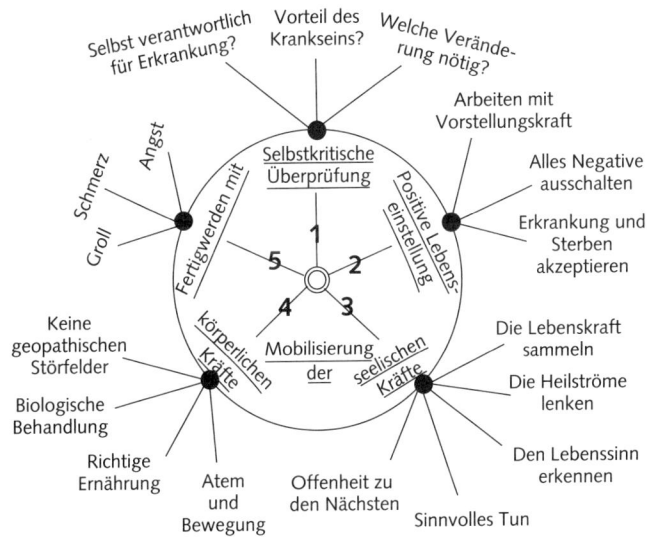

Selbst verantwortlich für Erkrankung?

Vorteil des Krankseins?

Welche Veränderung nötig?

Arbeiten mit Vorstellungskraft

Alles Negative ausschalten

Erkrankung und Sterben akzeptieren

Schmerz

Angst

Groll

Selbstkritische Überprüfung

Positive Lebenseinstellung

Fertigwerden mit

1

5   2

4   3

körperlichen Kräfte

Mobilisierung der seelischen Kräfte

Die Lebenskraft sammeln

Die Heilströme lenken

Den Lebenssinn erkennen

Keine geopathischen Störfelder

Biologische Behandlung

Richtige Ernährung

Atem und Bewegung

Offenheit zu den Nächsten

Sinnvolles Tun

Sieben Heilungssteine

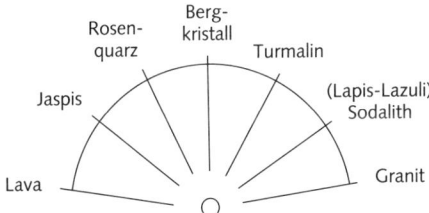

Berg-kristall

Rosen-quarz

Turmalin

Jaspis

(Lapis-Lazuli) Sodalith

Lava

Granit

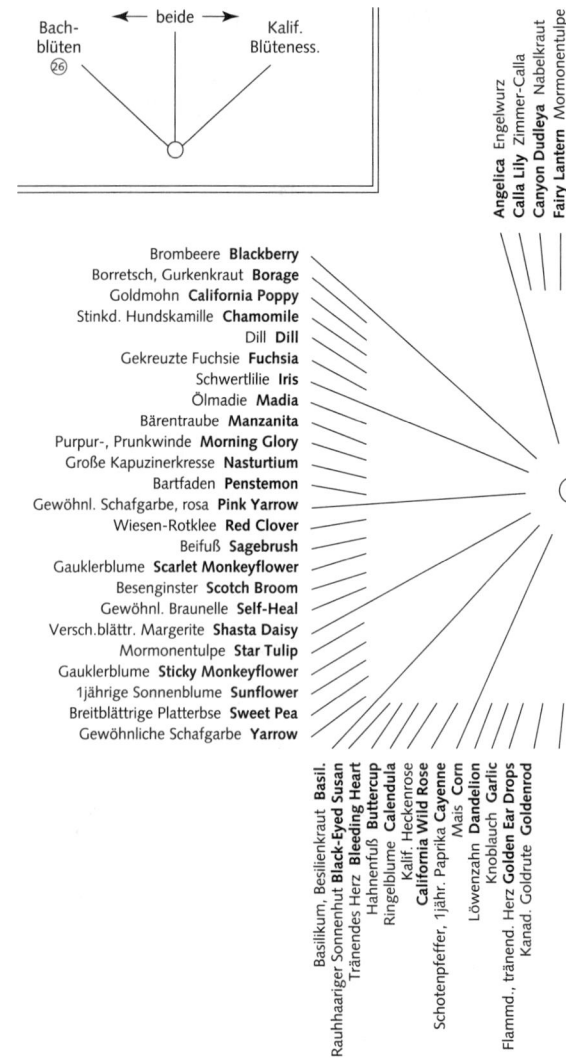

Bach-
blüten
㉖

← beide →

Kalif.
Blüteness.

Angelica Engelwurz
Calla Lily Zimmer-Calla
Canyon Dudleya Nabelkraut
Fairy Lantern Mormonentulpe

Brombeere **Blackberry**
Borretsch, Gurkenkraut **Borage**
Goldmohn **California Poppy**
Stinkd. Hundskamille **Chamomile**
Dill **Dill**
Gekreuzte Fuchsie **Fuchsia**
Schwertlilie **Iris**
Ölmadie **Madia**
Bärentraube **Manzanita**
Purpur-, Prunkwinde **Morning Glory**
Große Kapuzinerkresse **Nasturtium**
Bartfaden **Penstemon**
Gewöhnl. Schafgarbe, rosa **Pink Yarrow**
Wiesen-Rotklee **Red Clover**
Beifuß **Sagebrush**
Gauklerblume **Scarlet Monkeyflower**
Besenginster **Scotch Broom**
Gewöhnl. Braunelle **Self-Heal**
Versch.blättr. Margerite **Shasta Daisy**
Mormonentulpe **Star Tulip**
Gauklerblume **Sticky Monkeyflower**
1jährige Sonnenblume **Sunflower**
Breitblättrige Platterbse **Sweet Pea**
Gewöhnliche Schafgarbe **Yarrow**

Basilikum, Besilienkraut **Basil.**
Rauhhaariger Sonnenhut **Black-Eyed Susan**
Tränendes Herz **Bleeding Heart**
Hahnenfuß **Buttercup**
Ringelblume **Calendula**
Kalif. Heckenrose
California Wild Rose
Schotenpfeffer, 1jähr. Paprika **Cayenne**
Mais **Corn**
Löwenzahn **Dandelion**
Knoblauch **Garlic**
Flammd., tränend. Herz **Golden Ear Drops**
Kanad. Goldrute **Goldenrod**

292

Die Kalifornischen Blütenessenzen

Forget-Me-Not Wald-Vergißmeinnicht
Hibiscus Hibiskus
Pink Monkeyflower Gauklerblume
Poison Oak Sumach
Rosemary Rosmarin
Sage Garten-, Echter Salbei
Yarrow Special Formula Gewöhnl. Schafgarbe + Keltisches Meersalz

Aloe Vera Aloe
Arnica Arnika
California Pitcher Plant Kalif. Kobrapflanze
Chaparral Jochblattgewächs
Deer Brush Säckelblume
Dogwood Hornstrauch
Filaree Schierlingsblättr. Reiherschnabel
Hound's Tongue Große Hundszunge
Indian Pink Kalif. Leimkraut
Mallow Malve
Mariposa Lily Mormonentulpe
Mountain Pennyroyal Pferdeminze, Monarie
Mountain Pride Bartfaden
Mugwort Beifuß
Mullein Kleinblütige Königskerze
Oregon Grape Berberitze, Sauerdorn
Peppermint Pfefferminze
Quince Zierquitte
Shooting Star Götterblume, Riesenzyklame
Star Thistle Sonnwend-Flockenblume
Tansy Rainfarn
Tiger Lily Lilie
Trillium Dreiblatt, Waldlilie
Violet Veilchen

Maulbeergew. **Indian Paintbrush**
Rittersporn **Larkspur**
Lavendel **Lavender**
Lotosblume **Lotus**
Granatapfel **Pomegranate**
Großes Zittergras **Quaking Grass**
Korbblütler **Rabbitbrush**
Riesensäulenkaktus **Saguaro**
Johanniskraut **Saint John's Wort**
Trompetenblume, Klettertrompete **Trumpet Vine**
Heiliges Kraut **Yerba Santa**
Zinnie **Zinnia**